托茂人

一个边缘群体的经济、文化与现代性

杨德亮 ◎ 著

中国社会科学出版社

图书在版编目(CIP)数据

托茂人：一个边缘群体的经济、文化与现代性 / 杨德亮著．—北京：中国社会科学出版社，2022.7
ISBN 978-7-5227-0350-3

Ⅰ.①托⋯ Ⅱ.①杨⋯ Ⅲ.①蒙古族—民族历史—研究—青海 Ⅳ.①K281.2

中国版本图书馆 CIP 数据核字(2022)第 105168 号

出 版 人	赵剑英	
责任编辑	张　林	
特约编辑	芮　信	
责任校对	李　莉	
责任印制	戴　宽	

出　　版	中国社会科学出版社	
社　　址	北京鼓楼西大街甲 158 号	
邮　　编	100720	
网　　址	http：//www.csspw.cn	
发 行 部	010-84083685	
门 市 部	010-84029450	
经　　销	新华书店及其他书店	
印　　刷	北京明恒达印务有限公司	
装　　订	廊坊市广阳区广增装订厂	
版　　次	2022 年 7 月第 1 版	
印　　次	2022 年 7 月第 1 次印刷	
开　　本	710×1000　1/16	
印　　张	17.25	
插　　页	2	
字　　数	295 千字	
定　　价	96.00 元	

凡购买中国社会科学出版社图书，如有质量问题请与本社营销中心联系调换
电话：010-84083683
版权所有　侵权必究

目　录

第一章　边缘关照：边缘、现代性与托茂人 …………………（1）
　一　全球化中的野牛沟 ………………………………………（1）
　二　文化、经济与认同 ………………………………………（10）
　三　人口较少群体与边缘研究 ………………………………（17）

第二章　何谓托茂：托茂族源及其考证 ………………………（26）
　一　蒙藏化的回人，还是回化的蒙藏人？ …………………（27）
　二　托茂语源：汉语，还是藏语？ …………………………（33）
　三　托茂族源：回回，还是蒙古？ …………………………（37）
　四　青海蒙回：源自河套，还是河西？ ……………………（39）
　五　循名责实：先有托茂人，还是托茂公旗？ ……………（45）

第三章　蒙回春秋：托茂人并非个例 …………………………（55）
　一　西北蒙古藩国的在地化 …………………………………（55）
　二　元朝宗王阿难答、速来蛮 ………………………………（58）
　三　明朝的土达、达官和达军 ………………………………（63）
　四　明清蒙回的演变及现状 …………………………………（68）

第四章　托茂人口：历史与现状 ………………………………（75）
　一　青海蒙古的兴衰与人口变化 ……………………………（75）
　二　托茂"声名鹊起"及人口状况 …………………………（79）
　三　战乱、离散与托茂人的重生 ……………………………（84）
　四　人口统计与托茂人的现代适应 …………………………（89）

第五章　草原沧桑：托茂人的传统生计 ………………………（98）
　一　畜牧春秋：牲畜、流动与草原 …………………………（98）

二　生存策略：生态、适应与畜种 …………………………（103）
　　三　变之不变：野牛沟一年的畜牧生产 …………………（111）
　　四　以生为计：畜牧之外的诸种副业 ……………………（120）

第六章　牧民营生：现代经济中的生产、消费与娱乐 ………（129）
　　一　牧区市场化与现代畜牧业 ……………………………（129）
　　二　市场经济中的畜牧生产与非畜牧生产 ………………（135）
　　三　现代社会与牧民消费 …………………………………（143）
　　四　社会变迁中的闲暇与娱乐 ……………………………（149）

第七章　绸缪束薪：托茂人的婚姻、家庭与生死观 …………（156）
　　一　托茂人的通婚圈及其变迁 ……………………………（156）
　　二　托茂人的婚姻礼仪及文化交融 ………………………（160）
　　三　托茂人的家庭、性别与经济 …………………………（167）
　　四　托茂人的生育、葬礼及文化涵化 ……………………（175）

第八章　历史宿命：牧民的定居及托茂人的语言与姓名 ……（182）
　　一　牧民定居与牧区的聚落化、城镇化 …………………（182）
　　二　托茂人的姓氏名讳及其文化意蕴 ……………………（198）
　　三　托茂人语言的变迁及国家通用语言文字的普及 ……（205）

第九章　文化变迁：托茂人的饮食、服饰及文化交融 ………（212）
　　一　好吃：托茂人的饮食文化及民族间的交融 …………（212）
　　二　好穿：托茂人的服饰及多民族文化交融 ……………（229）

第十章　长虑却顾：牧区现代性与托茂人的未来 ……………（242）
　　一　身份尴尬：现代性、人口分类与族群认同 …………（242）
　　二　现代性、牧民的不适及社会问题 ……………………（253）
　　三　草原、经济获益与生态问题 …………………………（259）
　　四　牧区的发展与托茂人的未来 …………………………（264）

后　记 ………………………………………………………………（272）

第一章

边缘关照：边缘、现代性与托茂人

2008年2月10日，平均海拔4000米的野牛沟在大雪过后显现出一片苍茫之美，当笔者第二次走进这个曾是野牦牛繁衍生息的偏僻牧区时，耐寒的牦牛、藏绵羊和阿柔马正在青年男性牧民的放牧下觅食冬草，而一些不宜冒寒放牧的老牧民坐在牛粪火炉旁，一边喝着奶茶一边思量着2007年下半年以来全球物价上涨所带来的利与弊。牛羊肉价格翻了一番，使这里的很多牧民在年前的秋季牲畜出栏中获得了较好的收入，欣喜的同时，牧民也承受了蔬菜、米面、衣服、汽油等现代生活已无法剥离的商品涨价所带来的冲击。这个或主动或被动地与全球经济一体化共舞的牧区乡村，位于中心社会看来是"遥远地方""世界屋脊"的青藏高原。

一　全球化中的野牛沟

（一）野牛、牧区与现代性

野牛沟，这个因野牛而名的牧区，是世界上野牦牛的产地之一。历史上，野牛沟及与之毗邻的野马川曾有大量野牦牛繁衍生息，在人迹罕至的时候，它们是这块土地的主人。1914年，考察西北边陲的官员记载了野牦牛庞大的体魄和强悍的精神："自野牛沟起程……约行六七里，下坡，路左见同行军士所毙之野牛横卧雪中，大常牛两倍，盖中十余弹而后倒，尤踞地怒目以示人。"[①] 当地年长牧民说，20世纪50年代，此地还可以经常见到成群的野牦牛活动，尤其到了配种的季节，野牦牛会窜入牧民家养

---

① 周希武：《宁海纪行》，甘肃人民出版社2002年版，第40页。

的牦牛群中发情交配①。还有牧民绘声绘色地回忆了20世纪50年代末60年代初大规模枪火狩猎野牦牛的震撼场面。托茂老人马世忠还记得，1961年遭遇自然灾害时，年轻的他和饥饿的同伴追猎一头野牦牛的事，他们看见野牦牛牛角顶着一具干尸，即便骇然，亦穷追不舍。到了20世纪60年代之后，野牛沟的人类越来越多，野牦牛、野马（野驴）等越来越少，如今已难觅踪迹。

祁连山下的这块散发着野性气息的高原牧区，自古水草丰美。清末文人陶保廉如是云："张掖、酒泉二郡之南山曰祁连，又南有山曰八宝，亘若重垣，中劈一径。直张掖南者，曰野马川，长数百里。直酒泉南者，曰野牛沟，亦长数百里。雪峰相衔，缘涧成蹊，故以水名。"② 此中的"水"指的是"黑河"。关于野牛沟，陶保廉又云："谷中平川，南北宽数里，水草皆足。"③ 关于野马川，清初地理名家梁份说："野马川，在甘州东南，扁都口之南也。有明时，张掖、青海相往来，内若王师，外若海夷，咸出入扁都口，而止宿于野马川。盖山口之路宽平，而山中之水草丰茂也。"④

野牛沟周围雪山遍布，是黑河的发源地，其所属的黑河大峡谷，为世界三大峡谷之一。方志文史资料显示黑河峡谷内冰川广布，海拔4200米以上，有冰川800余处，分布面积340.39平方千米，冰川储量11.51亿立方米，全年冰容量2.38亿立方米，冰补给比例为13.2%⑤。在祁连山深处，承长空之甘露，融冰川之清水，汇地下之潜流，成黑河之源头。黑河，全长866千米，乃中国第二大内陆河，从野牛沟开始经河西走廊流至内蒙古居延海。黑河，滋养了野牛沟，也滋养了流域的张掖、威武等城市，河西走廊因之而成"西部米粮走廊"。

---

① 无独有偶，2004年11月在青藏高原可可西里的另外一处亦名"野牛沟"的地方，发生了同样的事件。新华社记者文："居住在昆仑山野牛沟的藏族牧民前进和他的邻居们最近遭到了野牦牛的侵袭，成群结队的发情野牦牛冲进草场，把他们的家养牦牛团团包围起来，致使主人无法接近，200多只家养母牦牛被野牦牛'挟持'为'妻'"。见王帆、王圣志《发情野牦牛频频强掳家牦牛为"妻"》，《新华每日电讯》2004-11-19。

② （清）陶保廉：《辛卯侍行记》，刘满点校，甘肃人民出版社2002年版，第278页。

③ （清）陶保廉：《辛卯侍行记》，刘满点校，甘肃人民出版社2002年版，第278页。

④ （清）梁份：《秦边纪略》，赵盛世、王子贞、陈希夷校注，青海人民出版社1987年版，第207页。

⑤ 马生林、刘继军：《神秘的黑河大峡谷》，《祁连文史》（第二辑），兰州大学出版社2000年版，第91页。

第一章　边缘关照：边缘、现代性与托茂人

黑河，古称"黑水"，又名"弱水"，作为古老的历史地名，在古籍《禹贡》《水经》《楚辞》《史记》《汉志》《说文》《山海经》等中都有记载。河西走廊是古代丝绸之路必经之地，明代诗人岳正写有《黑河古渡》一诗：

> 城南古渡最清幽，道透居延自古流。
> 采药鲜闻逢织女，乘槎曾听会牵牛。
> 滩头矶父攀罾网，崖畔渔翁罢钓钩。
> 过客停鞭吟未已，不知世上几千秋。

在现代地理和中原文明的眼中，野牛沟及其归属的青海①，是一片地理和文明的绝域。清末民初时，青海仍被视为"野性之地"。譬如，出身于甘肃天水的周希武在考察中如此记述："湟中青海，鄙在西陲，不当孔道，通人纪载，自昔罕闻。"②"青海版图埒于甘肃一省，而土旷人稀，货弃于地，是天留一未辟之洪荒以为西陲殖民销兵之尾闾。"③ 清末西宁县属郑业启以为官者的口吻评价此地为"狼野难驯"之地："湟中盘郁河山，天险四塞，为自古边陲用武之地。圣清定鼎后，蒙番诸部狡焉思逞，世宗宪皇帝命大将军年羹尧一鼓而荡平之，青海之波澜一靖。然而番回杂处，狼野难驯，命将出师，屡烦天讨。"④

20世纪二三十年代，在一些主张开发西北的现代主义者眼中，青海省亦是原始有待开化的地方。1933年考察西北的林鹏侠记述道："青海蒙番杂处，浑浑噩噩，未脱原始时代色彩，工商业之不振，自在意中。全省无一大规模之工厂。"⑤ 1934年记者出身的考察者陈赓雅说："青海位居边鄙，密迩强邻，且种族复杂，治理綦难。"⑥ 1935年时主张开发西北者

---

① 本书中的"青海"，包括"青海"与"青海省"两个维度。"青海"与"青海省"之不同，按历史传统，"青海"指青海湖一带，"青海省"主要指1929年建省后的行政区。所言青海蒙古，也即可可淖尔蒙古。在不同的语境中，"青海"所指不同。
② 周希武：《宁海纪行》，甘肃人民出版社2002年版，第3页。
③ 周希武：《宁海纪行》，甘肃人民出版社2002年版，第14页。
④ 郑业启：《湟中纪行·序》，周希武：《宁海纪行》，甘肃人民出版社2002年版，第53页。
⑤ 陈赓雅：《西北视察记》，甘肃人民出版社2002年版，第131页。
⑥ 陈赓雅：《西北视察记》，甘肃人民出版社2002年版，第131页。

竟凡说："青海全部，自古远处边陲，鲜浴中原文化。"①

青海湖是一个面积较大的内陆湖泊，约4580平方千米，"水色青碧，冉冉如云，故称青海。"②藏语为"错温波"，译意为青色的海子；蒙古语"库库淖尔"，意思也是兰色或青色的海子或湖③。1929年建省的青海省因它而名，古籍中所谓的戎、羌、虏、匈奴、月氏、鲜卑、吐蕃、回鹘、党项、吐谷浑、唃厮啰等古民族，在这块土地上竞相登台、各领风骚、此消彼长。即使到了民国时期，多民族、多元文化仍是主要格局，如学者所言的"我国民族展览会的所在地"："青海在经济上既非旷地而为乐土，历史上有多数民族徙居其地，成为全中国种族最复杂之区域，组成我国之五大民族。汉族、东胡族、突厥族、蒙古族、西藏族青海省皆有代表，在青海舞台上均曾有一番活动，而经长期之纠纷与混合。除西藏族为土著外，其余四族皆不远千里而来，遂使青海成为异族杂居之地，有若人种之博览会。"④ "我们在西宁街上逛逛，不难看到满脸胡须的回民，骑着骆驼的蒙人，赶着牦牛的藏番，盘着头的土人。有时偶尔看到身躯强壮新从新疆来的哈萨回，奇装异服，形形色色，不一而足，无怪有人说西宁是我国民族展览会的所在地。"⑤

辽阔的草原、巍峨的雪山、湛蓝的湖泊、美丽的藏女，自近代以来，经不少游历者的书写描绘，青海俨然成为一个异域风情、充满浪漫与想象之地。上海《申报》记者陈赓雅1934年在考察途中所见："前与英美烟公司英人推销员巴克凯、狄布敦等一行十余人，同路来青海时，途经白马寺，乍见藏女二人，在马铃薯地中耘草。记者仅觉其服装体态又与蒙人不同。而该公司之烧饭司务张某称，前已到过此地，继而竟向彼姝挑战，高呼'阿鲁'，彼姝嫣然回顾，张某遽问：'有几岁啰？'女操汉语笑答：'我是十七、十八的大丫头，你喜欢么？'此虽戏言，然可想见藏女浪漫、习俗特殊之一斑。而藏族生活探访之兴趣，亦不禁油然而生矣。"⑥ 民国

---

① 竟凡：《青海之政治区域》，《开发西北》1935年第1期。
② 韩宝善：《青海一瞥》，《新亚细亚》1931年第6期。
③ 芈一之：《青海地名探源及其若干规律》，《青海民族学院学报》（社会科学版）1985年第1期。
④ 张其昀：《青海省之山川人物》，《西陲宣化公署月刊》1936年第4—5期。
⑤ 李式金：《西宁——青海的省会》，《旅行杂志》1945年第2期。
⑥ 陈赓雅：《西北视察记》，甘肃人民出版社2002年版，第142页。

《大公报》著名通讯记者范长江在《中国的西北角》中言："在塔尔寺附近，有个市镇叫鲁沙尔，是羊毛贸易的大市场，各种民族混住期间，藏女之美丽，尤为吸引游客的一大力量。"① 1939 年，有西部歌王之誉的王洛宾在青海湖畔的草原上触景生情创作的《在那遥远的地方》，至今在大江南北传唱……

青海省祁连县夏季草场

（二）青海、畜牧与社会组织史

青海具有悠久的畜牧经济史。在史籍中，这里最初是羌、戎等族生息之地，以游牧为生，《后汉书·西羌传》记载说：此地羌人"所居无常，依随水草。地少五谷，以产牧为业"。公元 4 世纪游牧部落吐谷浑进入青海境内，其首领夸吕于 504 年称可汗，并在青海湖南岸的草原上建筑城郭。《北史·吐谷浑》对此作如是记载："虽有城郭而不居，恒处穹庐，随水畜牧。"② 公元 636 年左右，吐蕃进抵青海湖，后将吐谷浑牧地蚕食殆尽。北宋时期，唃厮啰部落曾一度强兴，在青海政治和游牧史上留下足迹。现今除蒙古族、哈萨克族之外的其他青海牧业部落大多跟历史上的这些族群紧密相关③。

---

① 范长江：《中国的西北角》，新华出版社 1980 年版，第 100 页。
② （唐）李延寿：《北史·吐谷浑》卷 96，中华书局 2003 年版，第 3185—3186 页。
③ 其实，在青海畜牧业史上，藏族部落占有很大比重，因为托茂人的缘故，我们的话题以蒙古族为主。

蒙古游牧部落进入青海，始于1227年成吉思汗率军进占西宁，但其大规模游牧青海还是在明清两朝。明正德年间，蒙古亦不剌①、阿尔秃厮、卜尔孩②等部相继来到青海。嘉靖时期，北元俺达汗携子宾兔、丙兔率数万民众移牧青海。明末清初，和硕特蒙古顾实汗率部从新疆入居青海，击走丙兔等部，收牧地让其十子经营。其后土尔扈特、喀尔喀、辉特等蒙古部落陆续前来。蒙古人在青海草原政治经济中占据主导支配地位。

雍正年间，顾实汗之孙罗卜藏丹津反清失败，蒙古部落在青海元气大伤，在善后中清廷将青海蒙古各部收为内藩，并援引外蒙古喀尔喀之例将青海蒙古部落编为互不统属的29个札萨克旗，并划定旗界，限制越旗游牧，各旗内又进一步划定了"户口地"界限，没有朝廷许可，各旗的人畜严禁进入其他旗辖领地。蒙古部落因此不能再联盟，也不能大范围内游牧，这些蒙旗"或远或近，环海之四面联络住牧"。青海蒙古势力也因此不可阻挡地一衰再衰③。随着草原游牧的范围越来越小，畜牧业生产虽然依旧，但传统大游牧的生产方式走向终结。

1929年青海建省，管理精细。在整个民国时期，随着内地移民的大量迁入和低谷草地被不断地开垦为农田以及蒙古人口的不断减少，虽然蒙古部落制④在青海被保留下来，但大多数蒙古部落移牧的范围也就相当于一个乡或村那么大。新中国成立后，牧委会等行政部门代替了过去部落首领的生产组织和管理职能，蒙古人的牧区部落制也就走到了历史的尽头。青海牧区与很多农业地区一样现代性弥漫。"现代国家建立后，为了确定国家和世界体制合法性，历史已经被重新定义，社会也被重新界定。按照新的社会主义观念，传统的乡土社会中的观念、习俗和生活方式被视为旧的、落后的，应当被新的、先进的东西所取代。在传统社会中，人们生产

---

① 亦不剌，蒙古右翼永谢部（永邵卜，应绍部）太师，《蒙古源流》汉译为"伊吧哩"，有史料还作之为"亦孛来"，后文详述。

② 卜儿孩，《汉译蒙古黄金史》中作之为"布尔海"，他是蒙古野乜克也部首领亦思马因太师之子，亦不剌之后的青海蒙古部落首领，后文详述。

③ 此处的历史叙述较简明概要，关于青海蒙古族的详细历史，可参见《青海蒙古族简史》《青海蒙古史料集》《明代西海蒙古史研究》等书籍。

④ 牧业部落的运行机制是："部落首领控制着一定区域内草场的所有权，实行部落首领占有草场但集体统一使用的模式，牧人在部落首领的组织下迁徙游牧。部落首领通过占有牧场而占有牧户，并以赋税关系体现出来。"见刘明远《论游牧生产方式的生产力属性》，《内蒙古社会科学》2005年第5期。

生活方式作为其文化符号的行为和物质表现，对传统乡土社会生产生活方式、习俗和观念的改造就是对整个社会符号体系的变革。"①

1949年10月1日，中华人民共和国成立。1950年1月1日，青海省人民政府成立。中国政府采取苏联式的现代化模式，在列宁的"落后民族在共产党领导下、在先进民族帮助下直接过渡到社会主义"理论指导下，青海等牧区的少数民族从原来的经济形态社会走上了社会主义发展道路。1958年4月7日，中共青海省委二届六次扩大会议通过了《关于加强畜牧业社会主义改造问题的决定》，之后便在牧区实行民主改革，成立了牧业合作社。1958年8月以后，青海牧区陆续办起了政社合一的人民公社，"公社—大队"体制在草原地区逐步建立。在这一体制运作下，草原牲畜大都归为大队所有，每户只能牧养数目很少的"自留畜"，草场的使用、耕地的开垦以及畜牧业的经营都是在政府统一计划下，由社队两级组织进行的。

在传统的游牧时代，有一些劳动原来是需要各家自己组织力量完成的，到了公社化以后，这部分劳动如剪毛、修建公共牛羊圈等就成了生产队组织的集体劳动项目。每次劳动，社员们都会得到根据每项劳动总分除以参加人数得出的平均分数（也即工分），到年终时，社员就自己积累的工分与队里进行决算，得到盈余的部分，社员们称之为"分红"。"从现代国家的建设来说，国家通过这一过程建立了普遍的公民身份制度，使有效的社会动员和现代统治成为可能。"②

曾经的牧场逐渐被乡、队、社等阶梯式分割，游牧社会原有的部落、特殊技能者、老人等组成的权威中心，也由国家行政中心取代。对自然资源获取、分配和使用的权力转移到了权力更集中、规模更大的国家或国家代表机构——县、公社、大队手里，这些权力中心运用国家赋予的力量，以过去从未有过的规模对经济生产进行干预。随着生产资料公有制的建立，集体劳动取代了传统的分散式游牧生产方式。牧民们的畜牧业生产进入了高度集体化的模式中，具体的生产活动由公社、牧业队组织安排，游牧民时代的散漫生活节奏被高度组织化的劳动所取代，生产资料、劳动时

---

① 王建民：《西部开发与多元文化传统保持》，《西部开发与教育发展博士论坛》，民族出版社2001年版，第242页。

② 高丙中：《当代民族生活方式的变迁与转型》，《现代化与民族生活方式的变迁》，天津人民出版社1997年版，第87页。

间、劳动对象和劳动成果都属于集体。在公社体制内，牧区牧民的生产劳动也被纳入全国运动中，并被赋予政治意义。因此在某种意义上可以这样说，虽地处偏远，但牧区经济生产不再是孤立的、限制谋生的，而是与整个国家与政治紧密相连①。

祁连县野牛沟乡冬季草场

（三）现代性的弥漫与牧区全球化

1978 年党的十一届三中全会召开以后，全国范围内掀起了经济体制改革，牧区经济体制因此发生了巨大变化，"公社—大队"体制转变为"乡—村"体制，牲畜和牧场重新分给了牧民。改革打破了原人民公社集权式的经营，牧民有了经营自主权，改变了平均主义的分配方式，减少了分配环节，收益是劳动人民的直接劳动所得。同时也改变了人民公社"三级所有，队为基础"和"政社合一"的管理体制，建立了乡政权组织、村委会和合作社经济组织。这种体制充分调动了牧民养畜的积极性，促进了生产力的发展，使畜牧业经济生产出现了新局面，青海牧区牧业生产在全国改革开放大背景中走向新的现代化。

在 1978—1982 年的这段时间里，青海牧区经济体制改革主要围绕着"两定一奖"（定工、定产、超产奖励）进行。1982 年在完善"两定"的基础上，调整积累与分配的比例，将当年出售牲畜价款全部参加分配，改

---

① 刘源：《文化生存与生态保护——以长江源头塘乡为例》，博士学位论文，中央民族大学，2004 年。

变了实物按户平均分配的做法，扩大了按劳分配的部分，取消了限制发展自留畜的规定。在奖励方面，变精神鼓励为物质奖励。1983年春季，青海省在各个牧业区都进行了包干到户的试点后，将包干到户逐步推开。1983年秋季，青海省委颁发了《关于实行牧业包干到户责任制的实行办法》，要求各地在推行牧业大包干当中，坚持因地制宜、从实际出发的原则，宣传政策，组织人员清理财务账目，清点牲畜，盘点库存物资。

1983年，《青海省草原管理实行条例》出台，在作价承包的基础上，又逐步实行了"作价归户，分期偿还，私有私养"的责任制。"1983年人民公社制度被家畜承包制取而代之。不过说是承包，其实牧民对家畜有绝对的支配、处理权，等于事实上的私有化。"[1] 1984年年初，青海省进行了牲畜作价归户、户有户养和冬春草场承包到户或帐圈的试点。1984年年底，大部分地区实行了牲畜作价归户的办法。牲畜作价以大包干时承包的畜群结构和数量为基础，实行"大稳定、小调整"。经过近两年的调整、完善和提高，在巩固和发展家庭经营的同时，组建地区性合作经济组织。一般以原生产队为依托，建立牧业合作社，在相当于原生产大队范围内建立了牧民委员会，牧民委员会既是行政机构又代管经济工作。

1985年6月，《中华人民共和国草原法》颁布实施。紧接着青海省又制定了《青海省草原使用费征收管理办法》，建立了草场有偿使用流转机制，实行"三权分离"，即明确草场所有权、稳定草场牧户承包权、搞活草场经营权。草场资源价格也逐步进入市场，充分发挥了价格机制在草场资源开发利用和保护中的调节作用。1990年以后，牧区又推广"一包四定"的改革措施，即草场承包到户，以草定畜、定产、定畜、定产产品上交任务，定草场使用和各项提留。接着按户划分了草场，并且发放了《草场使用证》[2]。至此，严格上说发生于20世纪80年代的这场具有千年之变的革命性体制改革告一段落。青海牧区因此实现了从自然经济、计划经济向市场经济的逐步转变。

值得一提的是，在20世纪80年代的牧区体制从生产队改为牧业合作社，继而又进行了联产责任制、土地和草场承包到户、牲畜作价归户等历史性变革中，基层政权"社改乡"的转变同样富有深远意义。1982年的

---

[1] 阿拉腾：《文化的变迁：一个嘎查的故事》，民族出版社2006年版，第100页。
[2] 张德博：《我省牧区经济体制改革的回顾和展望》，《青海社会科学》1998年第2期。

《中华人民共和国宪法》确认县以下政权为乡、民族乡人民政府。据此，青海省从1983年开始，历经两年时间基本完成了牧区政社分离和建立乡级政府政权的体制改革工作①。不容否认，乡镇政府的运作，在不同地区，具有历史的和区域性的独特性。但是，乡镇政府的强化在中国社会产生了普遍的影响。尽管我们可以承认乡镇政府的制度部分地属于1983年以后的创新，但也不可否认它们仍是长时段现代性民族—国家建构的一个重要组成部分。因催生果，随着乡镇政府的强化，地方社会的行政控制、经济调控、文化改造等富有现代性的权力运作也充分开展，而"规划的社会变迁"的可能性也随之增强了。②

随着现代性的弥漫，野牛沟牧民在青海祁连旅游开发中与外界的接触交流越来越多，特别是在草原通讯设施建设和发展背景下，智能手机开始普及的野牛沟托茂牧民，跟其他地区的很多人一样，热衷于捧着手机刷微信、玩快手、看抖音。野牛沟牧民不但通过手机等获得全球资讯信息，也通过微信朋友圈、快手展示他们的衣食住行和喜怒哀乐。2017年5月14日母亲节，这个具有西方文化色彩的节日在微信祝福中热闹非凡，年轻的野牛沟托茂人的朋友圈也出现了祝福母亲的微信，而四五年前野牛沟的人几乎没听过母亲节为何物。

二　文化、经济与认同

如今，托茂人在讲述自我身份时，费一番口舌也未必说清自己的群体归属。正如托茂老人韩占龙在政协祁连县委员会主持拍摄的文史资料《走进托茂人》中所言："我们托茂人，以前（称）回族，我们不承认是回族，（称）蒙古族，我们又不承认是蒙古族。""我们以前是托茂达子，现在也承认是托茂达子。"即使如此，倾听的人可能还会追问什么是"托茂达子"。身处现代性身份认同困境的托茂人，只好从经济生产方式、文化生活习俗等来阐述自己的群体特征，进而解释和讲解托茂人。那么文化、经济又是什么呢。

---

① 洛桑：《试析青海省乡级政权体制的历史演变》，《攀登》2007年第2期。
② 王铭铭：《国家与社会关系视野中的中国乡镇政府》，《走在乡土上——历史人类学札记》，中国人民大学出版社2003年版，第130—166页。

（一）文化：关乎人、适应与意义

说起文化，人们耳熟能详并习以为常，但包括学者在内却难以界定。自19世纪现代社会科学诞生以来，不少人类学、民族学家、社会学家、语言学家、历史学家以及哲学家等孜孜努力，试图从各自学科的角度来界定文化的概念。然而，迄今为止仍没有达成一个公认的、令人满意的定义。1952年美国人类学家克鲁伯和克拉克洪在《文化：关于概念和定义的探讨》一文中，梳理了从1871年英国学者泰勒提出文化概念到1951年有关文化定义的各种文献，从中我们可以看到，在短短80年的时间里，英、美等国文献中就有164个有关文化的不同定义[1]。

虽然英文"culture"一词，只是200多年前社会科学术语的创造，但是其作为一概念性的工具，在世界范围内得到推广和普及。根据词汇的能指与所指，各个民族在自己的语言里大都找出或创造了与之相对应的词汇，譬如中文中的"文化"。"文化"一词，在汉语语境中可最早追溯到战国时期，经学重典《周易·贲卦·彖辞》如是曰："文明以止，人文也。观乎天文，以察时变；观乎人文，以化成天下。"

1871年，英国人类学鼻祖爱德华·泰勒在《原始文化》一书中对文化作了解释，他因此也被称为第一个界定文化的现代学者，在他看来：文化或者文明，就其广泛的民族学意义而言，是这样一个复合整体，它包含了知识、信仰、艺术、道德、法律、风俗以及作为社会成员的人所习得的任何才能与习惯，是人类为使自己适应其环境和改善其生活方式的努力的总成绩[2]。泰勒的这一自始至今仍受到学界青睐的文化定义，在内涵的丰富性和生成功用上与"以人文化成天下"有很大的相似之处。

中国现代著名思想家梁漱溟在1920年出版的《东西文化及其哲学》一书中认为，文化乃是"人类生活的样法"[3]。这一概要式的文化阐释在20世纪二三十年代的中国学界有较大影响，至今仍有学者引用之。1959年，美国著名人类学家马歇尔·萨林斯的文化定义则与泰勒和梁漱溟的文化定义呈现出一定的呼应与接近。萨林斯说，毋庸置疑，文化是人类的适

---

[1] A. L. Kroeber, Clyde Kluckhohn, "Culture: A Critical Review of Definitions", *Papers of the Peabody Museum of American Archaeology and Ethnology*, Vol. 47, 1952.

[2] Edward B. Tylor: *Primitive Culture*, New York: Harper&Row, 1958, p. 1。

[3] 梁漱溟：《东西文化及其哲学》，商务印书馆1929年版，第53页。

应方式①。而阐释人类学大师格尔茨受马克斯·韦伯启发从符号学出发，认为"所谓文化就是由人自己编织的意义之网"②。显然，我们所列举和支持的文化概念，与人（人类）、生活、适应或者意义构建（编织）密切相关。

（二）经济：文化的视角

何为经济，不同的经济学家可以给出不同的界定和阐释。中文"经济"一词语源于日译西文（economy），从本质上来说，"经济"与"文化"（culture）都是舶来品。当然，汉语"经济"一词最早可追溯到公元4世纪初的东晋时代。在中国传统文化中它与"经邦济世""经世济民""经国济物"等相联系，有治国平天下之意。这与"文化"之"以化成天下"非常的相近。西方的"经济"一词来源于希腊语，其意思为"管理一个家庭的人"，古希腊经济学者色诺芬在他的专著也即世界第一本经济学专著——《经济论》中，就是通过"家庭"及"管理"两词的结合来理解经济的③。可见，在不同的文化语境中，有关"经济"的界定也是不同的。

那么，在文化的眼中，"经济"是何以可能的呢。社会人类学认为，长期生活在一起的人群和组织因为具有一种结构化的生活方式，社会才有了经济。因为每一个人群的自然生存，需要连续不断地进行物质与服务周而复始的交换，在交换中形成了一定的结构。如果一个社会或人们共同体在物质与服务上尚未形成一种结构化的供给，那么它就无法存续。而这种结构化的供给，既不必在表面上让每一个社会成员意识到，也无须举行什么庄严隆重的仪式，它体现为一种作为社会成员的深层意识"经济"行为，这种"经济"行为的意识由习尚、道德、法律、传承、传说、神话等具体的文化因素所决定④。"在非市场社会里，经济制度作为一种根本无法离析的东西嵌合在宗教、礼仪、神话等一切社会行为或系统中的。即

---

① [美] 马歇尔·萨赫林斯：《进化：特殊进化和一般进化》，载于 [美] 托马斯·哈定等《文化与进化》，韩建军、商戈令译，浙江人民出版社1987年版，第20页。
② [美] 克利福德·格尔茨：《文化的解释》，韩莉译，译林出版社1999年版，第5页。
③ [古希腊] 色诺芬：《经济论 雅典的收入》，张伯健、陆大年译，商务印书馆1981年版。
④ 罗康隆：《民族经济活动的文化环境分析》，《怀化学院学报》2004年第1期。

使在市场社会,虽然看似不同,但经济的本质却并未改变"①。

文化是物质设备和各种知识的结合体,人们使用设备和知识是以便生存的②。对一个群体而言,文化可以说是一种生产生活方式,是由思想和行为的习惯模式所组成的,包括价值、信仰、行为规范、经济活动等在内的生活知识体系③。事实上,文化不仅仅是对社会存在的反映,它本身就是人类社会生活的一项重要内容,是人类一切行为的技术方式、社会方式和价值取向的解释、规范和综合④。由此我们可以如是理解:经济体系总是嵌入在文化环境中,在文化的情境中,每个人都能遵守自己所属群体的规则、习俗和行为模式。在长期的历史进程中,文化型塑着人们的生计方式和经济生产。

野牛沟八一冰川下的托茂年轻人

文化对经济之重要影响作用,在法国经济人类学家弗朗索瓦·佩鲁的观点中体现得淋漓尽致:"经济增长不过是手段而已,各种文化价值是抑制和加速增长的动力基础,并且决定着增长作为一种目标的合理性。"⑤ 美国历史社会学的文化研究也越来越倾向于认为,文化是社会生

---

① [日] 栗本慎一郎:《经济人类学》,王名等译,商务印书馆1997年版,第1页。
② 费孝通:《江村经济——中国农民的生活》,商务印书馆2012年版,第21页。
③ 赵文龙:《文化在经济发展中的地位与作用》,《人文杂志》1997年第6期。
④ 陈庆德:《经济人类学》,人民出版社2002年版,第350页。
⑤ [法] 弗朗索瓦·佩鲁:《新发展观》,张宁等译,华夏出版社1987年版,第15页。

活的核心，无时无处不在施加着间接的权力影响①。当然，文化决定经济的观点可追溯到德国社会学家马克斯·韦伯，他说："如果说我们能从经济发展史中学到什么，那就是文化会使局面几乎完全不一样。我们应从更广泛的经济繁荣的决定因素来理解文化的作用。"②

然而，与文化对经济话题的热衷不同，经济学家通常对"文化"的兴趣较为淡薄，甚至有学者持有成见，认为文化只是代表着一切说不清楚的东西的混合，而经济学要着力研究的是那些能够说清楚的东西。令人欣慰的是，从20世纪80年代开始这种情况有所改观，以哈耶克和诺斯为代表的新制度经济学派，倾向并致力于经济的文化解释。

冯·哈耶克认为："文化既不是自然的也不是人为的，既不是通过遗传继承下来的，也不是经由理性设计出来的。文化乃是一种由习得的行为规则构成的传统。"③ 在他的理解中，这些规则可能起始于人类所拥有的在不同的环境情势下知道做什么或不做什么的能力。这些先天性的规则最初在小群体中存在，当小群体为了融入更大的社会的时候，就必须代之以一些新规则，而较为复杂的结构乃是通过持续不断地使其内部状态与外部环境的变化相调适的方式来维持自身的。

道格拉斯·诺斯则说："文化不仅是不同种知识的汇合，还包含对行为标准的价值判定，行为标准（社会的、政治的或经济的）被用来解决交换问题。在所有的社会里，都有一种非正式的框架构建人类的相互作用。这种框架是基本的'资本存货'，被定义为一个社会的文化。文化提供了一个基于语言的概念框架，破译、理解和表达来自大脑感官的信息。因此文化不仅扮演塑造正式规则的作用，而且也对于作为制度构成部分的非正式制约起支持作用。"④

---

① ［美］戴安娜·克兰：《文化社会学——浮现中的理论视野》，王小章、郑震译，南京大学出版社2006年版，第40页。

② ［德］马克斯·韦伯：《新教伦理与资本主义精神》，于晓等译，生活·读书·新知三联书店1987年版。

③ ［英］冯·哈耶克：《哈耶克论文集》，邓正来编译，首都经济贸易大学出版社2001年版，第602页。

④ ［美］道格拉斯·A. 诺斯：《制度、意识形态和经济绩效》，《发展经济学的革命》，上海三联书店、上海人民出版社2000年版，第119—120页。

(三) 作为文化的"经济"与作为经济的"文化"

马克斯・韦伯之《新教伦理与资本主义精神》，自 1905 年出版以来，之所以受到学界持久关注，是因为其提出了一个重要论断：新教伦理作为文化价值，支持了资本主义的发展，为资本主义的发展提供了文化动力。理论和实践都证明，文化和文化适应作用于经济之所以成为可能就在于，文化本身是人类生命过程中提供解释系统，帮助我们对付生存困境的一种努力[①]。而且，无论怎样时过境迁，怎样物换星移，人们总能为远在自己社区活动范围之外的人与物，在各自的文化体系的再生产过程中，寻到一个合适的位置[②]。栗本慎一郎认为，经济与文化的其他各要素如亲属关系、宗教信仰、道德法律、传统风俗等种种复杂的关系交织在一起，或者说他们是"嵌合"（embedded）在整个社会中。这不单是说人类社会生活中各种要素错综复杂地交织于一体，也意味着在由血缘关系、宗教信仰、赠予礼仪等社会习尚所决定的人类行为中，隐含着财物的生产、分配等经济功能——尽管这些功能在表面上不为人们所意识到[③]。马歇尔・萨林斯则简明地声明，人对生活的看法并不是受特定的物质条件决定的，相反，人们对生活的看法，即人类学者眼中的"文化"决定着人们物质生产、交换和消费的方式[④]。

事实上，人类的经济行动是在文化的网络中进行的，经济过程往往受到文化网络的牵制。实际的经济行为在具体的文化背景下，是依赖在文化中的角色的形式进行组织的，因此这一过程中并不仅仅是非经济行动通过角色标准介入经济行动的组织，而是他们共同处于一个价值体系之中，在这一共同的价值系统中，行为者既不可能脱离特定的文化背景采取行动、作出决策，当然也不可能是文化规则的奴隶，变成文化的编码，而是在具体的动态的文化关系制度中追求目标的实现，使得该民族的文化与其经济

[①] [美] 丹尼尔・贝尔：《资本主义文化矛盾》，赵一凡等译，生活・读书・新知三联书店 1989 年版，第 24 页。

[②] [美] 马歇尔・萨林斯：《别了，忧郁的譬喻：现代历史中的民族志学》，王筑生：《人类学与西南民族》，云南大学出版社 1998 年版，第 31 页。

[③] [日] 栗本慎一郎：《经济人类学》，王名等译，商务印书馆 1997 年版，第 8 页。

[④] [美] 马歇尔・萨林斯：《甜蜜的悲哀》，王铭铭等译，生活・读书・新知三联书店 2000 年版，第 9 页。

活动总是处于相互协调和融为一体①。文化使人类能根据自身的有利条件来改变环境,以及改变自己的行为方式来适应改变了的环境条件,在产生文化以前,人类只能通过生物进化来适应环境的变化,文化使人的适应过程加快了许多。文化本身成为人类环境中的一种力量,它无论是在范围上,还是在影响上都变得和环境一样重要,而且自身也处于动态进化过程中。在游牧—定居—小城镇—城市—国家—全球化经济这一发展历史中,文化贯穿其中。

"经济体系总是沉浸在文化环境的汪洋大海之中,在这种文化环境里,每个人都遵守自己所属群体的规则、习俗和行为模式,尽管未必完全为这些东西所决定。意义比较明确的价值使某些目标处于相对优先的地位,对于这些目标的追求,激励着每一个人对经济和社会的发展作出自己的贡献。"② 本书的研究之所以将经济与文化联系起来看,是因为事实和实践也表明,文化观念不但引导人们的价值追求,推动社会的消费需要,而且能调节和推动经济运行和社会发展。

人是文化的人,人也是经济的人。文化烙印在人们衣食住行及其所使用的一切物质对象上,经济也嵌入人们的日常生活和一切社会关系结构中。日常社会中人们的群体归属和身份认同,跟文化和经济紧密相关。文化是通过对人们一生都会产生影响的观念和习俗,来塑造不同区域人群以不同特质,这让区域内的长期共同生活的人们,在接触不同区域或文化共同体时,会产生文化认同感,这种认同感在不断积累中,还会反过来不断强化群体的文化特性。另外,文化型塑生产方式和经济行为,长期实践的生产方式和经济行为又型塑人们的身份认同。身份认同跟文化和经济息息相关,习俗、语言、宗教、生产生活方式等对个人或群体的认同有着直接影响。

身处青藏高原的托茂人,其生计方式、经济行为、饮食偏好、服饰文化、风俗习惯等兼具蒙、回、藏、汉等民族特性。从族群性上,托茂人身处蒙回边缘,身份认同也在蒙回边缘徘徊。这种空间、时间、文化、族群等多维度意义上边缘群体,可为研究经济、文化、认同及牧区现代性的绝佳案例。

---

① 罗康隆:《民族经济活动的文化环境分析》,《怀化学院学报》2004年第1期。
② [法]弗朗索瓦·佩鲁:《新发展观》,张宁等译,华夏出版社1987年版,第19页。

三 人口较少群体与边缘研究

(一) 人口较少群体的生存与发展

2001年7月,鉴于少数民族地区在全球经济一体化背景下文化问题的凸显,费孝通先生在第六届社会人类学高级研讨班上作了题为《民族生存与发展》的演讲,抛出了这样一个忧虑而令人思考的话题:在全球化的浪潮之中,一些根底不深、人数又少的民族,如鄂伦春族,政府的确在尽力扶持这个民族,他们吃住都没有问题,孩子上学也不要钱,但本身还没有形成一个有机的社区,没有达到自力更生的状态。我们主张民族平等、共同富裕。当然由于自然条件和环境的改变,还可能会造成一些民族在生产能力和谋求职业方面出现了某些不适应。因此我脑子里一直有个问题,我国万人以下的小民族有十多个,他们今后如何生存下去,在社会大变动中如何长期生存下去?[1]

其实,第二次世界大战后,人类学家对经济快速发展下的少数族群的文化生存的忧虑情绪便在世界范围内蔓延开来。1960年,查尔斯·休斯对白令海峡的圣劳伦斯岛上的甘贝尔人社区作了调查研究,后来以"崩溃的部落"为名,对他的研究作了结论。休斯说,"整个爱斯基摩人的群体或社区已经与大陆的经济和社会结构相联系","过去的时光一去不再"。休斯认为,大陆的西方文化对这个岛屿的影响以及岛民的文化对于大陆的影响,这两种方向截然相反的运动,把土著撕成碎片。在休斯看来,移民到大陆上的干贝尔村民已不再是爱斯基摩人,不再是保有一种他们自己文化传统的民族了[2]。在爱斯基摩人经济文化大陆化的情形下,休斯有一种厄运将至的感觉。

鉴于查尔斯·休斯等人类学界对现代性之普遍的悲观和忧虑情绪,1996年,马歇尔·萨林斯在《何为人类学启蒙》中以"土著文化的振

---

[1] 费孝通:《民族生存与发展——在中国第六届社会学人类学高级研讨班上开幕式的即兴讲演》,《西北民族研究》2002年第1期。

[2] [美]马歇尔·萨林斯:《甜蜜的悲哀》,王铭铭等译,生活·读书·新知三联书店2000年版,第119页。

作""现代性的本土化""中心与边陲的颠倒""文化不再消失"等为名,作了积极回应和乐观判断。他指出,第三和第四世界的地方社会,确实依据他们自己对世界的看法来组织世界体系。与20世纪五六十年代土著社会是"崩溃的部落"不同,在20世纪七八十年代,土著社会呈现出一种普遍的文化"复兴"。他说,这不是失望,而恰是一种迈向现代性的行动。在这样的行动所提供的保障性指导下,土著人将能够变西方人的好东西为他们自身生存发展的好东西[1]。

在"地球村落化"的今天,随着现代科技和交通方式的飞速发展,随着电视、网络、微博、微信等电子媒介和通讯方式的出现,地球上的时空距离骤然缩短,整个地球宛若茫茫宇宙中一个"村落",遥远的地方不再遥远,边陲的地方也无不裹挟进全球化。虽然我们对全球化浪潮下的中国少数民族的生存和发展持积极乐观的态度,但这并不隐没我们对现状的反思、历史的追寻和问题的思考。我们选择"托茂人"——青藏高原的一个特殊边缘群体为调查研究对象,旨在思考文化、经济、现代性、全球化等课题。

"托茂人",历史上隶属于蒙古部落,逐水草而居、穿蒙藏服饰、说蒙古语言、食草原食物,与主体蒙古信奉藏传佛教不同,他们信仰伊斯兰教,有"蒙古回回"的俗称。当今,人口只有1800多人的他们分散在青海省海北藏族自治州的海晏、祁连,新疆巴音郭楞蒙古自治州的博湖县、焉耆回族自治县等地,他们的经济、语言、服饰、饮食、认同等都在现代化过程中发生了较大变化。

托茂人这样一个在时间、空间等处于边缘的群体,因其历史文化、经济生产及族群认同等特殊气质,可以成为观察和理解边陲与中心、现代性与全球化、民族文化与经济发展等课题的极佳切入点。边缘是一个社会事实,也是一个有意思的角度,还可以是一个研究的方法。沟口雄三曾提出"以中国为方法,以世界为目的"的研究路径,将中国作为研究方法,更好地研究中国和世界[2],这与人类学及边缘的研究理念非常契合。如何以边缘为方法,深描边缘,阐释边缘,探寻理解全球化中少数人群的文化、经济、认同及现代性等,是本书的主旨。

---

[1] [美]马歇尔·萨林斯:《甜蜜的悲哀》,王铭铭等译,生活·读书·新知三联书店2000年版,第109—141页。

[2] [日]沟口雄三:《作为方法的中国》,生活·读书·新知三联书店2011年版。

（二）边缘的意义

研究边缘或边缘研究，有何意义。从学科史来说，自人类学等现代社会科学进入中国后，学者们就前赴后继、孜孜以求于学科建设和现实研究，希望通过此西洋学科之方法与理论来认知和理解自身的社会和文化，此间虽取得了令社会科学界瞩目的成就，但迄今为止人类学本土化仍是一个未竟的命题。毋庸讳言，很长一段时间以来国内人类学界将不少精力放在对欧美理论和方法的学习和模仿上，对中国社会和族群的研究也亦步亦趋于西方的汉学或中国学研究。这样的研究和取向可能忽略了一个预设前提——西方研究中国主要是将中国视为"他者"来进行的。"他者"的视角和相关研究是人类学知识生产的重要基础，然而国内人类学研究关于我们的"他者"是谁还未达成共识，不过费孝通、林耀华等先驱已做过探索，王铭铭也提出了"三圈说"，以及海外民族志的倡导与实践等等都在作出努力。值得注意的是王明珂将参照系由"西方"转向了自我"边缘"[①]。当他开创强调的"边缘研究"，给中国人文社会科学以较大震撼后，在对此有褒也有贬的回应评论中，我们发现"边缘"这个概念在纷繁复杂的中国社会文化中却是那么的深沉与厚重。

虽然，从相对性出发可以将"边缘"视为一种想象和建构，但是，我们也不能因此否认它在整个社会文化中的事实存在，即它在我们的话语表述中时现时隐。与"他者"相比，"边缘"更像一个地理或地理学的概念，虽然"他者"也有空间和地理成分。在人类学早期，学者们乐此不疲地流连于"自身之谜"和"远方文化"之间，希冀在走向田野中的"他者"时发现久违的自我。当"他者"戴上浪漫的光环并成为学科的核心关键词，我们可能会忽略它潜在预设的"简单社会"和"原始的人"，进而忽略"他者"的人文地理空间。天然地，我们会产生这样的幻觉，人类学自产生和强调"他者"起，"边缘"好似与之无缘、与"他者"更是风马牛不相及，然而，在梳理学科知识谱系之后，我们可能会改变这样的看法，因为"他者"本质上都是"边缘"的，而且，我们将会看到，

[①] 王明珂：《华夏边缘：历史记忆与族群认同》，允晨文化实业股份有限公司1997年版；王明珂：《英雄祖先与弟兄民族：根基历史的文本与情境》，允晨文化实业股份有限公司2006年版；王明珂：《羌在汉藏之间：川西羌族的历史人类学研究》，中华书局2008年版；王明珂：《游牧者的抉择：面对汉帝国的北亚游牧部族》，广西师范大学出版社2008年版。

"边缘"在人类学的中国研究中传统深厚且意义重大。

"边缘"有着多维度的意指和所指,任何单向度的理解都可能会误导我们对它的认知和阐释,故我们在知识溯源时有必要保持这份警醒。1891年,德国地理学和民族学家拉策尔(F. Ratzel)在《人类地理学》(anthropolo-Geogrphie)初用"marginal area"(边缘区)和"marginal cultrure"(边缘文化)概念,意指"两种文化之间的区域"和"文化交界之间的文化",后经伯克特-史密斯(Birket-smith)、库伯(Cooper)等阐释,"边缘区""边缘文化"等概念在美国历史学派应用中得到某种延伸[1]。而"边缘"视角成为一个学术研究工具则到了20世纪后半期,此间出生于芝加哥犹太人家庭的马歇尔·萨林斯,由于其被排斥于美国主体社会之外的种族背景和"边缘人"身份,促使他选择了人类学,并对非西方产生兴趣,希望借助世界性的边缘文化研究,获得对自身文化身份的定位。这也构成了这位人类学大师研究的主要特征:通过边缘来理解中心的缺失[2]。

在中国,"边缘"或"中心/边陲"认知体系可上溯到发起于东周的"华夷之辨",华夷之辨意指华夏居于中原,为文明中心,而周边种族和国家则较落后,是蛮族、化外之民。中国皇帝是天子,中国的皇朝是天朝,中国之外的地域,依方位分为"四夷",即东夷、西戎、南蛮、北狄。由此认知创导的"华夷秩序""朝贡体系"以及"天下"观念的隐喻,建构了"中国之中的中国"和"中国之外的中国"的"中心"和"边陲"的对应体系。这一体系有很长的历史延续性,对中国社会文化和中国人的认知产生了很大的影响,以至于在学术研究中也印痕深深。另外,古人贯以"殊方"称呼边远偏僻之地,且常与"异类"并举;地域既然已不同,自然非我族类[3]。当然,在人类学研究中我们也应对此予以警惕和批判。一直以来,人类学对中国及其周边国家、周边地域、周边少数民族的研究,往往从儒教、华夏等中原或中心的角度来分析问题。然而由于"从周边看中心"视角的缺失,往往不可避免地带有民族中心主义

---

[1] 芮逸夫:《云五社会科学大辞典·人类学》,台湾商务印书馆1971年版,第311—312页;陈国强:《简明文化人类学词典》,浙江人民出版社1990年版,第166页。
[2] 王铭铭:《萨林斯及其西方认识论反思》,见[美]马歇尔·萨林斯《甜蜜的悲哀》,王铭铭等译,生活·读书·新知三联书店2000年版,第6页。
[3] 葛兆光等:《殊方未远:古代中国的疆域、民族与认同》,中华书局2016年版,第1页。

和文化中心主义的偏见①。

回顾学术史，中国人类学是有观察"边缘"、研究"边陲"的传统的。20世纪40年代在人类学/民族学的引领下，中国学术界曾有兴起一个"边政学""边疆研究"的显学；20世纪80年代费孝通擎起旗帜致力于的"边区"研究，竟延续到第二个千禧之年；历史学、人类学、社会学等多学科交叉而成的"边疆学"在2000年后日益成熟。吴文藻发表于1942年的《边政学发凡》被学界视为边政学的奠基之作。吴文藻先生认为，边疆史地的研究，本为逊清末期倡行的学问。"九一八"以来，"中国之边疆学"复兴。这种固有学，受过科学洗礼，予以发展机会，则其收获在边疆政治上自有特殊的价值②。

"边政学"兴盛于1942—1948年，在救国救民、开发边区的情怀下吴文藻、吴泽霖、马长寿、李安宅、江应梁、凌纯声、顾颉刚等学者纷纷参与其中都留下了相关文著，到1948年杨希枚在《边疆行政与应用人类学》一文总结边政学与人类学关系时声称："今日要谈边政，首先要认识并了解边民文化。而要求认识并了解边民文化，必须发展人类学，特别是应用人类学"③。正因为此，其他学科的学人在回顾20世纪40年代的边疆研究学术史时不得不承认，那是一个人类学/民族学引领边政学的时代④。而20世纪40年代的边政学毋庸置疑是当时中国人文社会科学最重要的"显学"之一。

当20世纪50年代被作为资产阶级学科而被取缔的社会学、人类学于20世纪80年代恢复后，费孝通接过边政、边疆研究的接力棒，致力于边区研究，在1987至1990年四年间先后写了四本相关著作（《边区开发与社会调查》，1987；《边区开发四题》，1987；《从沿海到边区的考察》，1990；《城乡和边区发展的思考》，1990）⑤ 其实，早在1979年费孝通便提出"边区开发"研究的思路，1984年，费先生在初步完成江苏省的小

---

① 麻国庆：《作为方法的华南：中心和周边的时空交换》，《思想战线》2006年第4期。
② 吴文藻：《边政学发凡》，《边政公论》1942年第5—6期。
③ 杨希枚：《边疆行政与应用人类学》，《边政公论》1948年第3期。
④ 王洪亮：《中国边疆研究的近代转型》，《四川师范大学学报》2000年第5期。
⑤ 费孝通：《边区开发与社会调查》，天津人民出版社1987年版；费孝通：《边区开发四题》，浙江人民出版社1987年版；费孝通：《从沿海到边区的考察》，上海人民出版社1990年版；费孝通：《城乡和边区发展的思考》，天津人民出版社1990年版。

城镇调查后,决定将研究工作的重点转移到边区和少数民族地区。从此,费先生开始从内蒙古西走宁夏和甘肃,1991年又走进大西南的山区,不断深入边区开发研究。其后,他的学生和接班人秉承学术脉络,编著了《边区开发论著》《中国西部边区发展模式研究》[①] 《边区企业的发展历程》[②]《中国西部边区发展模式研究》[③] 等书作。

与此同时,学术生涯于中国台湾和日本的王崧兴则主张进行"中国研究的中心和周边"研究。王先生在汉族社会与文化方面造诣颇深,在学术后期他积极创导"从周边看汉族社会和文化",但王先生后期身体孱弱多病,1995年因病去世,因而未能在具体、实证的民族志层次上将此倡导和方法视角予以检验。所幸,其同仁黄应贵、叶春荣在我国台湾主编了《从周边看汉人的社会与文化:王崧兴先生纪念论文集》[④],末成道男教授在日本主编、出版了《中心和周边:人类学的田野视角》,对他的研究理念和遗志进行了阐释与发扬。

在王崧兴的"从周边看中心"方法之后,20世纪90年代以来,王明珂将边缘的研究予以光大,并从"边缘"概念的内涵和外延上丰富了王崧兴的早期定义。2016年《东方早报·上海书评》编辑部组织出版了《殊方未远:古代中国的疆域、民族与认同》一书,编者声称:"倘若我们不再像古人那般,以'中心'自居,视八方为蛮夷,而是积极地转换视角,深入、多面地了解周边地区、民族的语言、风俗与文化,或许会发现:他们对我们来说,并不那么陌生而难以理解。"[⑤] 在这样的理念下,《殊方未远》组发数篇相关文章,力图从"中心"之外的视角认知古代中国的疆域、民族与认同。

(三)边缘的关照

综而观之,在萨林斯那里,"边缘"是作为反思"中心"的工具而存

[①] 潘乃谷、马戎:《边区开发论著》,北京大学出版社1993年版;潘乃谷、马戎:《中国西部边区发展模式研究》,民族出版社2000年版。

[②] 邱泽奇:《边区企业的发展历程》,天津人民出版社1996年版。

[③] 潘乃谷、马戎:《中国西部边区发展模式研究》,民族出版社2000年版。

[④] 黄应贵、叶春荣:《从周边看汉人的社会与文化:王崧兴先生纪念论文集》,"中央"研究院,1997年。

[⑤] 葛兆光等:《殊方未远:古代中国的疆域、民族与认同》,中华书局2016年版,第1页。

在的，突出于"边缘"的意义；在吴文藻等学者那里，研究"边缘"和"边民"，可显"边政"的价值；在费孝通等学者那里，关注边区之"边缘"，旨在"富民"的实践；在王崧兴那里，"边缘"的研究，是为了更好地理解"中心"而存在的，突出于"边缘"的视角；而到了王明珂那里，他在突出"边缘"的意义和视角的同时，在历史的动态和文本的交互分析中指出"边缘"与"中心"共同建构的特点，并体现出"边缘"与"中心"的互为主体性，到了《殊方未远》等"边疆学"著作，则试图将"边缘"视角引入历史，进而认知古代中国及其疆域和民族。

那么，何谓边缘呢。就目前的研究成果来看，边缘是一个含混的概念。虽然王明珂一再强调：边缘，乃观察、理解族群现象的最佳位置①。并开创了"边缘研究"（border study）风潮，但这个概念在他的研究应用中是含混的。在《华夏边缘：历史记忆与族群认同》一书中他用一个比喻来说明什么是边缘研究：犹如画圆，只要把边界画好，核心无论是否涂鸦，这个圆就形成了②。之后在《瓦寺土司的祖源》中给出了如是界定："边缘有如文化研究者所称的'边界'（border）及'边界地带'（borderland），但含意更广泛。它或指地理空间的边缘，或指政治经济与社会的边缘，或指族群与民族认同的边缘，或指重大政治社会变迁的时间边缘。"③ 同时，我们也注意到，王明珂亦常用 boundary（边界）、frontier（边疆）来指称边缘。

"边缘"表述的含混性，与其概念的相对、多维和灵活性相辅相成，可以肯定地说，"边缘"本是一个多维的存在，一维的界定只会压制其内涵和外延的弹性。虽然，"margin"（边缘）一词在西方人类学初创时主要用以地理分布为基础的文化史（culture-history）的研究，但随着学科的发展它远远超出了这一维度。另外，20世纪40年代的国内学术界，仅"边疆"（frontier）一词，就给了出多维度的认知，比如吴文藻认为"边疆"一词有两种用义：一是政治上的边疆，一是文化上的边疆。政治上

---

① 王明珂：《华夏边缘：历史记忆与族群认同》，允晨文化实业股份有限公司1997年版，第13页。

② 王明珂：《华夏边缘：历史记忆与族群认同》，允晨文化实业股份有限公司1997年版，第13页。

③ 王明珂：《瓦寺土司的祖源——一个对历史、神话与乡野传说的边缘研究》，《历史人类学学刊》2004年第1期。

的边疆,是指一国的国界或边界言,所以亦是地理上的边疆;文化上的边疆,系指国内许多语言、风俗、信仰以及生活方式不同的民族言,所以亦是民族上的边疆[1]。而李安宅当时注意到这样一个现象:国人之谈边疆者,多系指文化上之边疆,非国界上之边疆。如东南各省以海为界,本即国界,而吾人均不视为边疆,川甘青康地在腹心,反称之为边疆,诚以农耕畜牧之不同,乃正统文化与附从文化之所以分也[2]。而今,在族群研究中颇受青睐的"border"(边界),同样可出现在地理边界和认同边界的表述中。

质言之,边缘可以从抽象的时间、空间去关照,也可以从具体的视角来区分。从地理上看,边缘是边疆、边陲的,非中心的,过度边际的;从文化上看,边缘是非主流的,少数的;从政治上看,边缘是弱势的、劣势的、科层制不甚健全的;从经济上看,边缘是滞后的、不发达的;等等。在研究方法上,边缘可以被视作他者,但不仅于此,边缘还是一个重要的维度,走进边缘、认识边缘、立身边缘反景入深林,可以让更好地理解我们的社会、文化、经济、身份认同。殊方未远,以边缘为方法,不仅为了认识边缘,也是为了认识中心还是为了认识我们,认识人类。

法国学者弗朗索瓦·佩鲁曾说:"如果新的发展研究不能深入到人们的思想最深处,那么对于这种研究以及由这种研究所要求的总体调整的思考将会是肤浅的,并且很难达到目的。"[3] 为了立体的展现托茂人的历史、文化、经济,我们将诠释过去、理解现在、展望未来。在研究方法上,除了边缘、全球化、现代性的视角外,我们还提倡纵向研究和横向研究并举,既注重现状研究,也不忽视历史研究。"今天"在历史上被不断演义,今天也将终成为历史。众所周知,文化和文化适应是动态的历史过程,人们的生产生活方式也是随着历史的发展而呈现出不同的形式和内容的。这样就要求我们,应从历史的、经验的、发展的观点分析研究不同的社会事实。

就托茂人而言,本书要追寻的问题是:托茂人从何而来、经历怎样的族群演进历史,他们与牧区的生计方式和经济生产有着怎样的联系,在现代性的背景中他们经历了怎样的身份认同,托茂人的未来走向如何。是

---

[1] 吴文藻:《边政学发凡》,《边政公论》1942年第5—6期。
[2] 李安宅:《实地研究与边疆》,《边疆通讯》1942年第1期。
[3] [法]弗朗索瓦·佩鲁:《新发展观》,张宁等译,华夏出版社1987年版,第69页。

故，本书将考证托茂人的族源，研究托茂人的生计方式及其在现代经济下的商业、消费和娱乐，探究托茂人姓氏和语言的现代变迁，论述托茂人定居和城镇化过程，关注托茂人的生育与葬礼、婚姻与家庭、身份认同与民族融合等。本书的研究目的是以青海牧区和在其中从事畜牧业生产生活的托茂人为论述重点，展现边远牧区和边缘社群涉入全球化的过程，以及面对现代性时的文化调适和认同窘境，呈现身处边缘、人口较少的群体所面临的文化生存与社会经济发展问题，同时通过托茂人这样一个具有多重文化特征的草原人群，展现中华民族交往交流交融的历史，讲述中华民族和合共生的草原故事。

第二章

何谓托茂：托茂族源及其考证

何谓托茂，这是关注托茂现象者都在追问的问题。就此问题笔者曾访谈诸多托茂人，也向蒙古语、藏语等语言学者咨询过，亦在前人研究中了解各种解释。如今，托茂人及曾被笔者咨询的人，反过来又在追问笔者：关注十余年，你觉着什么是托茂？这是个让人兴趣盎然又令人尴尬的问题，一言两语无法说清，但又是一个不能回避的问题。

从历史文献来看，"托茂"以"驼毛"一词最早出现在晚清，民国时期亦有考察者关注和提及。关于"托茂人"的研究，始于20世纪80年代，自李耕砚、徐立奎于1983年发表了《青海地区的托茂人及其与伊斯兰教的关系》[①]一文以来，到目前为止学界公开发表的学术论文近20篇[②]。这些研究在区域上突破了青海，延伸到新疆和内蒙古等地，研究内容涵盖族源、认同、族群关系、社会变迁、文化遗产、语言文化等。张承

[①] 李耕砚、徐立奎：《青海地区的托茂人及其与伊斯兰教的关系》，《世界宗教研究》1983年第1期。

[②] 秦惠彬：《托茂考》，《宁夏社会科学》1986年第6期；石磊：《在新疆的托茂家人》，《中国穆斯林》1988年第5期；嘎尔迪：《新疆"托们能克"人由来考》，《西北民族学院学报》1991年第4期；冯锡时、M·乌兰：《关于托茂人》，《西域研究》1993年第3期；王野苹：《也说托茂人》，《西域研究》1995年第2期；孙滔：《青海回族源流考》，《回族研究》1999年第4期；马生林：《托茂人及其信仰》，《西北民族研究》2002年第4期；丁明俊、马亚萍：《青海托茂人族源与族群关系探析》，《宁夏社会科学》2005年第6期；王建斌：《青海地区托茂人的社会变迁研究》，《青海民族研究》2006年第1期；王建斌、买买提祖农·阿布都克力木：《新疆博湖托茂人的源流与现状研究》，《新疆大学学报》2009年第1期；王建斌：《新疆博湖托茂人的社会文化变迁》，《北方民族大学学报》2009年第5期；钟进文：《文化遗产与民族身份认同的实践——以托茂人为例》，《文化遗产》2014年第1期；雷雨：《蒙古回回"托茂人"族群互动中的语言关系》，《内蒙古社会科学》2017年第3期；以及笔者的一些研究。

志、马有福等文学知识界对托茂现象的关注①，拓展了研究的广度。就托茂及其族源这一论题，本书受益于前人的研究，在此基础上希冀做系统梳理和深入讨论。

一 蒙藏化的回人，还是回化的蒙藏人？

(一)"驼毛番子"、托茂达子与托茂回回

"托茂"本寂寂无闻，光绪二十二年（1896年）因参与河湟事变，以"驼毛"之名出现在陕甘总督陶模的奏折中："臣查湟回自月初水峡出窜，共七八万人，皆刘四伏兄弟领亡，刘三专注念经，刘四伏最强，主战争，马吉等助之。在青海会合驼毛茶根二千余人。"②这条史料说明，有个名叫"茶根"的首领，率领数目不少的"驼毛"参加了"湟回"的行动。在平定出窜湟回、青海茶根等后，陶模及继任新疆巡抚的饶应祺等向上汇报说，刘四伏是西宁苏家堡人，马吉是西宁上五庄人，"驼毛茶根即格尔及西海蒙古人"。另从饶应祺等言"驼毛番子茶根"③之语看，当时的新疆官员视"驼毛"为蒙藏人群，或"驼毛"相较于"湟回"表现出较大的蒙藏文化属性。

陶模之子陶保廉，在陶模被任命为新疆巡抚后，于光绪十七年（1891年）随父出关入疆，光绪二十二年（1896年），陶模升任陕甘总督，他又由新疆随侍入关，往返陕西、甘肃、新疆等地，写下了《辛卯侍行记》这一西北史地学要著。该书对当时西北地区民族、宗教、人口、地理、交通、环境等有详细的记载和考证，也关注了托茂人的情况。《辛卯侍行记》卷4载："自永安营而西四五十里土坡，青海右翼盟长墨尔根郡王棍布拉布坦所部牧此。墨尔根者，盖明季海房麦力干之部，询其姓氏世系，多不自知。为贫所迫，间或踰闲。如顺治初，甘州逆回米喇印之余

---

① 张承志：《凡生命尽予收容：从祁连到东乡》，《读书》2010年第8期；马有福：《乡关何处托茂家》，《回族文学》2015年第3期；等。

② （清）朱寿朋：《光绪朝东华录》（四），中华书局1958年版，第3887页。

③ （清）朱寿朋：《光绪朝东华录》（四），中华书局1958年版，第3887页。

左起：哈子列（托茂人）×××（回族）再乃拜（托茂人）
胡赛尼（托茂人）海机车（托茂人）一九五六年于西宁

托茂人老照片

党窜匿于彼，其后名驮毛达子。"① 陶氏在解释青海海西的科尔录古淖尔时说："青海贝勒左翼盟长住牧，或作阔尔勒。有驼毛达子，本河西回回也。百年前因犯法逃入青海，变回为蒙矣。其地正西曰小柴达木、大柴达木。稍西南曰中柴达木、南柴达木。"②

陶保廉行文至哈密时注意到陕甘"回"与新疆"回"有较大的不同，并探讨了"回"的几个族群分类："回鹘、畏兀儿、回回混无区别，只分两类：天山以南各城土著曰缠头回（杂有匈奴、回鹘、西羌、畏兀儿、大食、回回及突厥、契丹、蒙古、浩罕、波斯诸种），入陕、甘各省者曰汉装回（大半回鹘之后，杂有匈奴、氐、羌诸种）。陕甘人因其语言、衣服皆与我同，呼曰汉回，亦称小教。间有逃回入汉者，彼族谓之反教。有改从青海蒙古者，谓驮毛达子。"③

陶保廉关于"驮毛"（驼毛）的表述，牵扯到三个群体的分类认知。一是"回回"，当时乃"教民"的代称，陶氏看到"回回"内部的差异性，他将西北之回主要分为"缠头回"和"汉装回"或"汉回"两类，认为"驮毛"属于"回回"群体，是陕甘"汉回"。第二个族群是"汉"或汉

---

① （清）陶保廉：《辛卯侍行记》卷4，养树山房刊本，光绪丁酉年。甘肃人民出版社2002年版省去部分内容。

② （清）陶保廉：《辛卯侍行记》，甘肃人民出版社2002年版，第349页。

③ （清）陶保廉：《辛卯侍行记》，甘肃人民出版社2002年版，第374页。

人，其义明确，不多解释，前文所言"汉回"在语言、服饰上与"汉"相同，或因宗教不同，而称"小教"。第三个族群是"达子"，"达子"是元代以后尤其明清史料中主要对蒙古人的歧视性称谓。这三个群体虽然族性明显，但是族群边界动态，有"逃回入汉"，有"改从蒙古"者。

此后，文献鲜有"驼毛达子"的记载，直到20世纪三四十年代，因为开发西北和抗战救国的需要，一批学者官员亲赴西北边疆考察，大都关注了青海的民族情况，"托茂"作为一个特殊的族群现象，引起了考察者的兴趣。如著名历史学家顾颉刚在1938年《考察西北后的感想》演讲中说："临夏东乡人全是蒙古人，但都信仰回教，青海保安土人及托毛蒙古人也多信仰回教。"① 在《中华民族是一个》一文中，顾颉刚又言："在中国境内似乎只有缠回和汉回两种，可是河州大东乡的蒙民虽依旧说蒙话，却全信了回教；青海辉南旗的蒙民也全信了回教。"②

顾先生无意于追问"托毛"何意，而是将其视为缠回、汉回之外的蒙古人信仰回教者。这与民国时期其他关注者的认识基本一致。总体而言，考察者们认为托茂乃青海汉回、撒拉回之外的第三种回教群体，即蒙藏回。譬如，1931年韩宝善在介绍青海回族状况时说："回族中又分汉回、撒拉、讬毛三种：汉回与藏人杂处，语言文字，除经文外，皆与汉人无异。……撒拉多居于循化东南一带，虽同一回教，而风尚语言，则与汉回甚殊。……讬毛者即蒙藏人民之回教徒也。"③ 1936年庄泽宣在《西北视察记》一书中说："青海人民除汉人外，有回、蒙、藏及土民。回民分汉回、撒拉回及蒙藏回。"④

（二）蒙藏化，抑或回化

托茂是由回人而蒙藏化的，还是蒙藏人信仰回教的？就此问题西北考察者形成了两种观点：一种观点认为托茂即蒙藏人民之回教徒；另一种观点认为托茂乃藏蒙化的回人。

---

① 顾颉刚1938年10月18日在中央政治学校附属蒙藏学校讲演，内容详见顾颉刚《考察西北后的感想》，《西北史地》1984年第2期。
② 顾颉刚：《中华民族是一个》，《西北通讯》1947年第1期。
③ 韩宝善：《青海一瞥》，《新亚细亚》1931年第6期。
④ 庄泽宣：《西北视察记》，宣侠父：《西北远征记》，甘肃人民出版社2002年版，第213页。

托茂为蒙藏人民之回教徒的观点以魏崇阳等为代表。魏崇阳在《西北巡礼》一文中言："青海境内回教民族，又可分为三种，最有力量者为汉回，人数较众，共约十数万，语言、文字（除经典外）、衣服、住居均与汉人无异，唯不食猪肉，不饮酒、不吸烟为其特征，亦其优点也。汉回多从事商业，务农者较少……另一种曰撒拉回，为自中央亚细亚来者。现聚居循化县一带，以务农为业，人口约数万。其语言文字及一切习惯与汉人迥殊，即与汉回亦有大有差别……此外尚有一种名驼毛达子，为蒙藏人而同奉回教者。"① 孙瀚文在《青海民族概观》一文中言："讬毛回回为蒙人及藏人之信奉回教者，原非回族，因风习宗教之接近，相沿日久，已失其蒙藏民族之特征，而为回族同化矣。"②

托茂乃蒙藏化回人的观点，主要见于黎小苏等。黎小苏在《青海之民族状况》中说："驼毛达子为蒙番人民之奉回教者，有谓原为河西回人，乃百年前因犯罪而逃入青海，遂由回人而成蒙番人，虽用番语衣饰，而仍奉回教。另有河州东乡族，相传为元时蒙古宗室之遗裔，亦信奉回教，语言与蒙古人同，现多居于循化及甘肃临夏一带。他如同仁县属保安之梧桐土人，则奉回教而用西番语言。尚有化隆县属水地川一带之外五工撒拉族，散居其地，乃奉回教而操西番语者也。"③

马鹤天在《青海之民族》中说："（青海回民）信仰之宗教虽同，而族系可分数种：（1）汉回：俗称小教，与汉人杂居，言文衣饰，均与汉人同，当为回人之汉化者，亦有汉人而信回教者……（2）撒拉回：为中亚撒马尔罕突厥之后，于元明时代，徙至黄河上游循化东南一带，至今仍保存其方言……除上述汉回及撒拉回外，还有一种似为蒙人或藏人信奉回教者，或谓原为河西回人，于百年前因犯罪而逃入青海，遂由回人而变为蒙藏人，虽用藏语衣饰，而仍奉回教，俗称'驼毛达子'。他如同仁县属保安之吴屯人，则奉回教而用藏语。"④

高良佐在《西北随轺记》一书中亦言："其族大抵可分为汉回、撒拉、托毛三种。汉回与汉人杂处，语言文字除经典外，皆与汉人无异。……撒拉多居于循化东南一带，虽同一回教，而风尚语言，则与汉回

---

① 魏崇阳：《西北巡礼》，《新亚细亚》1934年第5期。
② 孙瀚文：《青海民族概观》，《西北论衡》1937年第4—5期。
③ 黎小苏：《青海之民族状况》，《新亚细亚》1934年第2期。
④ 马鹤天：《青海之民族》，《开发西北》1934年第3—4期。

甚殊，强悍好斗。……托毛者即蒙、藏人民之回教徒也，一部居循化县境，其言语服饰饮食居住均蒙古化；一部居同仁县之一隅，则生活为藏式，盖为蒙、藏化之回人也"。①

民国时期的西北考察者的记载表现出如下特征。一是注意到了托茂现象，但并没有做深入调查，一些表述还存在地理等方面的知识错误；二是他们能注意到托茂或蒙藏回这一现象，说明托茂人在民国青海有一定的社会影响，被视为蒙藏回的代表，人数规模较大的藏回，也被纳入托茂群体的表述内；三是他们都将托茂视为是汉回、撒拉回之外的第三种回教群体，并突出了其蒙藏民族文化的特质，强调其在生产方式、宗教习性、服饰、语言等方面的独特性；四是关于托茂人是信仰回教的蒙藏人，还是蒙藏化的回回人，他们有不同意见，或者说他们的考察报道人有不同观点②。

其中，托茂乃蒙藏化的回回人之观点，显然受《辛卯侍行记》等历史文献影响较大。追溯来看，《辛卯侍行记》中关于河西回回或肃州叛回投奔青海蒙古的记载，最早见于清康熙年间的文献《秦边纪略》。陶保廉将清末的"驼毛"追溯到清初的河西回回，一方面体现历史文献方面的正当性；另一方面符合湟回或青海叛回源于河西叛回的刻板印象。

《秦边纪略》这部西北舆地要籍中多处提及了清初河西回回等逃亡青海蒙古部落的历史及地点。其一是北川营白塔儿。《秦边纪略·西宁边堡》："北川营，亦总堡名。东逾马圈，西接刺稞，北有东西暗门，暗门之外白塔儿。回之叛亡而附西夷者，及汉人之亡命，咸萃渊薮焉。"③ "顺治戊子，逃亡于此汉人及回，筑高堡、庄田、水磨、斗车，种麦、豆、青稞，凡牛、种皆麦力干所给，而岁纳添巴，若种屯田法也。其地横亘百数十里，村堡相望，中有白塔，因谓之白塔儿。"④《秦边纪略·西宁近边》：

---

① 高良佐：《西北随轺记》，甘肃人民出版社2003年版，第87—88页。

② 自1981年便开始调研托茂人的青海海北藏族自治州政协工作人员才仁加的调研报告显示，20世纪80年代及其之前，当地人亦是如此观点："他们（托茂人）对自己的民族根本说不出所以然来"，"各处的蒙古族十之八九都说'托茂'伊教是我们的蒙古族，不过信仰了伊教"，湟中、湟源、大通等处的回族们都说，"'海晏的托茂家'是我们的回族，不过年代久了，他们的生活方式和各种习惯都被蒙族感化了"。见才仁加《原海晏县"托茂"伊教群众的历史重新更正参考资料》，1988年5月。

③ （清）梁份：《秦边纪略》，赵盛世等校，青海人民出版社1987年版，第69页。

④ （清）梁份：《秦边纪略》，赵盛世等校，青海人民出版社1987年版，第69页。

"白塔儿在西宁西北九十里,北川口西西二十里。地有塔,蜃灰垩之,故谓白塔儿。""其地之汉人,则西宁之亡命;回回,则顺治八年之叛党,各仍其俗。"①

其二是三角城。《秦边纪略·凉州近疆》:三角城,在凉州之南,庄浪之西,西宁之北也,其城负山,山险不可升,环其三面,垒土石为之,故曰三角。其城女墙、雉碟、敌楼、飞甍一如内地。其中土屋,其外平川,旷者如阡陌,卑者如坻池,可耕可牧之地也。有明,置此城以处黑番,城外驼山寺,则番僧国师居之。自亦卜刺乱,黑番遁而城空,今之居者则甘、凉之回回,新附西夷者也。明正德间,海夷内犯甘、凉,每取道于此,而黑番远窜,土地荒芜矣。顺治八年,甘、凉回回既败,其余党四百余人降于麦力干,使居三角城,为其部落。②

其三是古佛寺、巴丝(系)墩川。《秦边纪略·甘州南边》:古佛寺在巴丝墩川,在西水关之南七十里。戊子,回回丁国栋反于凉州,米刺印反于甘州。及讨平之,其余党逃散于四方,或归西域,或为夷部,在古佛寺者其一也。巴丝墩之夷,曰滚卜台吉,今回回为其部落,所谓为虎附翼也。③《秦边纪略·甘州南边近疆》:巴系墩川,在甘之南,西水关外。明初,设墩,以通西宁四卫声息。川有古佛寺,昔以居番僧,今鼠穴豕伏。墩四角倾圮,而遗迹不尽澌灭。饮马川者,非我族类,火攻擅长者,则回回也……顺治八年,河西回回余党数百善鸟枪者,逃出降于滚卜,滚卜亲率诸回住牧于巴系墩川。其部落多游牧于大草滩之地焉。④《秦边纪略·边疆西夷传》:"初,河西诸回回叛。乃败,刀尔吉诱致三百余人,皆善火器。怀阿尔赖曰:'是善火器者,不可分为奴,使教部落有大用。此天与我也'。……滚卜部落一千人,回回三百,住巴丝墩川。刀尔吉部落五百人,住白石崖口外。"⑤

不难看出,清顺治朝时,确有相当数量的河西回回逃亡青海蒙古,并被多个蒙古酋长收留,分散在西宁近边、甘州近边、凉州近边等地,或从事农业,或从事牧业,或因擅长火器鸟枪而被重用。

---

① (清)梁份:《秦边纪略》,赵盛事等校,青海人民出版社1987年版,第78—79页。
② (清)梁份:《秦边纪略》,赵盛事等校,青海人民出版社1987年版,第153—154页。
③ (清)梁份:《秦边纪略》,赵盛事等校,青海人民出版社1987年版,第180页。
④ (清)梁份:《秦边纪略》,赵盛事等校,青海人民出版社1987年版,第207页。
⑤ (清)梁份:《秦边纪略》,赵盛事等校,青海人民出版社1987年版,第402页。

老照片：20 世纪 50 年代初的托茂人

二 托茂语源：汉语，还是藏语？

（一）汉语说

陶保廉等关于托茂人的"只言片语"，让一百余年后的研究者费神不已。秦惠彬在 1986 年发表的《托茂考》中不禁追问：根据陶氏言，那些河西回回既已"变回为蒙"，为什么不直接称其为"达子"，而在前面加上"驼毛"的修饰词呢？秦先生自解自答道：是因为他们具有不同于一般"达子"的特点——信仰伊斯兰教。那为什么偏偏选中"驼毛"一词，而不是其他什么词语？秦惠彬推测说，这是因为他们间或有住牛毛或驼毛帐房的缘故。秦先生还推测说，如果原词是为"驮毛"而非"驼毛"，那或许是因为他们游牧迁徙时要驮着牛毛帐房的缘故①。

显然秦先生将"托茂"视为一个汉语称谓，认为这个群体之所以名"驼毛"缘于住驼毛帐房或驮着牛毛帐房。虽然文献显示，漠西和硕特蒙古在入据青海湖早期的确养殖过骆驼，但因为气候不适，加上青藏高原的牦牛完全胜任日常驮运任务，海北蒙古人遂放弃了骆驼养殖。托茂人传统的民居是蒙古包，没有使用过驼毛帐房，牧业民族也鲜见驼毛帐房者。

---

① 秦惠彬：《托茂考》，《宁夏社会科学》1986 年第 6 期。

1958年祁连等地的托茂人因特殊原因不再使用蒙古包，而是选择了藏人常用的牦牛帐房，每到季节草场迁徙时，会用牦牛驮运牦牛帐房和生活用具，但跟群体名毫无相干。

秦先生关于"托茂"一词的解释，乃典型的"托茂"汉语说。无独有偶，有一种说法认为托茂的"茂"指的是品德高尚、才华出众之人，故有"托茂才子"之说①，可能也是从汉语来理解的。值得注意的是，在20世纪80年代之前，"茂"原字为"毛"字，将"毛"雅化为"茂"，这一改写本身是出于去少数民族污名化的结果②。另外，新疆的托茂人中有一种解释说，托茂乃汉语"脱蒙"，即脱离蒙古的意思，起因于蒙古王爷强迫他们改变宗教信仰而与之发生矛盾，他们为了摆脱蒙古王爷的统治脱离了蒙古部落，故曰"脱蒙"③。但是，新疆托茂人脱离青海蒙古出走新疆是光绪二十二年以后的事，而"驼毛"称谓在此之前已然存在。新疆托茂人还有汉语"脱冒"说，解释它源于"脱离了被杀的冒险"④。这跟"脱蒙"说接近，是托茂人用历史诠释现状的"记忆"。

（二）藏语说

"托茂"汉语解释之外，还有"托茂"藏语说。托茂人生活的环青海湖地区，文献名为"番"或"西番"的藏人是一个重要的群体。"托茂"是藏语词汇的说法，在李耕砚、徐立奎1983年发表的文章中就已列出：托茂是藏语译音，是"脱思麻"的另一种译法。"脱思麻"作为地名，出现在《元史》中，即蒙古蒙哥汗三年（1253年），蒙古汗国在河州设置吐蕃等处宣慰司都元帅府，管辖脱思麻等地。对此，《青海历史纪要》解释说，当时藏族称青海为"脱"，"脱思麻"即"下脱"，指的是青海东部⑤。李、徐两位先生否定了此说——"似与'托茂'风

---

① 马生林：《托茂人及其信仰》，《西北民族研究》2002年第4期。
② 就笔者看到的资料，"托茂"这一写法，最早见于1980年出版的《青海历史纪要》。
③ 嘎尔迪：《新疆"托们能克"人由来考》，《西北民族学院学报》1991年第4期；马登青：《博湖县的"托茂家"》，《新疆地方志》1994年第4期。笔者在新疆博湖、焉耆访谈托茂人，报道人亦有这样的观点。
④ 谭吴铁：《马鸿武的谈话》，见《新疆宗教研究资料》（第十一辑），新疆社会科学院宗教研究所1985年版，第40页。
⑤ 青海省志编纂委员会：《青海历史纪要》，青海人民出版社1980年版，第38页。

马牛不相及。"① 不过，托茂藏语说受到后来研究者的重视，1989年孔祥录、喇秉德在《中国伊斯兰百科词典》"托茂"条中言："托茂"是藏语'托日木'的转音，意为"流散人员"②。刘维新主编的《新疆民族辞典·托茂蒙古》中认可并沿用了这一说法③。

藏语"托日木"的说法，很容易将托茂人与清初逃亡青海蒙古的河西回回联系起来。冯锡时、M·乌兰对"托日木"说做了历史诠释，他们认为在明末和硕特蒙古进入青海之前，青海海北地区藏族部落很多，直到清初情况无多大改变，故某些用语受藏语影响很大，这一地区受汉语影响则是后来之事④。之后，洲塔等将"托日木"意思引申到"散兵""兵败散落之人"⑤上，强化了"托茂"与河西回回的联系，有很大的历史解释性。加之"托日木"说，跟《辛卯侍行记》《秦边纪略》中的史料相关联，故几成定说。

然而，"托日木"说及其解释无法回答此项研究中的一些关键问题，如：河西回回逃亡青海蒙古，正是青海蒙古势力最为强盛的时代，具有收纳能力的蒙古人，为何没用蒙古语称呼此人群，处于弱势的藏族部落何以名之这群人呢？自蒙元时，蒙古、藏人、回回三大群体就有很长的历史互动，蒙古语、藏语中都有"回回"的用语，为何没有直接用"撒尔塔""浩腾"等蒙藏语称呼，另选"托茂"一词称呼呢？在和硕特蒙古全面征服环青海湖之前，自明朝中期起不同支系的蒙古部落就以强大的军事实力一波接一波进入青海，300多年来在青海湖一带占绝对统治地位，原初生活在当地的藏族部落要么被驱逐，要么选择逃遁，留下的少部分则被奴役，藏族部落在海北等地重新崛起是清中后期，青海湖地区蒙古人的藏化乃嘉道以后之事，冯锡时等所言的海北藏区，是今日意义上的藏区，而非彼时情景。而且，在河西回回投奔青海蒙古之前，进入青海的永邵卜蒙古、多罗土蛮蒙古、阿尔秃斯蒙古、喀尔喀蒙古等，在争战失败后，亦有

---

① 李耕砚、徐立奎：《青海地区的托茂人及其与伊斯兰教的关系》，《世界宗教研究》1983年第1期。

② 孔祥录、喇秉德：《〈中国伊斯兰百科辞典〉青海部分条目选登》，《青海民族研究》1989年第1期。

③ 刘维新：《新疆民族辞典》，新疆人民出版社1995年版，第409页。

④ 冯锡时、M·乌兰：《关于托茂人》，《西域研究》1993年第3期。

⑤ 洲塔：《安多下部多拉让茂——祁连史话》，青海人民出版社2011年版，第49页。

不少"流散人员"或"兵败散落之人",官方称之为"流房",为什么"托日木"没指他们,专指托茂人呢?

(三) 蒙古语之说

关于"托茂"一谓,汉语和藏语说之外,亦有蒙古语之说。最早研究托茂人的李耕砚、徐立奎在托茂人的名称考察时,列举的第一种说法就是蒙古语音译说。两位作者也曾就此访谈和咨询过青海蒙古族同志和蒙古文造诣深厚者,然而"托茂"究竟何词何意,他们坦称"终无法确知"①。笔者曾咨询过西北民族大学的蒙古族学者僧格教授和东乡族学者马自祥教授,他们也无法确定,只是猜测"托茂"一词跟数词"万"或跟"万户"有关。

"托茂"为蒙古语或严格意义上说是蒙古部落的观点,主要见于蒙古族学者嘎尔迪,在《阿拉善左旗信仰伊斯兰教的蒙古人之由来》一文中他说"托茂"应是蒙古语,并与蒙元时期的"秃马惕"人皈依伊斯兰教或明代漠南蒙古土默特部移居青海之事有关,他说青海的蒙古人把"托茂"称之为 tuhmud,这无疑是由蒙古语土默特 tuhmut 一词演变而来②。在《新疆"托们能克"人由来考》中,嘎尔迪先生又从托茂演变史的角度强调了这一观点,他推测说"托茂"由蒙古族的一个古代部落名"秃马惕"演化而来③。

与嘎尔迪观点较为相近,孙滔在《青海回族源流考》中认为,"托茂"为"秃马惕""土麻""土蛮""秃满""秃马"等蒙古部落的不同汉译。他推测说,元初斡亦剌部中一部分人信仰了伊斯兰教,因秃马部信仰伊斯兰教的人数最多,所以斡亦剌各部的穆斯林均被称为"秃马回",久而久之,简化为"秃满""秃麻""土蛮"等。天长日久,经多民族语音辗转流传,又将"秃满"等音转为"陀莫""驮毛"等载入汉文史籍中④。然而,此宏大历史在长时段叙事中有历史想象、缺具体文献。

---

① 李耕砚、徐立奎:《青海地区的托茂人及其与伊斯兰教的关系》,《世界宗教研究》1983年第1期。
② 嘎尔迪:《阿拉善左旗信仰伊斯兰教的蒙古人之由来》,《西北民族学院学报》1990年第2期。
③ 嘎尔迪:《新疆"托们能克"人由来考》,《西北民族学院学报》1991年第4期。
④ 孙滔:《青海回族源流考》,《回族研究》1999年第4期。

托茂蒙语蒙古部落说，因为文献资料较少，相关论述存在较大猜想和推测成分。托茂蒙语说能否解释"托茂"的意思，这个群体如何从秃马惕（秃马）演变到土蛮（土默特），又如何从土蛮演变到驼毛（托茂），其间发生了怎样的部落历史演变史，与藏语说一样面临着诸多诘问。

三 托茂族源：回回，还是蒙古？

（一）关于族源的多种说法

关于托茂人的族源，20世纪80年代以来的学术研究予以系统的讨论。1983年，李耕砚、徐立奎在田野调查中听到了以下三种说法：一、清同治年间西北回民起义人员中有流落牧区被蒙古部落收留者，与蒙古人通婚，繁衍了今天的托茂人；二、先民是从新疆等地而来的穆斯林群众，与青海蒙古人通婚，逐步繁衍了托茂人；三、托茂的先民是蒙古人，从蒙古地区到了新疆等地改信了伊斯兰教，后游牧青海。李、徐在结论中认为托茂的先民应该有三部分：一是东来的维吾尔人和其他色目人——缠头；二是蒙古军中信仰伊斯兰教者；三是青海地区的蒙古人[1]。

李耕砚、徐立奎文中所列举的托茂人的来源说法，来自田野报道，也比较多元，但并不被后来重视文献的研究者所认可。如，孔祥录、喇秉德在与李、徐所列相近的三种说法中又加上了清朝顺治年间甘州丁国栋所部回族一说，并认为此四种说法中，顺治年间的回族入蒙古一说有史书记载，可靠性较大[2]。另外，李、徐两位先生所言的托茂族源更多指向动态的历史过程，而从事文献的研究者，更倾向于探究最初的托茂。

秦惠彬因为认同《辛卯侍行记》中所言托茂是回回改从青海蒙古者，加上他在《秦边纪略》《甘宁青史略》等史籍中，发现与《辛卯侍行记》较为接近的文献，故确定托茂人就是丁国栋、米喇印反清失败后逃亡青海

---

[1] 李耕砚、徐立奎：《青海地区的托茂人及其与伊斯兰教的关系》，《世界宗教研究》1983年第1期。

[2] 孔祥录、喇秉德：《〈中国伊斯兰百科辞典〉青海部分条目选登》，《青海民族研究》1989年第1期。

蒙古的回回士兵[1]。另外，孔祥录、喇秉德将清初甘州等地的河西回回直接称为民族识别后的"回族"。他们都是托茂族源回族说的赞同者，其实这也与陶保廉所言的汉回说相符合。

（二）蒙古人说

冯锡时、M·乌兰的研究虽然亦信赖《辛卯侍行记》《秦边纪略》中的文献，但对秦惠彬等持有的这些史料却有不同的看法，他们认为，顺治年间参加丁国栋、米喇印抗清起义活动中有维吾尔、哈喇灰参加，起义失败后一部分维吾尔、哈喇灰投奔青海蒙古部落，成为现今托茂人的先祖。他们虽然并不是很赞同或很确信托茂人渊源于蒙古早期部落秃马惕的观点，但认为托茂人与蒙古之哈喇灰或瓦剌中的一部分伊斯兰教徒有关。冯锡时、M·乌兰还否定了同治回民流落说，认为同治年间衰弱的蒙古部落在清政府高压情势下不可能收留回民义军[2]。

在同一史料基础上，丁明俊、马亚萍在《青海托茂人族源与族群关系的探析》一文中认为，明末清初的"回回"与现今的"回族"并不对应，当时的"回回"包括信仰伊斯兰教的蒙古人——"缠回"，清顺治年间参加丁国栋、米喇印起义失败后，其中的一部分蒙古穆斯林从新疆逃入青海蒙古部落，成为托茂的祖先[3]。出生于海北的蒙古族王忠海，成长中与托茂人有较多接触，任海北藏族自治州人大常委会主任的他在《我所知道的托茂人》一文参考了丁明俊、马亚萍的文章，他说："托茂人的祖先是以改信伊斯兰教的蒙古族为主，明末以前他们一直住在新疆哈密、吐鲁番附近，过着与其他蒙古人一样的游牧生活。居住在海北地区的托茂人是清初新疆吐鲁番、哈密及肃州等地伊斯兰化的蒙古族穆斯林参加了丁国栋、米喇印起义失败后流落到青海的蒙古部落的后裔，他们被入居青海时间不长的和硕特蒙古收留……"[4]

显然，即使有河西回回入蒙的史料记载，仍有学者更倾向认为托茂人源于蒙古人或托茂族源中以蒙古穆斯林为主的观点。此观点可视为托茂族

---

[1] 秦惠彬：《托茂考》，《宁夏社会科学》1986年第6期。
[2] 冯锡时、M·乌兰：《关于托茂人》，《西域研究》1993年第3期。
[3] 丁明俊、马亚萍：《青海托茂人族源与族群关系的探析》，《宁夏社会科学》2005年第6期。
[4] 王忠海：《我所知道的托茂人》，《海北文史资料》第13辑。

源蒙古说。

(三) 无尽的追问

以上托茂族源回族说及族源蒙古说，都将托茂人的先民追溯到清初。有学者并不认可这一时间点，将托茂人的先民推到明代甚至蒙元早期。譬如嘎尔迪就溯源的"秃马惕"部落，作为古老的蒙古高原森林部落，在成吉思汗兴起时被征服，成为一个重要的蒙古部落。

显然，与托茂语源一样，关于托茂族源，民间和学界亦是众说纷纭，没有定论。事实上，关于很多北方游牧民族部落名的历史来源，因为文献匮乏大都难以探清其究，如著名蒙古史学者薄音湖在讨论土默特蒙古部落族源时感叹："可以说，除了东蒙古、卫拉特蒙古和兀良哈蒙古这蒙古族的三大分支之外，我们对于其他名目繁多的部落的演变过程，几乎一无所知。或者说，我们基本上只知道它们在达延汗（1474—1517年）之后处于相对稳定状态时的分布，而不知其由来；只知道结果，而不知道造成这些结果的繁杂的历史原因。"[1]

在这样一个困境下，如何探究托茂语意及其族源呢？从种种情况来看，托茂人之所以成为一个特殊的历史文化群体，源于其特殊的宗教信仰和生产方式——从事牧业生产的蒙古穆斯林。那么，在青海或青海湖一带从事牧业生产的蒙古穆斯林，又有怎样的历史呢，孙滔和嘎尔迪的漠南、河套说是否成立呢？

四 青海蒙回：源自河套，还是河西？

青海的蒙古人肇始于大蒙古国时期，一部分蒙古人进入青海湖及柴达木部分地区。忽必烈建元后，派蒙古诸王镇守西北，鞭及青海，大半是贵族官宦，人数并不多。严格意义上说，青海蒙古始于明中期的亦不剌率众住牧，即《皇明北虏考》等所言的"西海之有虏自亦不剌始也"[2]。亦不剌，研究者认为这是穆斯林男性常用名（Ibrahim），他的家族都是穆斯林

---

[1] 薄音湖：《明代土默特刍议》，《土默特史料》1987年第22集。

[2] （明）郑晓：《皇明北虏考》，见《明代蒙古汉籍史料汇编》（第一辑），内蒙古大学出版社1993年版，第218页。

身无疑①。亦不剌，汉文文献中还写之为亦卜剌、亦卜剌因王等，是蒙古汗廷太师、右翼蒙古的盟主。因为亦不剌家族长期参与蒙古汗廷的事务，在河套地区争雄活动，所以青海蒙古史研究者一般将亦不剌等蒙古部落归为东蒙古②，事实上亦不剌家族起于哈密北山一带，属于西蒙古。

（一）孛加思兰、亦思马因部从哈密到河套

亦不剌及其部众最初活动在紧邻河西的哈密、吐鲁番一带，弘治八年（1495年）进入河套地区，之后在北元汗廷争斗中败退河西、青海。蒙汉文献将亦不剌归属于蒙古野乜克力部，而野乜克力部进入河套地区源于孛加思兰、亦思马因，两人也都做过北元汗廷太师。何谓太师呢，明人叶向高说："太师者，虏握兵大酋号也。"③ 很多时候，明人亦以"丞相"对应之。

在历史文献中，孛加思兰于天顺三年（1459年）出现在哈密西方，控制了哈密王族，并与哈密王族婚姻。成化初年，率部进入原先由明朝控制的河套地区，与诸部争雄④，成为蒙古部落势力最强者。成化十年（1474年）左右，"孛加思兰乃以女妻满都鲁，而立为可汗，己为太师""有众数万，由是调度进止，惟其所命"⑤。孛加思兰左右北元汗廷数年，后被满都鲁部下大头目脱罗干等谋杀。

孛加思兰死后，其族弟亦思马因继承其职，成为永绍卜（永谢布）蒙古首领及蒙古汗廷太师。亦思马因，《蒙古源流》等蒙文文献称之为"伊斯满"，蒙古族学者乌兰认为，此名为伊斯兰教名 Ismail⑥，日本学者和田清认为西方哈密北山出身的亦思马因必定是回教徒，他的名字无疑

---

① 李文君：《明代西海蒙古史研究》，中央民族大学出版社2008年版，第24页。

② 芈一之、张科：《青海蒙古族简史》，青海人民出版社2014年版，第62—63页；李丽：《东蒙古入迁西海考述》，《青海民族学院学报》1988年第2期；袁晓文、桑姆：《东蒙古入据青海及其对青海藏族影响述略》，《西南民族学院学报》1992年第1期。

③ （明）叶向高：《四夷考》，《明代蒙古汉集史料汇编》（第二辑），内蒙古大学出版社2006年版，第500页。

④ 《明实录》记载："孛加思兰旧居吐鲁番迤西，成化六年始入黄河套，与阿罗出各相雄长。"

⑤ 《明宪宗实录》，卷190，成化十五年五月庚午条。

⑥ 乌兰：《〈蒙古源流〉研究》，辽宁民族出版社2000年版，第343页。

是 Isamail 的音译①。另外，亦思马因的族兄乩加思兰，据和田清考证，乩加思兰是阿尔斯兰（Arslan）的异译，"阿尔斯兰"是突厥语"狮子"的意义，主要见于畏兀儿各国的王号中②。而伯希和则认为，"乩加思兰"可能是突厥语名称Bäg-Arslan，似可音译作伯克·阿儿思兰。希都日古更进一步解释说，Bäg一字元代译为别、伯、卑、毕，后世译作"伯克"，新疆维吾尔等族今尚沿用，意为"贵族"，故推测乩加思兰信奉伊斯兰教③。是故，学者们在论述乩加思兰、亦思马因、亦不剌等人的穆斯林身份时说，三人都属于哈密北部的蒙古别部野乜克力部，而野乜克力部又是属于瓦剌体系的部落。由于该部落靠近哈密、吐鲁番等伊斯兰教盛行的地区，亦不剌等与时已信奉伊斯兰教的吐鲁番之察合台后主和哈密君王互相通婚，为"先世亲族"，其伊斯兰化颇深④。

北元可汗满都鲁死后，亦思马因、脱罗干等拥立巴图蒙克为汗，巴图蒙克也即明人所言的"小王子"。"小王子"于成化十九年（1483年）与亦思马因不协开战，亦思马因败亡。步乩加思兰、亦思马因后尘，弘治八年（1495年）亦不剌率部东进河套地区⑤。进入河套后，亦不剌不仅继承了亦思马因之永绍卜的部落首领，还掌控了蒙古右翼另外两个万户部落阿尔秃厮部和土蛮部⑥，成为右翼蒙古盟主和蒙古汗廷太师。

乩加思兰、亦思马因、亦不剌三人是怎样的关系呢？明人许进在《平番始末》中说："野乜克力原系北房乩加思兰暨思亦马因（亦思马因）遗落部种，一向潜住甘肃迤北亦集乃等处地方"⑦《明实录》载："北房野乜克力之地，其酋长曰亦剌思王，曰满哥王，曰亦不剌因

---

① [日]和田清：《明代蒙古史论集》（上），内蒙古人民出版社2017年版，第361页。
② [日]和田清：《明代蒙古史论集》（上），内蒙古人民出版社2017年版，第336页。
③ 希都日古：《关于明代蒙古人的宗教信仰》，《中国边疆史地研究》2006年第3期。
④ 杜常顺：《明正德至嘉靖中期在青海活动的的蒙古部落》，《青海师范大学学报》1989年第2期。
⑤ 《明史》卷327载："弘治八年，北部亦不剌因王等入套住牧。"
⑥ 郑晓《皇明北房考》载："西有应绍不、阿尔秃厮、满官嗔（土默特）三部。应绍不部营十……故属亦不剌……阿尔秃厮部营七，故亦属亦不剌……满官嗔部营八，故属火筛，今从俺答。"
⑦ （明）许进：《平番始末》，《续修四库全书》第433册，上海古籍出版社1995年版，第264页。

王。"① 从文献来看，他们的承继关系显而易见，但没有史料论及他们的血缘关系，杨建新推测"野乜克力亦卜剌很可能与伊思马因是父子关系，最少也是叔侄关系"②。

跟亦不剌同为蒙古右翼的其他两个万户部落的首领，亦有一定的穆斯林印记。首先是阿尔秃厮，此为明人的污名写法，今译称鄂尔多斯。阿尔秃厮本名满都赉·阿哈勒呼③，是蒙古右翼阿尔秃厮部的首领，明人不审其名，径以其所领部落名呼之。杜长顺推测，根据《明实录》所言他和亦不剌是"吐鲁番的先世亲族"④ 一说，可以认为满都赉和亦不剌可能是同出一族的。因为无论从汉文史料，还是从《蒙古源流》《黄金史纲》等蒙文史籍来看，满都赉和亦不剌的关系非常密切，极有可能同属野乜克力部⑤。李文君等亦持此观点⑥。

亦不剌等进入河套后，与之前进入河套的火筛联合起来，并成为蒙古右翼领袖。《明史》载："北部亦卜剌因王等入套住牧。于是，小王子及脱罗干之子火筛相倚日强。"⑦ 火筛跟亦不剌的关系很密切，杨建新推测"火筛"一名的伊斯兰意义时认为其有可能为"和卓"的转音⑧。杨先生的感觉是对的，火筛是穆斯林男性常用名，如今托茂人中还有不少叫"胡赛"的，不过其非波斯语"和卓"，而是阿拉伯语 Hussein，今通译为"侯赛因"。

明人记载中，火筛是蒙古右翼满官嗔部即土默特部的首领，如《皇明北虏考》载："满官嗔部营八，故属火筛，今从俺答，合为六营，曰多罗田土闷畏吾儿（笔者注：应为曰多罗土闷，曰畏吾儿），曰兀甚，曰叭

---

① 《明孝宗实录》卷101，弘治八年六月甲寅条。
② 杨建新：《明代中期"西海"蒙古述略》，《青海社会科学》1982年第4期。
③ 阿哈勒呼，蒙古语，用在官称中，指"首平章""首知院"。见宝音德力根《释明代蒙古官称"阿哈剌呼知院"和"迭知院"》，《内蒙古大学学报》1996年第2期。
④ 《明世宗实录》嘉靖三年十一月己巳条记载，亦卜剌、阿尔秃厮与吐鲁番的速坛阿黑麻、真帖木儿兄弟乃先世亲族。
⑤ 杜常顺：《明正德至嘉靖中期在青海活动的蒙古部落》，《青海师范大学学报》1989年第2期。
⑥ 李文君：《明代西海蒙古史研究》，中央民族大学出版社2008年版，第31页。
⑦ （清）张廷玉：《明史·卷327·鞑靼传》，中华书局1974年版，第8475页。
⑧ 杨建新：《明代中期"西海"蒙古述略》，《青海社会科学》1982年第4期。

要，曰兀鲁，曰土吉剌。"① 满官嗔部乃蒙古语 "蒙郭勒津" 的异译。多罗土闷在《明实录》等文献中又作哆啰土蛮，因为土蛮在蒙郭勒津部占主要地位，故在蒙古文献又被称为土蛮部了，清代以后，"土蛮" 音为 "土默特" 了。在蒙文文献中，火筛就是土蛮蒙郭勒津部的科赛塔布囊或和赛塔布囊②。火筛曾娶满都古勒可汗的遗女伊锡克公主为妻，并曾养育达延汗三子巴尔斯博罗特。

火筛与亦不剌、阿尔秃厮关系紧密，明人魏焕《九边考》载："成化七年虏始入套，抢掠即出，不敢住牧。弘治十三年，虏酋火筛大举入套，始住牧。正德以后，应绍不、阿尔秃斯、满官嗔三部入套。"③ 另外，火筛及其父脱罗干的多罗土蛮部与乩加思兰、亦思马因紧密关系由来已久。正是因为火筛与达延汗、巴尔斯博罗、亦不剌等人的复杂关系，使得他在达延汗为代表的左翼蒙古和以亦不剌为代表的右翼蒙古的争斗中颇为尴尬。

亦不剌及右翼蒙古势力的强大，与达延汗崛起致力于消除异姓权臣势力不可避免地产生矛盾④。达延汗先是封次子乌鲁斯博罗特为右翼蒙古济农，亦不剌、满都赉等右翼首领不服，弑杀乌鲁斯博罗特。于是达延汗率左翼喀尔喀、察哈尔、乌梁海三万户部众亲征，首次战争失败，后复大举讨之，使喀尔喀击土蛮、察哈尔当永谢布、乌梁海当阿尔秃斯⑤。右翼惨败，亦不剌、满都赉率部西迁，火筛不知所终，蒙古文献不见记载。

（二）亦不剌、满都赉等部从河套到河西、青海

亦不剌、满都赉从河套迁往河西一带，《明实录》正德九年七月庚午条载："虏酋阿尔秃厮、亦不剌等自正德五年以来，避小王子，引众至凉州、永昌、山丹、甘州、及高台、镇夷、肃州，联络驻牧。"《明实录》正德七年十一月乙未，巡按陕西御史成文奏报："自六年正月以来，虏酋

---

① （明）郑晓：《皇明北虏考》，《明代蒙古汉籍史料汇编》（第一辑），内蒙古大学出版社1993年版，第218页。

② 塔布囊，是一种身份称呼，"驸马" 的意思。"科赛" "和赛" 与 "火筛" 音近。

③ （明）魏焕：《九边考》，《明代蒙古汉籍史料汇编》（第一辑），内蒙古大学出版社1993年版，第262—263页。

④ 李文君：《明代西海蒙古史研究》，中央民族大学出版社2008年版，第32页。

⑤ ［日］和田清：《明代蒙古史论集》（上），内蒙古人民出版社2017年版，第336页。

阿尔秃厮、亦不剌为小王子所攻，部众奔甘、凉、永昌、肃州等处驻牧"，并时常与哈密、瓦剌等部联系，成为甘肃边外重要的蒙古部落①。正德七年（1512年）始，亦不剌等住牧青海（西海）。在地理位置上，青海西通沙洲、瓜州、哈密诸夷，南通四川松潘、茂州等处，东通洮、岷及邻庄浪，与河套相连②，进可攻退可守。

亦不剌等部住牧青海后，卜尔孩等率部前来投奔。卜尔孩（Burqai），文献中又称"卜儿孩""博喇海"等，他是亦思马因与达延汗母锡吉尔太后所生，与达延汗是同母异父的兄弟，跟亦不剌可能是堂兄弟关系。卜尔孩曾继承了亦思马因子的部分永邵卜部众，其母去世后，受到排挤而西走青海。之后，在黄金家族强化集权压力下，整克、大同等跟亦不剌等有关系的非黄金家族部落亦西来投靠亦不剌。一时，青海聚集了永邵卜（永谢布）、土蛮、阿尔秃斯等蒙古部落。

亦不剌等部在青海20多年，主要在青海湖西北和北部住牧，牧地与河西凉州、甘州、肃州等相邻。其间，亦不剌部屡遭新的蒙古右翼势力，即衮必里克率领的阿尔秃斯部和俺答率领的土蛮部的攻击。嘉靖十二年（1533年）衮必里克等部率数万骑袭亦卜剌等部，亦不剌部伤亡较大，从此退出青海历史舞台。亦不剌之后，卜尔孩被推举为青海蒙古新首领，与河套蒙古对抗。后在俺答的征讨以及与明朝争斗中敛众自保③。衮必里克死后，其弟俺答先后五次西征青海，嘉靖二十三年（1544年）到万历十年（1582年）之间，是俺答土蛮部独霸青海的时期。在俺答控制青海或迎佛期间，所部多罗土蛮几乎全部集结青海，成为青海势力较大的蒙古部落④。

---

① 明兵部尚书王琼在《为房中走回人口供报紧急声息事》中言："达贼亦不剌贼众先过黄河，遁往四川松潘……其甘肃又报亦不剌弟把巴夌纠合众贼乜力克等要来肃州抢掠……把巴夌数年以来，仍在赤斤、苦峪，又与野贼乜力克等以亲联合。"魏焕《九边考·边夷考》："甘肃之边，北房止二种，亦不剌盘踞西海，瓦剌环绕北山。"

② （明）王少泉、孙维成：《皇明奏疏类抄》，《四库禁毁书丛刊补编》第21册，北京出版社2005年版，第239页。

③ 《明实录》载：吉囊（衮必里克）"由野马川渡河径入西海，袭破亦卜剌营，收其部落大半，惟卜儿孩所领余众脱走"。《明史·西域二》亦载，吉囊"大破亦卜剌营，收其众大半而去，惟卜儿孩一支敛众自保"。

④ ［日］江国真美：《青海蒙古史的一个考察》，《蒙古学资料与情报》1986年第4期；乌兰：《〈蒙古源流〉研究》，辽宁民族出版社2000年版，第335页。

明末清初，青海多罗土蛮蒙古衰落，喀尔喀蒙古却图汗、和硕特蒙古顾实汗率领的蒙古部落，因介入藏传佛教教派争斗相继进入青海。先是漠北蒙古喀尔喀却图汗，率部进入青海征服了多罗土蛮的火落赤等部，与藏巴汗等联合起来建立起反对格鲁派联盟。格鲁派危在旦夕，班禅罗桑曲结等派人到厄鲁特蒙古即瓦剌西蒙古处，向信奉格鲁派的和硕特蒙古首领顾实汗求救。崇祯十年（1637年）顾实汗率兵大破却图汗兵，控制青海、西藏等地[①]。

清顺治五年（1648年），河西回回将领丁国栋、米剌印进行反清起义[②]，青海部分蒙古部落参与了清军的镇压活动[③]，一些蒙古部落招收诱降了一批河西回回并为己所用。雍正元年（1724年），顾实汗之孙罗卜藏丹津反清，青海蒙古大部参与，一批"蒙古回回"亦响应[④]，罗卜藏丹津被讨平后，清廷将青海蒙古各部收为内藩，编旗设治。光绪年间，名叫"驼毛""驮毛达子"的蒙回群体出现在官员奏折和《辛卯侍行记》等历史文献中。

五　循名责实：先有托茂人，还是托茂公旗？

（一）族源的分析及历史场景

从河套而来的亦不剌、卜尔孩等，是不是托茂人的先民呢？前文已述，亦不剌之后，卜尔孩敛众自保。其后之事，文献记载虽少，但仍有迹可循。如关于亦不剌子嗣情况，明人赵时春之《北房纪略》载："亦不剌死，长子斡耳笃思、其二弟析分为三。嘉靖二十四年，吉囊侵西海，掳斡

[①] 杨建新、王东春：《明代蒙古部落大批入据青海考论》，《中国边疆史地研究》2007年第2期。

[②] 《清世祖顺治皇帝实录》卷38："顺治五年四月辛未，陕西总督孟乔芳疏报：逆回拥立伪延长王朱识锛煽惑人心。"

[③] 《清世宗雍正皇帝实录》卷38："顺治五年四月癸亥，命固山贝子吞齐为平西大将军，同固山额真宗室韩岱统领官兵及调外藩蒙古兵讨陕西叛回。"《清世宗雍正皇帝实录》卷46："顺治六年九月壬辰，以破回逆及招降成功，赐厄鲁特部落峨木布车臣戴青为土谢图巴图鲁戴青，和罗木席额尔德尼戴青为巴图鲁额尔德尼戴青，墨尔根济农为卓礼克图巴图鲁济农。"

[④] 《清世宗雍正皇帝实录》卷13雍正元年十一月丁亥条。

耳笃思全部以归，居之贺兰山后，以为右部，自此，宁夏赤木、黄峡之口无宁日矣。其二弟愈南徙，值松、潘永宁山外，绝不与虏通。"① 从这条记载看，亦不剌长子斡耳笃思也即鄂尔多斯，应该在满都赉去世后，继承了他在青海所率的阿尔秃厮部落，故明人以其所率部落名之，斡耳笃思所部后来移牧贺兰山后。而移居松潘等地，不再与蒙古关联的"其二弟"所部，不知所踪②。

关于卜尔孩，明代汉文史料已无记载。蒙古文献《阿勒坦汗传》记载说："其兄墨尔根济农已归天，无所依赖的阿勒坦汗（俺答汗）坚强地经星胡拉越山远征，降服仇敌博喇海（卜尔孩）太师于合鲁勒哈雅之林，将其赐予侄儿岱青诺延之情如此这般。"③ 也即，卜尔孩所部被俺答降服，部众和牧地被多罗土蛮部接受，卜尔孩及其后裔不见后文。大概过了一百年，在《秦边纪略》中，梁份将不少青海蒙古部落首领归为卜尔孩的子孙，如："小王子丞相亦卜剌与阿尔秃斯，掳掠四卫，多据其地。嘉靖间俺达、永邵卜又据之。明季，卜儿孩据青海大通河，今沿边之夷，皆卜儿孩之子孙也。""亦不剌败，惟卜儿孩一部独全，夷推为卜失兔汗。今之漫延于青海间者，皆卜失兔之苗裔。"④ 并称达赖黄台吉，卜尔孩之子；麦力干、达尔加黄台吉，皆卜尔孩之孙也；怀阿尔赖、衮卜、刀儿吉亦是卜尔孩之孙⑤。

李文君认为这是《秦边纪略》误记所致，此中所言的卜尔孩子孙应

---

① （明）赵时春：《北虏纪略》，《明代蒙古汉籍史料汇编》（第一辑），内蒙古大学出版社1993年版，第152页。

② 这支蒙古人之后鲜有文献记载。不过1949年的《申报》中《放眼看西康》一文谈到了西南蒙古人情况："向西康南徙的蒙古人完全被藏回所同化，留在'霍尔章'地方，没有随大部向南发展的蒙古人，已经同化于东干回，但他们也和在鲜曲河畔的同支一样只被同化了一半，他们住在兰州临夏之间的大夏河东岸属临夏县管辖，距临夏县治仅仅廿余里，以锁南坝为中心，他们完全信奉回教，生活习惯，完全与回教无异，如果从男子的戴白帽，与女子的戴盖头及他们的笃守回教规看来，无疑地将使人确信他们是东干回人，这也可称为西康境内的一部特殊民族。"详见王稼琪《放眼看西康》，载《申报》1949年5月24日。

③ 珠荣嘎译注：《阿勒坦汗传》，内蒙古人民出版社1990年版，第43页。

④ （清）梁份：《秦边纪略》，赵盛事等校，青海人民出版社1987年版，第55、73页。

⑤ （清）梁份：《秦边纪略》，赵盛事等校，青海人民出版社1987年版，第74、401页。另，《秦边纪略》中还有说蒙古酋长为亦不剌子孙者："墨尔根黄台吉，一手反挛，谓之乩手子。或曰永邵卜之孙；或曰亦卜剌之后（他素害之子）。"见《秦边纪略》第401页。

该是顾实汗子孙①。不过，梁份的误记从侧面说明，卜尔孩于清朝初年在青海蒙古或青海民间社会中还有较大影响，因此才会让游历秦边的梁份误听误记。而且巧合的是，被梁份误记为卜尔孩子孙的麦力干、阿尔赖、衮卜、刀儿吉等部，正是顺治时接受河西回回的主要部落。有论者认为，亦不剌、卜尔孩留在青海的部落，后来有的融合汉回中，有的融合到明末进入青海的蒙古和硕特部②。虽属猜测，但不排除其可能性。在漠西和硕特蒙古征服青海的过程中，卜尔孩所部后裔很可能随从多罗土蛮等归顺之③。

另从有限的史料中我们还看到，自亦不剌始就被官方称为"海夷"的青海蒙古人与西宁周边回民关系紧密。譬如《清实录》记载，顺治十年（1653年）十一月乙酉，川陕总督孟乔芳疏报：西宁孙家寨回民，勾连海夷，据寨作叛。副将狄应魁等，率兵击之。生擒逆党祁敖、牙固子等，扫其巢穴④。不过，"托茂"（驼毛）初见于清光绪年间，这时距青海蒙古编旗近200年，距顺治十年近250年，距亦卜剌入青更有400年之遥。其间相关史料太少，没有确切史料将其追溯到亦卜剌、卜尔孩等。另外，也有学者对亦思马因、亦不剌、卜尔孩等的穆斯林身份存疑，也是需要说明的。

那么，顾实汗所率的和硕特部中有没有穆斯林部众呢？顾实汗原住牧在漠西，后统治青海、西藏等地，《蒙古政教史》等蒙藏文献记载说顾实汗有土尔扈特、回回、藏族三妃：顾实·丹增却吉嘉波·图鲁拜唬的土尔扈特妃生四子，回回妃生五子，藏妃生一子，共十子⑤。这里一方面可能有政治联姻的考量；另一方面说明和硕特部与土尔扈特、藏族、回回几个群体的紧密关系，顾实汗所部中可能有一定数量的回回人，甚至有学者认为顾实汗回回妃之子麾下聚集了一批蒙古穆斯林⑥。

---

① 李文君：《明代西海蒙古首领卜儿孩事迹考辨》，《内蒙古社会科学》2006年第2期。
② 孙滔：《青海回族源流考》，《回族研究》1999年第4期。
③ 关于多罗土蛮归顺一事见［日］若松宽《明末内蒙古土默特人向青海地区的扩张》，《蒙古学资料与情报》1989年第1期。另外，藏文文献《青海史》记载："木狗年公元年，蒙古却图汗在喀尔喀内讧中兵败被逐后来到青海，收复在青海的土默特等蒙古部中，被称之为'青海却图王'。"（松巴堪钦、益西班觉，1982：9）随后，顾实汗击败却图汗，又收编了其部众。
④ 《清世祖章皇帝实录》，卷79，第6页。
⑤ （清）耶喜巴勒德：《蒙古政教史》，民族出版社1989年版，第32页。
⑥ 孙滔：《青海回族源流考》，《回族研究》1999年第4期。

这完全是有可能的，我们知道，西蒙古自明代就有"瓦剌回回"的正史记载，到了清代厄鲁特蒙古中常出现"回回"的身影，甚至有"蒙古回兵"的记载，如《清实录》记载，康熙六十年六月乙卯，"……尔等速议，行文富宁安派绿骑兵一千名，察哈尔、厄鲁特蒙古回兵一千名前赴吐鲁番，收纳归降回人，照看驻扎。……行文富宁安等钦遵谕旨施行。其蒙古回兵，令辉特公巴济，察哈尔之兵，将巴尔库尔侍卫阿玉锡著为副都统。"①

另外，如今内蒙古阿拉善地区的"蒙古回回"，据文献记载，是顾实汗嫡孙和罗理从漠西率部迁移而来。阿拉善左旗档案馆馆藏档案，光绪三年（1877年）十月初二日阿拉善亲王塔旺布里拉的一篇咨文如是记载："彼时曾经我先高祖王呈报，我祖上巴图鲁额尔克济农，于康熙年间原由游牧随带来旧缠头回子阿尔巴图一百余名。"②蒙古族学者图布吉日嘎拉说："早在清初和罗理移居阿旗时，在他所率部族中有信仰伊斯兰教的萨伊润、安答加、巴拉沟德（蒙古）、维吾尔、准格尔（蒙古）等五姓部族的部分人被安置在阿拉善旗东北部游牧，其后在乾隆年间又来了一批系属相同的人和（部分）甘、青地带的哈萨克人、撒拉人，构成了今天阿拉善左旗信仰伊斯兰教的蒙古人。"③

我们再来看清初被青海和硕特蒙古招降收留的河西回回，陶保廉倾向将之视为陕、甘之汉回，而编撰《清稗类钞》的徐珂却将将之归为"缠回"："青海柴达木西部之缠回，其改从青海蒙古籍者，谓之驮毛达子。"④"缠头回回，因以白布缠头，而得此称。据新疆，实羌人也。"⑤无独有偶，无论在20世纪80年代学者的访谈中，还是在21世纪初笔者的调研中，托茂老人大都声称自己的根子是缠头，或说"我们是从新疆来的"。"缠回"，是清代对回部（新疆）穆斯林群众的俗称，现在我们一般会认为它指的是维吾尔族，事实上它跟新疆的蒙古穆斯林有莫大关系。

---

① 《清圣祖仁皇帝实录》，卷293，第8—10页。
② 阿拉善左旗档案馆馆藏档案：101-8-34，第384页。
③ 图布吉日嘎拉：《信仰伊斯兰教的蒙古人之由来》，《巴音森干布尔》（蒙文）1983年第3期。
④ 徐珂：《清稗类钞》（第4册），中华书局1986年版，第1916页。
⑤ 徐珂：《清稗类钞》（第4册），中华书局1986年版，第1915页。

第二章 何谓托茂：托茂族源及其考证

位于中亚的察哈台汗国，自秃黑鲁帖木儿汗于 1353 年归信伊斯兰教后，历代汗王如歪思汗、羽努斯汗、马哈麻汗都极力推行伊斯兰教，其中马哈麻汗用力最甚，据《中亚蒙兀儿史》记载，他在位时期"大多数蒙兀儿部落都皈依了伊斯兰教""马哈麻汗在强使蒙兀儿皈依伊斯兰教时，采取了严酷的手段。例如，蒙兀儿人如不缠头巾（Daztar），他就用马蹄铁钉钉入这个人的头中。"① 有论者认为，缠戴头巾本为拜火教或者古印度人的风尚，后来在穆斯林学者形成风气，马哈麻汗强迫蒙古人缠头的做法，使得缠戴头巾成为新疆一带穆斯林的重要习惯②。

"缠回"一词，出现在清初③，有清一代文献更多将之与哈密、吐鲁番联系起来。如陶保廉的《辛卯侍行记》记载"（康熙）三十七年，遣官赴哈密编旗队，设管旗章京、参领、佐领各员，于是哈密民始返故土，众伯克统归一主，哈剌灰、畏兀儿各名几泯，概称缠头回云。"④ "畏兀儿、哈剌灰同奉摩哈默教，衣服亦同。初以白巾束头，故称白帽回，后用杂色者，称红帽回。各族久无分别，惟统称缠头回，犹江南江西统称汉人而已。"⑤ 日本学者佐口透在分析《辛卯侍行记》关于哈密的记载时说，在这个地区，（清中后期）已无明朝文献记载的哈剌灰、畏兀儿这类部落名，现在的哈密人通称为缠头回。汉字写作"哈密"的这个地名，在突厥语中称作 Qomul（缠头）⑥。

哈密等地的缠回有没有参加河西回回丁国栋、米喇印的抗清活动？顺治五年（1648 年）三月，丁国栋、米喇印，作为明朝故将在甘州（张掖）发动事变，扶持明朝皇室后裔朱识𨮁为明延长王，举"反清复明"之旗，除了河西人数众多的汉回参加，想必有汉人也参加了。随着战事范围扩扩大，跟河西接近的哈密、吐鲁番等地的民众也参加了。清《皇朝藩部要略》载："（顺治）六年，河西逆回丁国栋等煽哈密及吐鲁番部掠

---

① 米儿咱·马黑麻·海答儿：《中亚蒙兀儿史——拉失德史》（第一编），新疆人民出版社 1983 年版，第 233 页。
② 丁明俊：《青海托茂人族源与族群关系探析》，《宁夏社会科学》2005 年第 6 期。
③ 王日蔚：《维吾尔（缠回）民族名称演变考》，《禹贡》1937 年第 4 期。《清实录》最早记载者为康熙十八年八月己丑，"噶尔丹……今夏又两次出兵，至缠шие回子之地而还"。
④ （清）陶保廉：《辛卯侍行记》，甘肃人民出版社 2002 年版，第 369 页。
⑤ （清）陶保廉：《辛卯侍行记》，甘肃人民出版社 2002 年版，第 370 页。
⑥ ［日］佐口透：《新疆哈密的伊斯兰王国——哈密郡王统领史料》，《民族译丛》1992 年第 5 期。

内地民,伪立哈密巴拜汗子土伦泰为王,据肃州叛,集缠头回、红帽回、辉和尔、哈拉回、汉回等数千,分置都督。大军讨之,抵肃州,击斩哈密头目塔什兰、吐鲁番头目哈什克伽及缠头、汉回四百余级。以云梯夜薄城多门入,斩土伦泰及缠头汉回两千余。贼垒垣拒,堕之,擒丁国栋,斩哈密卫都督和卓哈资、缠头回伪都督琥伯峰、哈拉回伪都督茂什尔玛密、辉和尔伪都督瑞珊哩、伪左都督帖密卜剌、红帽回伪右都督恩克特默等。"①

其中,土伦泰是叶尔羌汗国巴拜汗之子,巴拜汗是阿都喇汗之子,阿都喇汗是拉失德汗之孙②,而拉失德汗是察合台汗国后主,属察合台的后裔,《中亚蒙兀儿史》就是为他而名。另外《秦边纪略》等文献对丁国栋、米剌印的部众,多处使用"诸回"称之,说明丁、米的部众在"汉回"之外,混杂了缠回等。诸回中,至少有两个群体可以肯定是蒙古穆斯林:红帽回(历史文献中的红毛回、红毛儿)和哈拉回(历史文献中的哈喇灰)。反清失败后,诸回逃散四方,他们根据各自的族群属性,有的逃亡西域新疆,有的逃亡青海蒙古部落③。

因此,清初投奔青海蒙古的河西回回,有蒙回、缠回亦有汉回,有的从事牧业活动,有些从事农业生产,从事农业生产者主要居住在祁连山大通河谷和北川河谷一带,他们被官府视为"蒙古回子",如雍正元年罗卜藏丹津反清时,北塔一带"蒙古回子"参与其中,《清实录世宗雍正皇帝》卷十三雍正元年十一月丁亥条记载:"抚远大将军年羹尧折奏:西宁北川上北塔、下北塔二处蒙古回子占地数百里,丁众粮裕,素怀异志,臣令千总马忠孝前往下北塔将所有三十村,回目锡拉墨尔根等俱已招抚。马忠孝等又带兵往剿上北塔贼众,擒获头目阿布多、吴园厄尔克喀等,即行正法,其余回人俱已招抚。"在羹尧平定罗卜藏丹津反清运动后,有的被编入蒙旗,有的成为"汉回",乃今大通、门源一带回族的来源。

另外,笔者在田野调研中收集到一份资料,是托茂公旗后裔王树中所写的《"托茂人"考略》。王树中,蒙古名为博·贡博策仁,曾为青海民

---

① (清)祁韵士:《皇朝藩部要略:卷十五·回部要略》,《中国边疆丛书》第一辑7,文海出版社1965年版,第783—784页。

② (清)祁韵士:《皇朝藩部要略:卷十五·回部要略》,《中国边疆丛书》第一辑7,文海出版社1965年版,第785页;冯锡时、M·乌兰:《关于托茂人》,《西域研究》1993年第3期。

③ 《秦边纪略·甘州南边》:"回回丁国栋反于凉州,米喇印反于甘州。及讨平之,其余党逃散于四方,或归西域,或归夷部。"

族大学副教授，他说他的父亲王本巴是民国时期托茂公旗的负责人，曾任青海蒙古左翼盟驻南京国民政府全权驻京代表，对青海蒙古颇有研究，曾告诉他，道光十五年（1835年），从新疆迁来一百户"海里亥的达子"，加入了托茂公旗，这部分人是伊斯兰化了的察合台汗国的后裔。同治年间，陕西白彦虎率部的回民起义军从青海逃亡新疆，路过日月山一带时，有26人（一说36人）投奔托茂公旗[①]。另外，根据托茂民众记忆，因为信仰、通婚等原因，有藏族、汉人等加入托茂者。

综上可见，托茂人的族源较为丰富，不一而足，有蒙古人，有回回人，有维吾尔人，有藏人，有汉人，有蒙回，有缠回，有汉回。作为蒙藏回，既是蒙藏人回化的结果，也是回回蒙藏化的结果，其源于蒙古，也源于回回。它跟明中期从河套移牧青海的亦卜剌等可能有渊源关系，但是时间距离太长，文献较少，没有直接证据。它跟顾实汗所部回回有关，亦跟河西回回有较多渊源，之后还有察合台汗国后裔"海里亥达子"等加入，它们都契合托茂老人的记忆："我们祖先是从新疆来的"。作为一个群体，人员有进有出，使其成为一个特殊群体的是游牧部落生活、畜牧业生产、蒙古语言文化和伊斯兰教信仰。

（二）托茂语源及相关问题的分析

托茂语源除了汉语、藏语等说法外，还有地名一说，即"托茂"缘于"托茂公旗"，"托茂公旗"源于他们先前的驻地。雍正年间清政府对青海蒙古实行盟旗制，蒙古29旗在正式名称外慢慢有了俗称，这些俗称大都因地名而来，如和硕特西后旗称可可多罗旗，北右末旗称柯鲁沟旗，北左末旗称茶卡旗，北前旗称布哈公旗，南左首旗称默勒旗等，因此南文渊认为"托茂一词应源于托茂旗原驻地某地地名"[②]。然而，"托茂"系何山何水，环青海湖一带没有一个跟"托茂"音近的地方，南文渊也没给出答案。

出身于托茂公旗的扎西东珠，曾任海晏县人大常委会副主任，在2018年编著的《海晏托茂公旗历史踪影》中认为，"托茂公旗"源于"同宝山"，托茂公旗曾游牧于海晏同宝山一带，而同宝山原名"托茂

[①] 王树中（博·贡博策仁）：《"托茂人"考略》（未发表草稿）。
[②] 南文渊：《可可淖尔蒙古：走向边缘的历史》，辽宁民族出版社2007年版，第700页。

山","托茂"蒙古语是"巨大"的意思,后写成"同宝山"是汉语音译之误①。不过,据知情人王树中言,与众多蒙古旗以地名俗称一样,和硕特南右后旗因属地内有倒淌河,故又名"阿里郭勒公旗","阿里郭勒"为蒙古语,即"倒淌河"的意思。又因为该旗旗民中有托茂人,所以又称"托茂公旗"②。和硕特南右后旗以托茂公旗称名之后,就很少有人知道它的地名俗称了。

考虑到青海蒙古在清中后期不断衰落,辖地不断缩小变动,直至清后期相对固定的情况,可以肯定青海蒙古旗名俗称的历史并不悠久。南文渊亦认为青海蒙古用地名进行俗称的时间在清末民初(19世纪末至20世纪前期)。就笔者看到的资料,关于青海蒙古旗名俗称的记载是在20世纪20年代之后。毋庸置疑,先有托茂人后有托茂公旗,"托茂"并非因托茂公旗而来。

"托茂"作为一个群体名,嘎尔迪、孙韬等认为其跟"秃马惕""土蛮"等相关,根据青海蒙古部落史及蒙回历史,不排除其可能性。关于青海的土蛮,前文已述它跟亦不剌、俺答等有关,在明代中期漠南河套,土蛮最大的首领是火筛及其父脱罗干,再之前的土蛮(土默特),文献中已难有清楚脉络可追。薄音湖坦称:"除了靠对音方式所作的探讨之外,企图指出前代部落演变为后来土默特的历史踪迹的尝试都归于失败了。"③

在对音上溯源"土蛮",学界主要有两种观点:一是"秃马惕",二是"秃别干"。秃马惕是成吉思汗时代森林部落之一,成书于清初的《蒙古源流》就将"秃马惕"和"土默特"写为一词。秃别干是蒙古高原克烈部部属小部落。薄音湖认为,在缺乏确切力证的情况下,将土默特比附为秃马惕是可以接受的④。和田清也说:"我想土默特这个名称可能和元代秃马惕有关,但不详。"⑤蒙古学者晓克论证认为,无论是从语音、词义上的联系、地域上的重叠来看,还是从构成人群之间隐约的联系来看,"秃马惕""土默特"这两个名称之间的传承关系应该说是基本可以肯定的⑥。

---

① 扎西东珠:《海晏托茂公旗历史踪影》,青海民族出版社2018年版,第11页。
② 王树中:《"托茂人"考略》。扎西东珠的编著里亦有此表述。
③ 薄音湖:《关于明代土默特的几个问题》,《内蒙古社会科学》1988年第6期。
④ 薄音湖:《关于明代土默特的几个问题》,《内蒙古社会科学》1988年第6期。
⑤ [日]和田清:《明代蒙古史论集》(上),内蒙古人民出版社2017年版,第415页。
⑥ 晓克:《土默特名称溯源》,《内蒙古社会科学》2006年第5期。

明正德初年，亦不剌率领的永邵卜、鄂尔多斯、土蛮三部组成的蒙古右翼与东蒙古达延汗率领的蒙古左翼征战失败，率部进入青海，部分土蛮部众跟随而来①。但更多的土蛮、鄂尔多斯、永邵卜部众被达延汗招降，其后俺答成为土蛮部首领②。俺答率领下的土蛮部落，作为蒙古六万户之一，盛极一时，威逼蒙古汗廷，向四方拓张，多次袭击青海的亦不剌、卜尔孩，并不断进攻西面的瓦剌。俺答的强盛及其信佛迎佛行动，对之后蒙古社会的宗教信仰产生重大影响。在元朝灭亡后，无论是东蒙古还是西蒙古，抑或其他蒙古汗国伊斯兰教比较流行。万历六年（1578年），俺答汗在青海迎佛后，东蒙古开始大规模信奉藏传佛教，西蒙古也即瓦剌蒙古也开始较大规模信奉藏传佛教③。

自亦不剌始进入青海的永邵卜、阿尔秃厮、土蛮等部落，历经沧桑变故。亦不剌之子继承了阿尔秃厮部，后来移牧贺兰山后外，此部在青海销声匿迹了，而永邵卜在后来的藏族社会留下了"永夏"部落遗存，土蛮或哆啰土蛮部落在俺答之后，曾在青海蒙古有较大势力，明末清初被喀尔喀蒙古与和硕特蒙古相继征服，名号随之泯灭，直到光绪年间，在青海蒙古几乎整体信奉藏传佛教的背景下，出现的是一个具有回教色彩的驼毛达子，的确是一个有趣的现象。

那么，光绪年间的"驼毛"是不是清初及其之前的"土蛮"呢？我们没有找到直接的文献证据。不过，综观明清蒙古史，我们也注意到，"土蛮"在明代中后期似乎成了一个荣耀的词语，达延汗之后的北元蒙古有三代汗王自号"土蛮"。虽然青海土蛮部落，在历史演进中，或许既有信奉伊斯兰教者，又有信奉藏传佛教者，但明后期的多罗土蛮火落赤等部被和硕特蒙古征服后，逐步泯灭了名号，而蒙古穆斯林不断有其他部落补充，并未根绝，因此可能出于族群的历史记忆，"土蛮"会成为生活在青海蒙回用来自我宣称的一个名号。民间则因蒙古还有"红毛"和"黄毛"两支特殊的蒙古部落，故音"土蛮"为"驼毛"了。当然，这更多基于

---

① 根据《皇明九边考》的记载看，在左右翼战争后，原来的应绍卜（永谢布）十营只剩二营，阿尔秃厮的七营剩下四营，满官嗔的八营减到了六营。说明亦不剌将多数应绍卜部众带走，阿尔秃厮部带走了一半，从土蛮部八营中可能带走了两营。

② 《皇明北虏考》："满官嗔部营八，古属火筛，今从俺答。"

③ 魏源《圣武记》亦载："蒙古敬奉黄教，实始于俺答汗。"见（清）魏源《圣武记》，中华书局1984年版，第500页。

历史推测。

此项研究还有两个问题需要解答。一是《秦边纪略》中，记载逃亡青海蒙古的河西回回被多个蒙古部落收留，这些河西回回如是托茂先祖的话，为何只有一个托茂公旗？如收留人数最多的麦力干，乃是顾实汗次子鄂木布之子，他的后裔的领地主要为和硕特南左末旗、和硕特北右末旗、和硕特西右前旗。其次，衮卜、刀儿吉乃顾实汗三子达兰泰之子，牧地为和硕特右翼地面。都跟俗称托茂公旗的和硕特左翼的南右后旗无关。这说明，清初的河西回回并非是如很多学者所认为的是托茂人的唯一来源，甚至不是主要来源，后文将会详细叙述。

二是《辛卯侍行记》中关于托茂的两处记载都不在托茂公旗，一处是科尔录古淖尔，即可鲁沟，今天的德令哈，当时为青海贝勒左翼盟长住牧地。这里的托茂人是光绪二十二年驼毛茶根率众逃亡新疆时遗留在科尔鲁古的，并非当地原有。另一处是永安营而西四五十里土坡，在今天的门源，当时为青海右翼盟长牧地，盟长棍布拉布坦所在的旗为和硕特前左首旗，俗称默勒王旗，此旗是衮卜后裔之旗。这就有两种可能，一个可能是默勒王旗当时的确有一部分托茂人，更大的可能是陶保廉觉着此旗乃收留河西回回的衮卜后裔之旗，想必是托茂人所在旗，加上陶保廉沿甘新大道往返，并未亲身游历青海，一些材料应当是通过询问有关知情者间接获得的，不免有失实错漏之处。

论述至此，我们看到，托茂人的族源并不是单一的，其主体是蒙古人，但在历史进程中也融合了畏兀儿、回回、藏族、汉人等群体的成分，因为从事牧业生产而使他们成为一个统一的整体。"托茂"作为部落名，最可能的是一种自称，从语言上很难追溯其意义，一如汉、回、藏等群体名[①]。其群体名可能源于古老游牧部落秃马惕，清末因参与河湟事变，"驼毛"作为一个群体受到关注并被记载，民国时期有"托毛""讬毛"等写法，20世纪80年代，出于民族平等考虑和少数民族去污名化工作，"托茂公旗"出现在《青海历史纪要》中，之后学者们接受了雅称的"托茂"一词，关于托茂人的学术研究亦渐入佳境。

---

① 亦如托茂人所言，"托茂"这个大部落名下还有"盖斯盖""郭皮亥""麻叶亥"等小部落也是无意义的，还如托茂人又被称为"海里亥达子"一样，"海里亥"蒙语、藏语也无从解释。

第三章

蒙回春秋：托茂人并非个例

除却托茂人，现如今被称为"蒙古回回"的人群，还有内蒙古阿拉善盟左旗的"浩腾"人，浩腾（Qotung）为蒙古语，意为"回回"，语源语义都很明确，他们因为宗教信仰特殊而人群特殊，在中华人民共和国成立抑或民族识别之前，在旗衙门名册中被登记为"蒙回"[1]。从长时段来看，蒙回，不限于"托茂"和"浩腾"等，其历史源远流长，可追溯至蒙元帝国初建之时[2]。

一 西北蒙古藩国的在地化

（一）蒙古的崛起及全球扩张

身处内亚的蒙古高原，历来是游牧族群的乐园，众多的部落，时而集聚兴起成为强大的游牧帝国，时而衰落亡散成为互不统属的游牧人群。匈奴、鲜卑、柔然、突厥、回鹘等强大帝国此起彼伏、忽兴忽亡，直到13世纪初，孛儿只斤、弘吉剌、亦乞烈思、兀良合、伯牙兀、燕只斤、许兀慎、逊都思、斡亦剌、乃蛮、克烈、蔑儿乞、塔塔尔等众多蒙古语族、突厥语族的部落，被铁木真统合成"蒙古人"。融合了众多草原森林部落的蒙古人，崛起于欧亚通道的内亚，对世界文明进程产生重大影响，毁坏了很多城池的同时，促进了不同地区文化的交流，也开启了经济的世界体系。从文化交往上讲，伊斯兰文化是最先进入"蒙古人"视野的非蒙古

---

[1] 安·孟和：《阿拉善信仰伊斯兰教的蒙古族》，内蒙古人民出版社2005年版，第163页。
[2] Dewin Deweese, *Islamization in the Mongol Empire*, Nicola de Cosmo etal. (eds), *The Cambridge History of Inner Asia：The Chinggisid Age*, Cambridge：CUP, 2009：124.

高原文化之一,在作为整体的蒙古人崛起之前,拥有发达商业网络的伊斯兰商人就在蒙古草原的众多部落中从事商业贸易活动,有回回人成为铁木真患难时的跟随者和崛起过程中的支持者①。

崛起后的蒙古充满扩张的欲望,在西征中,征服了西辽、花剌子模、大食阿巴斯王朝、罗斯诸公国等,占领中亚、西亚、欧洲诸地,并建立了钦察汗国(金帐汗国)、察合台汗国、窝阔台汗国和伊儿汗国(伊利汗国)"四大汗国"。在东征中,消灭了西夏、金国、大理、南宋等,建立了元朝。从蒙古高原走出来的、横跨欧亚的蒙元帝国之蒙古人,在征服之途、征服之地走上了在地化的进程。在蒙元帝国西方,即中亚、西亚及钦察草原等地,四大汗国逐步走向了突厥化、伊斯兰化。

(二) 几大汗国的在地化

钦察汗国,因其主要领地钦察草原而名,源于成吉思汗赏赐蒙古本土极西之地为长子术赤的兀鲁斯,经术赤之子拔都征战并建立,辖地包括中亚细亚、伏尔加河中下游、顿河流域、高加索、克里木等广大地区,俄罗斯等欧洲史书中名之为"金帐汗国"②。钦察汗国的伊斯兰化始于拔都的弟弟别儿哥汗在位期间(1257—1266 年),别儿哥汗在苏菲传教士的引导下皈依了伊斯兰教,"他在自己的全体人民中间传播它,在自己全部领土内建起了清真寺与学校,亲近学者与法学家,与他们为友。"③ 在别儿哥汗和几位信仰了伊斯兰教的大汗之后,钦察汗国在拔都五世孙月即别汗

---

① 班布日:《论伊斯兰化蒙古人对"扎撒""必力克"的信仰——以中西亚伊斯兰化蒙古汗国为中心》,《西部蒙古论坛》2013 年第 3 期。如《蒙古秘史》记载:"有一个回回(撒儿塔兀勒)人阿三从汪古惕部的阿剌忽失的吉惕忽里那里来,他骑着白骆驼,赶着一千只羯羊,想顺着额儿古捏河而下,去收购貂鼠和灰鼠。他在巴渺诸纳湖饮羊时遇见了成吉思汗";《元史·列传第七·札八儿火者传》记载:"(札八儿火者)雄勇善骑射,初谒太祖于军中,一见异之。太祖与克烈汪罕有隙。一夕,汪罕潜兵来,仓卒不为备,众军大溃。太祖拒退去,从行者仅十九人,札八儿与焉。"阿三和札八儿火者后来都成为与铁木真同饮班朱尼河的大蒙古国的开国功臣。格列科夫、雅库博夫斯基在《金帐汗国兴衰史》中也认为,在成吉思汗崛起过程中,从伊斯兰商人那里得到中亚和近东国家与地区的消息,在同蒙古本土之外的敌人斗争时也得到伊斯兰商人的帮助(1985 年,第 38 期)。

② Dewin Deweese, *Islamization and Native Religion in the Golden Horde*, University Park: Pennsylvania State UP, 1994;敏贤麟:《蒙古游牧文明与伊斯兰文明的交汇》,宗教文化出版社 2010 年版。

③ 乔吉:《蒙古族全史·宗教卷》,内蒙古大学出版社 2011 年版,第 302 页。

（1312—1340年在位）时完成在地化，使得伊斯兰教传播到了从中国起直到西方各国尽头的地方①。钦察汗国在16世纪初瓦解，但是其衍生出的子系汗国，如布哈拉汗国、希瓦汗国存续到20世纪20年代。乌孜别克族、柯尔克孜、哈萨克族等现代民族，都跟它有较大渊源关系。

察合台汗国，因成吉思汗次子察合台而得名。元《经世大典序录》记载："及天下太平，命宗王将兵镇边徼襟喉之地如和林、云南、回回、畏兀儿、河西、辽东、扬州之类。"②刘迎胜先生认为，蒙古国初期将兵镇守回回之地的就是察合台，回回，即是指中亚伊斯兰之地③。之后，察合台汗国疆域不断伸缩变化，其鼎盛之时的疆域东至罗布泊、西邻阿姆河、北至塔尔巴哈台、南逾兴都库什山。其第五代汗王木八剌沙和第六代汗王八剌哈，是察合台蒙古人皈依伊斯兰的先驱。1331年答儿麻失里称汗，此时汗国西部的蒙古人许多成了穆斯林，答儿麻失里顺应时势，皈依伊斯兰，使汗国西部的蒙古人伊斯兰教信仰较其他宗教占更大优势④。1353年，在察合台汗国东部称汗的秃黑鲁帖木儿皈依了伊斯兰教，后随秃黑鲁帖木儿汗皈依的16万蒙古人都"剪掉了长发"⑤，完成了汗国的在地化。察合台汗国衰落后，其衍生的子系汗国叶尔羌汗国、吐鲁番汗国延续到17世纪80年代。维吾尔族等与其有较大的渊源关系⑥。

伊儿汗国，是成吉思汗之孙、托雷之子旭烈兀所创建。1264年，作为兄长的忽必烈册封弟弟旭烈兀为伊尔汗，意即伊朗土地上的汗，并赐予阿姆河以西之地为封地⑦。伊儿汗国是四大汗国中建国最迟、伊斯兰化最早的汗国，信奉伊斯兰教的第一位汗王是旭烈兀之子塔兀答尔，最重要的事件是1295年皈依伊斯兰教的合赞汗登上汗位，代表了伊儿汗国正式接受伊斯兰教为国教⑧。与其他蒙古汗王一样，合赞汗也是在苏菲传教士的

---

① [苏联]格列科夫、雅库博夫斯基：《金帐汗国兴衰史》，商务印书馆1983年版，第136页。
② 《国朝文类：卷41·经世大典序录》，四部丛刊本，457页。
③ 刘迎胜：《察合台汗国史研究》，上海古籍出版社2006年版，第67页。
④ 刘迎胜：《察合台汗国史研究》，上海古籍出版社2006年版，第508页。
⑤ 新吉乐图：《伊斯兰化蒙古概述》，《内蒙古社会科学》1991年第5期。
⑥ 加·奥其尔巴特：《察合台蒙古融入维吾尔族》，《新疆大学学报》（哲学·人文社会科学版）2008年第4期。
⑦ 蒙古族通史编写组：《蒙古族通史》（上卷），民族出版社2001年版，第123页。
⑧ 新吉乐图：《伊斯兰化蒙古概述》，《内蒙古社会科学》1991年第5期。

引导下皈依伊斯兰教的,"合赞汗和全体异密们,在洒黑之子撒都剌丁·亦卜剌希木·马哈维在场时承认了唯一的真主,他们全成了伊斯兰教徒。"① 公元1300年,也即登上汗位的第五年,合赞汗下诏让宰相拉施特编纂一部蒙古史,因此费时11年而成的历史巨著《史集》,成为研究蒙古史,古代北方民族史的重要资料②。

窝阔台汗国因为存在时间很短,封地被其他蒙古势力分割,不涉及此议题。

新吉乐图先生在《伊斯兰化蒙古概述》一文中认为,元朝的蒙古人赋予佛教以至高无上的地位,其他蒙古汗国则普遍皈依了伊斯兰教③。其实,这只是对蒙元帝国时期蒙古人的宗教信仰做的大致分类,事实上,在伊斯兰化的蒙古汗国还有其他宗教存在的情况,在元朝域内亦有蒙古宗王及所部臣民皈依伊斯兰教的情况。其中,元朝安西王阿难答就是代表。阿难答跟伊尔汗国合赞汗是堂兄弟的关系,在合赞汗下诏编纂的《史集》中就记载了阿难答皈依伊斯兰教的缘由,并叙述了阿难答对合赞汗的模仿和敬重。

二 元朝宗王阿难答、速来蛮

(一)安西王阿难答

国内外学术界关于安西王阿难答的研究已蔚为大观。阿难答,关于其出生年,历史文献没有明文记载,故不详。确切的是他乃忽必烈之孙,首任安西王忙哥剌之子。忽必烈是成吉思汗的孙子、大蒙古国的末代可汗、元朝的开国皇帝,不多赘述。阿难答的父亲忙哥剌,是忽必烈的三子。忽必烈于至元八年(1272年)建立蒙古帝国之元朝。至元九年,忽必烈封忙哥剌为安西王,出镇京兆,即今天的关中地区,驻兵六盘山下。"又明年,诏益封秦王,绾二金印,易府在长安者为安西,六盘者为开成,皆听

---

① [波斯]拉施特:《史集》卷3,余大钧、周建奇译,商务印书馆1986年版,第278页。
② [波斯]拉施特:《史集:卷1·汉文译者序》,余大钧、周建奇译,商务印书馆1983年版,第5页。
③ 新吉乐图:《伊斯兰化蒙古概述》,《内蒙古社会科学》1991年第5期。

为宫邸。"① 除了关中和六盘山地区，忙哥剌还统有河西、四川、吐蕃等处，担负着镇戍西北，经营秦蜀，南下攻宋，防御西北诸汗王之重任。学者们认为，忙哥剌受奉安西王、秦王"一藩二印"，"两府并开"，在元朝可谓地位至尊②。

开城村委之"在元代安西王府遗址旁开创新生活"标语（2020 年）

阿难答作为忙哥剌之子，在忙哥剌死后两年（1280 年），袭封安西王，为第二代安西王。关于他信奉伊斯兰教的缘由，《史集》如是载："因为阿难答的父亲忙哥剌的子女长不大，所以阿难答被托付给了一个名为蔑黑帖儿·哈散·阿黑塔赤的突厥斯坦伊斯兰教徒，让这个人抚养［他］。这个人的妻子名祖来哈，把他奶大，因此木速蛮的信仰在他的心中已经巩固起来，不可动摇，他背诵过《古兰经》，并且用大食文书写得很好。他经常把［自己的］时间消磨于履行戒律和祈祷上，同时，他还使依附于他的十五万蒙古军队的大部分皈依了伊斯兰教。"③ 瑞典东方学家多桑在《多桑蒙古史》中援引之："阿难答幼受一穆斯林之抚养，皈依伊斯兰教，信之颇笃，因传布伊斯兰教于唐兀之地。所部士卒十五万人，闻从而信教者居其大半。"④

20 世纪 30 年代以来，随着《多桑蒙古史》《史集》中文版的翻译出版，阿难答皈依回教这一历史事件，得到国内外蒙元史、回族史、蒙古学

---

① （元）姚燧：《牧庵集》，人民文学出版社 2011 年版，第 146 页。
② 薛正昌：《安西王与安西王相府》，《陕西历史博物馆论丛》第 25 集，2018 年；陈广恩：《元安西王忙哥剌的宗教信仰问题》，《民族史》2010 年第 3 期。
③ ［波斯］拉施特：《史集》卷 2，余大钧、周建奇译，商务印书馆 1985 年版，第 379 页。
④ ［瑞典］多桑：《多桑蒙古史》（上册），冯承钧译，中华书局 1962 年版，第 345 页。

甚至西夏学研究者的认可，认为跟六盘山一代的回族有渊源关系①。虽然有学者曾提出了质疑②，但是研究者大都认可了阿难答的穆斯林身份③，而且《中国大百科全书》《中国丝绸之路词典》《中国少数民族名人词典》《中国少数民族史大辞典》《中国少数民族文化大辞典》《伊斯兰教小辞典》等辞书，都将阿难答视为蒙古人信奉伊斯兰教的代表。这方面研究成果较多，兹不赘述。

（二）西宁王速来蛮

安西王阿难答，一般被视为元代的唯一穆斯林蒙古宗王④，受到学界较多关注。其实，在六盘山之西的祁连山麓，还有一位"西宁王速来蛮"的蒙古宗王，他和他的家族亦有浓厚的伊斯兰教色彩，但相关学术研究不多。"西宁王"封号最初源于速来蛮祖父出伯，出伯是成吉思汗次子察合台的后裔。在13世纪后半期蒙古帝国忽必烈和海都两派争斗中，察合台汗国分裂成两派，多数宗王投向海都，出伯、合班则投奔忽必烈，受到重用，并在战争中崭露头角、屡立战功，因此忽必烈封出伯为威武西宁王、

---

① 马建军、海梅：《蒙元时期六盘山区的蒙古人》，《宁夏师范学院学报》2008年第4期；穆德元：《回回族源考述》（二），《河南大学学报》1986年第6期；白寿彝：《中国回回民族史》（上），中华书局2003年版，第122页；邱树森：《回族族源问题刍议》，《邱树森七十自选集》，华夏文艺出版社2007年版；丁明俊：《元安西王阿难答皈依伊斯兰教及其影响》，《世界宗教研究》1991年第1期；苏格鲁：《蒙古族宗教史》，辽宁民族出版社2006年版，第292—294页；乔吉：《中世纪蒙古人与伊斯兰教》，本书编委会：《中蒙历史学研究文集》，内蒙古大学出版社2015年版，第15—19页；陈广恩：《元安西王阿难答倡导伊斯兰教的真正目的》，《西域研究》2005年第2期；薛正昌：《忽必烈及其祖孙三代的宗教思想》，《宁夏师范学院学报》2009年第4期；朝鲁门：《元安西王若干历史问题研究》，硕士学位论文，内蒙古大学，2015年；[俄]叶甫盖尼·克恰诺夫：《元帝国时期（13—14世纪）唐古特民族与宗教变更》，李梅景、史志林编译，《甘肃广播电视大学学报》2015年第5期。

② 王宗维：《元代安西王及其与伊斯兰教的关系》，兰州大学出版社1993年版；王宗维：《元代安西王信仰伊斯兰教说质疑》，《民族研究》1993年第2期。

③ 如陈广恩：《元安西王阿难答倡导伊斯兰教的真正目的》，《西域研究》2005年第2期；薛正昌：《忽必烈及其祖孙三代的宗教思想》，《宁夏师范学院学报》2009年第4期；喜蕾：《安西王阿难答对高丽政治势力的利用》，《西北民族研究》2001年第1期；朝鲁门：《元安西王若干历史问题研究》，硕士学位论文，内蒙古大学，2015年；等。

④ Ruth W. Dunnell, The Anxi Principality: Making a Muslim Mongol Prince in Northwest China during the Yuan Dynasty, *Central Asiatic Journal*, Vol. 57, 2014.

豳王等，其子孙分别获得豳王、西宁王、威武西宁王、肃王等封号，世袭罔替，及至元末，史称河西蒙古豳王家族。

速来蛮（Sulaiman），《元史》等汉文史料又称为搠鲁蛮等，刘迎胜、杨富学、阿布都热西提·亚库普等先生从姓名语言学分析了他的伊斯兰教色彩。速来蛮，为穆斯林男子常用名，如今大都汉译为"苏莱曼"，源于伊斯兰教先知名。速来蛮有三子——养阿沙、速丹沙、阿速歹，其中"养阿"（Yaghan）为突厥语，意为"象"，"沙"（Shah）则是波斯语，译言"王"，"速丹"（Sultan），阿拉伯语，今译"苏丹"，原意为"力量"或"权柄"，用以称呼伊斯兰国家的统治者。刘迎胜等先生言，速来蛮父子的名称均为阿拉伯语、波斯语或突厥语，而且都是穆斯林社会常用的名字，从中可见伊斯兰教的影响[①]。德国学者 Peter Zieme 教授在《关于蒙古帝国的宗教》一文中则明确将之归为穆斯林[②]。

同时，在敦煌莫高窟发现的《莫高窟六字真言》和《重修皇庆寺记》等碑刻文献中，速来蛮及其家族以主要功德主的身份出现。从速来蛮王修持佛教、出资修建佛教寺院皇庆寺，孙子辈不再使用穆斯林名字，启用梵语名字，有学者指出了他和他的家族佛教徒的身份[③]。历史地看，在诸功德主中提到君主及其家族成员的名字乃是常事，并不能一定说明他们皈依佛教，正如在《莫高窟六字真言碣》等佛教碑刻中，除了速来蛮及其家族成员外，还可见哈只（伊斯兰朝觐者）、答失蛮（穆斯林）等施主名称[④]。即使到了民国，西安的大唐护国兴教寺重建，其功德碑上可见到具有回教徒身份的政要白崇禧、马鸿逵等捐资情况[⑤]。

杨富学先生注意到，在出土编号为 B53：14 叙述佛教的文献中有"先前法师之至理名言，有些就来自穆斯林和大食的著作"记载，以及速来蛮家族在镇守的元代锁阳城、西域城、赤金城之城角上刻意留下伊斯兰

---

① 刘迎胜：《察合台汗国史研究》，上海古籍出版社 2006 年版，第 477 页；阿布都热西提·亚库普：《古代维吾尔语赞美诗和描写性韵文的语文学研究》，上海古籍出版社 2015 年版，第 271 页；杨富学：《元代伊斯兰文化觅踪》，《敦煌研究》2018 年第 2 期。

② Peter Zieme, Notes on the Religions in the Mongol Empire [A]. Islam and Tibet—Interactions along the Musk Routes [C]. Routledge, 2011：182.

③ 张海娟、杨富学：《蒙古豳王家族与河西西域佛教》，《敦煌学辑刊》2011 年第 4 期。

④ 杨富学：《元代伊斯兰文化觅踪》，《敦煌研究》2018 年第 2 期。

⑤ 白先勇：《八千里路云和月》，中国友谊出版社 2019 年版，第 24 页。

风格的圆形角台，都可以看出，中亚时代的出伯兄弟及其家族成员曾皈依伊斯兰教，之后一段时期仍保留相关历史记忆①。不过，杨富学等认为，速来蛮孙辈之取名多来自梵文，表现出佛教的强烈影响，从《莫高窟六字真言碣》题铭、对皇庆寺的修建及对莫高窟文殊洞甬道的重新修复等看，因受河西流行的佛教文化氛围的影响，速来蛮家族已摒弃了原来所受伊斯兰教的影响转而支持佛教，成为敦煌佛事活动的重要施主，速来蛮家族逐步佛教化②。就此亦有争议，譬如在孙滔看来，这只是速来蛮作为统治者优渥佛教的体现③。

综合来看，不论信奉伊斯兰教的蒙古宗王后裔逐步佛教化后又保留伊斯兰教记忆，还是速来蛮及其家族在作为穆斯林的同时又对佛教修持优渥，这两种观点都体现了伊斯兰教与佛教在元代的共生共存。就此，在 Peter Zieme 教授看来，速来蛮的穆斯林身份并未使佛教徒感到不快，特意写诗赞扬他④；而 Johan Elverskog 教授则认为，《速来蛮赞》的某些诗段说明，当时的佛教徒与伊斯兰教教徒和平共处、相互学习、相互影响⑤。

总的来说，不计其后裔家族，西宁王速来蛮作为甘青一带具有浓厚伊斯兰色彩的蒙古宗王没有大的分歧。除了敦煌佛教碑刻和文献资料，在青海回族记忆和碑刻文献中，西宁凤凰山拱北就是西宁王速来蛮为天方来华的伊斯兰传教士古土布兰巴尼·尔布都来海麻尼所敕建——"西宁王索来蛮敕建清真寺，修筑墓殿。"⑥当然，西宁并非速来蛮的封地和管辖地区，民间如何会有此记忆，值得追问。不过，有研究者认为速来蛮推动了青海伊斯兰教的发展："（速来蛮）天历二年（1329 年）封西宁王，投下

---

① 杨富学：《元代伊斯兰文化觅踪》，《敦煌研究》2018 年第 2 期。
② 杨富学：《元代伊斯兰文化觅踪》，《敦煌研究》2018 年第 2 期。
③ 孙滔：《青海回族源流考》，《回族研究》1999 年第 4 期。
④ Peter Zieme, *Notes on the Religions in the Mongol Empire. Islam and Tibet—Interactions along the Musk Routes*. Routledge, 2011: 182.
⑤ Johan Elverskog, *Buddhist and Islam on the Silk Road*, Philadelphia: University of Pennsylvania Press, 2010: 181-182.
⑥ 《湟中凤凰山天方后裔墓志》，余振贵、雷晓静主编，《中国回族金石录》，宁夏人民出版社 2001 年版，第 552 页；编写组：《青海历史纪要》，青海人民出版社 1987 年版，第 117 页；马燕：《天方先哲留迹南山中阿友谊源远流长——话说西宁凤凰山拱北》，《青海民族学院学报》1988 年第 3 期。

所在为沙州路，辖区包括青海、甘肃的一部分和甘青交界处，于至顺三年（1351年）去世，在位22年，他支持伊斯兰教，故青海伊斯兰教在西宁王统治时有了一定的发展。"[1]

自蒙元帝国打通欧亚大陆交通始，青海河湟地区就成为回回商人的贸易之地和传教士的云游之地。关于蒙古人皈依、支持伊斯兰教的历史记忆，在青海回族民间传说故事中有集中体现，如《大通泉沟拱北的传说》讲述的是这样一个故事：据传说，元代初年，古土布兰巴尼·尔布都来海麻尼和穆罕默德·麦亚迪到河湟地区传教。古土布兰巴尼·尔布都来海麻尼在西宁偶遇一位蒙古人，蒙古人受启示皈依伊斯兰教，后到敦煌定居，家丁兴旺。而古土布兰巴尼·尔布都来海麻尼的堂兄弟穆罕穆德·麦亚迪带着随从来到大通北川，借宿到泉沟的一户蒙古人家，帮主人看好了家人疾病，蒙古主人出于感激便让他们留居当地，并以北川为家向四周传教，归真后，埋在麻家山上，穆斯林众人为他修建了拱北[2]。故事中，古土布兰巴尼·尔布都来海麻尼、西宁、蒙古人、敦煌等，都跟速来蛮有很大交集，而大通北川到清朝时则成为蒙古回回重要据点之一[3]。

三　明朝的土达、达官和达军

（一）西北土达

六盘山之固原（开城），在蒙元时期，是蒙古军大规模驻扎的地区之一，安西王之外，成吉思汗铁木真、宪宗蒙哥、太祖忽必烈等汗王皇帝都曾在此驻兵，并作为平金战役和平宋战役的军事据点，元朝初期在此分封王子、建立府治，地位与当时的上都相等，曾是元朝政治、军事的中枢，亦是蒙古军进入中原内地和退回大漠的重要中转站。元朝败亡之时，一些包括蒙古、回回等故元军民并未退走，固原一带就留下很多，被称为

---

[1] 程利英：《元明之际青海、宁夏伊斯兰教的传播与发展》，《天水师范学院学报》2004年第2期。

[2] 麻如才讲述：《大通泉沟拱北的传说》，马忠、马小琴：《青海回族民间故事精选》，青海人民出版社2015年版，第11—12页。

[3] 《清世宗雍正皇帝实录·卷13·雍正元年十一月丁亥条》。

"土达"。明朝时固原成为元裔留居和归附的重要地区之一，明嘉靖《固原州志》记载："元万户把丹据平凉，洪武初归附，授平凉卫正千户，部落散处开城等县，仍号土达。"① 明嘉靖《平凉府志》亦载："大明洪武二年夏四月丁卯，大将军徐达率师次陇州固关……开城万户巴丹以鞑靼降。遣平章俞通海进攻元豫王于西安州，次海刺都，右丞薛显以精兵五千先袭豫王，王驰遁，尽得其人众车畜。达以豫王之众处开城，以西安州余众千余徙北平。"② 固原（开城）一带集聚了为数不少的元朝蒙古后裔，成化四年（1468年），土达首领满四率众起义，朝野震动。

这些留居、内附固原的土达，在历史演进中部分融合成为了今日的汉族，部分融合成为了今日的回族。杜长顺在《史籍所见明清时期西北地区的"土人"与"土达"》一文中认为，西北地区不少土达在信奉伊斯兰教后融入了回族，从人口格局变迁看，明代固原是一个土达聚居区，到了清代则成为一个回族聚居区。史籍文献也显示，固原土达与回回之间确实有着很紧密的关系，如成化年间固原把丹之孙满四造反时，史籍记载有杨虎力等回回人作为重要参与者。而且，清光绪《固原州志》声称："地宜畜牧，乡民颇讲习之，而回族尤善"，以往史籍中记载的善商从农的回族，在清末之固原善于畜牧生产，恐怕是吸收了大量土达成份的回族对蒙古传统的一种继承③。另一佐证是，据固原地方志研究人员考察，《明史纪事本末》中所说的土达首领满四居住的三岔沟，即号称"满家营"④ 的地方，如今大部分民众是回族⑤。

另据清光绪《平远县志》记载一地名为"满四川"称："满四川，元豫王部落有把丹者，仕平凉为万户。明太祖兵至，归附，授平凉卫正千户，部落散处开城等县。把丹之孙满四迁居于此。成化五年，满四倡乱，移居石城堡。都督刘玉、总督项忠平之，呼其居为满四川。"⑥ 方志所言

---

① （明）杨经、刘敏宽：《嘉靖万历固原州志》，宁夏人民出版社1985年版，第18页。
② （明）赵时春：《平凉府志》卷3，《中国西北文献丛书》，线装书局2006年版，第349页。
③ 杜常顺：《史籍所见明清时期西北地区的"土人"与"土达"》，《青海社会科学》1998年第2期。
④ （明）谷应泰：《明史纪事本末》卷41，中华书局1977年版。
⑤ 余贵孝：《宁夏固原地区的回族》，《宁夏社会科学》1994年第3期。
⑥ （清）陈日新：《平远县志卷》卷4，宁夏人民出版社1993年版，第19页。

之满四川在今宁夏同心县王团镇东部，如今当地人讹读为"买四川"，居民多为回族。根据笔者对当地的人文地理考察，满四川历史上是清水河流域中一个重要的畜牧生产地。清水河，发源于如今的六盘山东麓固原市原州区开城镇境内，向北流经固原、海原、同心，在中宁县的泉眼山西侧注入黄河，全长320千米。有学者认为，清水河流域，历史上一直是畜牧业的主要区域，是一个以畜牧为主的经济带，半耕半牧甚至以耕作为主只是近二百年以来的事①。

（二）华北等地的达官

西北之外，在华北等地，明朝时亦有不少留居和归附的故元军士，以蒙古人为主，还有女真、回回等，被明朝授予武职，时称"达官"，由此组成的军队士兵，时称"达军"，民间称之为"达子兵"。他们在历史上留下了痕迹，如现今山东德州就有一个名叫"达官营"的回族村子，村子是华北等地满姓回族认可的祖地。一位名叫满力籍贯为河北保定者在2019年了解了家族历史后，不无感慨地说："时常听人说起我家是来自山东德州达官营的回民，但当我第一次在达官营村见到族谱时，心里却充满了惊异——按回民的传说，祖上是因元朝蒙古人西征而来的中亚工匠，而族谱清晰地记载始祖是明代的归附蒙古人。"②

而在2003年，84岁的老人满恒亮，在接受中国社会科学院定宜庄研究员关于老北京人的口述历史项目访谈时，声称自己祖籍山东德州，清末时曾祖父一代来到北京，他在上小学、中学时，经常翻看陈放在条案上的家谱，所以记忆深刻，满氏先祖为满可不花，原本是蒙古人，后来满氏取了汉姓，并排了字辈，他至今对满氏字辈记得清楚。定宜庄在《老北京人的口述历史》一书之《回民开的买卖——满恒亮口述》中，以"信仰伊斯兰教的蒙古人"为节目标题来说明其渊源③。

满恒亮所言的家谱及各地的满氏旧家谱，大都在"文化大革命"期间丢失。满力提到的族谱，是德州满恒禄等十来人组成的族谱编纂委员会于2011年新编纂完成的，这个只有四页的族谱，依据的资料是耆老的记

---

① 杨占武：《鞑子住过的地方》（草稿本未发表）。
② 满力：《从蒙古草原到华北平原——满哥卜花生平略考》，来自草原深处（微信公众号）2020-04-02。
③ 定宜庄：《老北京人的口述历史》（下），中国社会科学出版社2009年版，第639页。

忆和祖坟碑刻。《满氏族谱·满家老祖来历》载："满家老祖一世满可卜花是从蒙古来中原，正统元年（1436年）满将军（满可卜花）率领部下人马到甘肃投降明朝。老祖原籍山后人。本年柒月初二钦准指挥佥事，至12月12日内钦宋德州左卫安插带俸。"

如今满氏对于祖先的蒙古人记忆不仅有家谱资料，还有《满氏祖茔碑》之碑刻资料，此碑刻记载了明正统十四年（1449年）的皇帝谕旨："敕德州（左）卫安插达官指挥同知撒力帖木儿、又指挥佥事满哥不花，今因浙江处州府盗贼未靖，以尔等骁勇，特升撒力帖木儿为指挥使，满哥不花为指挥同知，管领手下精壮达军，跟随都督同知陶瑾往北剿杀贼寇，已令有司抚恤尔等家口……"①

关于满氏先祖满哥卜花，正史亦有记载，如《明实录》正统元年闰六戊寅，"迤北来归长脱脱木儿、满哥卜花、撒力帖木儿等六十八人……奏愿居京自效。命长脱脱木儿等三人为指挥佥事……至是，命如故，各赐冠带。"②《满氏族谱》记载，满氏二世祖为脱脱卜罗，三世祖为答剌赤，四世祖为满昇，五世祖为满安，直至七世祖满国光至明末，都系嫡男长子，在德州左卫世袭指挥同知。可以看到，从第四代这个家族不再使用蒙古名字，开始取汉姓汉名，而且这个汉姓取自"满哥卜花"的首字。另外，在《明实录》中有满氏五世祖满安被选调赴京参加例行阅兵操练的记录："嘉靖二十九年十月调……德州卫达官指挥满安等五员充把总，俱赴京掺土。"③

随着人口发展，如今在山东德州，除了达官营，还有满庄、祁村、南宋庄、梁民庄、东小河庄村、小锅市等满姓聚集地。另外，自清朝中期始，因水患、灾荒、经商、闯关东等，德州满姓人迁往河北、北京、天津、河南、内蒙古、黑龙江、辽宁、吉林等地，人数不少。为了搞清家族渊源，满力不止于在族谱、史料、记忆等方面探求，他还专门做了基因检测，并专门写了一篇考证性的文章《从蒙古草原到华北平原——满哥卜花生平略考》发表在自己的微信公众号"来自草原深处"。

满氏达官家族并非个案，蒙回达官现象是一个较为普遍的现象。如西南之卯姓、保姓、铁姓情况。2012年5月，贵州省威宁县卯氏坟山的祖

---

① 马恩慧：《山东部分回族族源问题探索》，《宁夏社会科学》1991年第4期。
② 《明英宗实录：卷19·正统元年闰六月戊寅条》。
③ 《明世宗实录：卷366·嘉靖二十九年十月辛酉条》。

墓被盗，因之出土两块墓志碑刻，成为贵州蒙回的重要汉文资料。一直以来，在西南卯姓族人的历史记忆中，卯姓祖先石纳（失喇）乃西北回回，后被明太祖朱元璋赐姓为卯、"开荤"的。卯姓家谱资料对此多有记载；如清光绪十二年（1886年）卯兆玉之《卯氏宗谱》载："始祖公讳石纳（失喇）……系陕西平凉府回籍"；清同治十三年（1874年）卯廷琛之《卯氏宗谱》抄本言："于洪武六年，蒙恩奖赏，提标设宴，问姓开荤，始祖指日谢恩，指日更改为卯。"而卯家沟卯氏坟山的祖墓群中一块题名"卯氏碑序"的石碑即载："始祖石纳，原系东方鞑靼回，明倡义起兵，率众归……"① 另外，云南的保氏、铁氏等，无论是家谱资料还是方志资料等，都有类似的情况，兹不赘述。

（三）多民族的融合

土达和达官现象，在全国多地都有。譬如，两广地区，有一位名叫和勇的达官，正史多有记载，《明史·卷156·和勇传》记载："和勇初名脱脱孛罗，和宁王阿鲁台孙也。阿鲁台为瓦剌脱欢所杀，子阿卜只俺穷蹙，款塞来归。宣宗授以左都督，赐第京师。卒，勇袭指挥使，带俸锦衣卫，积功至都督佥事。天顺元年，诏加同知，赐姓名。久之，以两广多寇命，充游击将军，统降夷千人往讨。……成化初，赵辅、韩雍征大藤峡贼，诏勇以所部从征。其冬，贼大破，进左都督，增禄百石。"② 清谷应泰之《明史纪事本末》记载，成化元年（1465年）正月，广西大藤峡境内蛮寇作乱，朝廷"以都督同知赵辅为征蛮将军，都督佥事和勇为游击将军，擢浙江左参政韩雍右佥都御史，赞理军务，率兵讨之。"③ 据明叶盛《水东日记·喜信和勇》记载："都督喜信，回回人；两广游击将军、都督同知和勇，达达人，阿鲁台之孙也。两人不供佛，不礼神，不拜尸殡，曰吾回回俗皆然。"④ 据此可知，和勇既是两广达官军的统帅，也是信仰伊斯兰教的蒙古人。马明达先生认为，和勇及定居于广东的"达官兵"，繁衍

---

① 卯丹：《从西北蒙古穆斯林到西南汉人：乌蒙高地卯氏家族历史与文化的个案分析》，《北方民族大学学报》（哲学社会科学版）2016年第3期。
② 《明史·卷156·和勇传》。
③ （清）谷应泰：《明史纪事本末·卷39·平藤峡盗》，中华书局2015年版，第571页。
④ （明）叶盛：《水东日记·卷6·喜信和勇》，中华书局1980年版，第63页。

生息，成为广东回族的主要来源之一①。

而在西北的甘青，达官及达军在卫所的安插和驻守的一个结果是民族的融合和新生。如，明初设立的河州就卫聚集了大量的达官、达军，并在卫所下面设立了"保安站"（又名"保安营""保安堡"），由达官土兵驻守，后来在此基础上建造了"保安城"。随着时间的推移，地名演化出群体名，有了"保安人""保安回"，如今的保安族渊源于此。杜长顺认为，在河湟地区有三个民族属于蒙古语族河湟语群，他们分别是东乡族、保安族和土族。在他看来，土族更多是元裔土达吸收藏、汉成分及其文化宗教而形成的一个新的群体共同体，而东乡族和保安族则更多是元裔土达吸收了回回人及其文化宗教之后形成的族群共同体②。

中华人民共和国成立后，保安人、保安回被识别为保安族，1964 年出版的《保安族简史简志合编》一书关于保安族的族源提出了五种观点或来源，其中第一种观点认为"保安族来源于今东乡族自治县妥家沟信仰伊斯兰教的蒙古人"，第二种观点认为"保安族来源于新疆迁来的蒙古人中的一支"，其他两种认为跟回回有关，一种认为跟藏民有关③。1984 年之《保安族简史》中就保安族的族源说："民间主要有两种传说，一种认为和蒙古人的早年活动有关；另一种认为和回民的活动有关。而群众中的多数则倾向于前一种看法。"④

四　明清蒙回的演变及现状

（一）明代大漠之蒙回

元朝之后，除了明朝境内的有一些元裔土达、达官信奉伊斯兰教外，在漠北、漠南、漠西的蒙古人，亦有很多蒙古穆斯林。希都日古等学者认

---

① 马明达：《明代广州的"达官兵"》，《回族研究》2005 年第 3 期。
② 杜常顺：《史籍所见明清时期西北地区的"土人"与"土达"》，《青海社会科学》1998 年第 2 期。
③ 《保安族简史简志合编》，中国科学院民族研究所甘肃少数民族社会历史调查组编写刊印，1963 年，第 7 页。
④ 保安族简史编写组：《保安族简史》，甘肃人民出版社 1984 年版，第 6 页。

为，伊斯兰教在明代蒙古中还相当盛行，其中成吉思汗的孛儿只斤"黄金家族"嫡裔、蒙古大汗汗室的重要成员阿黑巴儿只吉囊很可能信奉伊斯兰教。阿黑巴儿只吉囊是蒙古太松可汗脱脱不花之弟，从政治地位和权力看，是东蒙古的第二号人物，他的名字是穆斯林常用经名即 Akbar-din。Akbar，阿拉伯语，一般音译作"阿克巴尔"或"艾克拜热"，意为"最伟大"；Dīn，阿拉伯语，一般音译作"丁"或"迪尼"，多为教名尾音，意思是"宗教"或"宗教的"，从名字之"最伟大的宗教"来看，"它意味着除了对伊斯兰教的高度赞颂和敬仰之外，还包含着其信徒对所皈依的宗教的虔诚和向往。"①

在东蒙古之黄金家族嫡裔之外，希都日古还认为，在非黄金家族的瓦剌蒙古异姓贵族中有很多穆斯林。瓦剌的名称来源于 12—13 世纪蒙古人森林部落斡亦剌，随着历史演变，15 世纪时瓦剌部众的核心是蒙元时期忽必烈幼子阿里不哥的属民②。元朝败退漠北后，蒙古遂分为东、西蒙古两部，东蒙古又称鞑靼，西蒙古又称瓦剌。有明一代，东、西蒙古跟中亚蒙古穆斯林汗国联系颇多③，因为瓦剌部更靠近伊斯兰化的东察合台汗国和中亚穆斯林④，所以信仰伊斯兰教者更多，明朝文献中便有"瓦剌回回"之称。蒙古史学家和田清在《明代蒙古史论集》中亦谈及了伊斯兰教在瓦剌盛行的状况："元朝退回塞北后，喇嘛教突然废弃了。也先太师时，曾请求明廷派遣僧侣，那时似乎还残留一些喇嘛教。但西蒙古地方却盛行伊斯兰教，喇嘛教几乎完全被废弃了。仅就西部酋长的名字来看，便可了解这种情形。"⑤

如 17 世纪蒙古文史书中记载的巴秃剌丞相，明代汉文史籍中记载的马哈木（Muhamud），他是西蒙古或瓦剌蒙古早期的首领，他的名字明显是伊斯兰教经名——今通译为"迈赫穆德"或"买哈穆德"，源于伊斯兰

---

① 希都日古：《关于明代蒙古人的宗教信仰》，《中国边疆史地研究》2006 年第 3 期。
② 宝音德力根：《15 世纪前后蒙古政局、部落诸问题研究》，博士学位论文，内蒙古大学，1997 年。
③ 北元汗王本雅失里，年少时因内乱而投奔中亚帖木儿帝国，后回到漠北称汗。《明实录》永乐六年春正月甲子条："本雅失里初居撒马尔罕，后笨别失八里，今虏遣人迎立之。"
④ 14 世纪末 15 世纪初，明人文献称"瓦剌地在甘凉边外北山。"以及在阿勒泰山到巴里坤一带。
⑤ ［日］和田清：《明代蒙古史论集》（下），潘世宪译，内蒙古人民出版社 2017 年版，第 657 页。

教先知穆罕默德。关于西蒙古首领也先之弟大同王阿把巴乞儿，其名字"阿把巴乞儿"本为阿拉伯文 AbuBak，今译为"艾布拜克"，意为"幼驼之父"或"穆圣的伙伴"，是穆斯林常用男性经名。也先部下大头目阿刺帖木儿丞相、阿卜都拉·彻辰、平章撒都刺都用了穆斯林男性经名①。在孙滔看来，也先的文臣，左丞相哈丹，右丞相阿拉克，武将答刺罕、赛伏剌、阿卜都拉等，也都是瓦剌部的穆斯林②。

明万历六年（1578 年），崛起的土默特蒙古俺答汗在青海与藏传佛教格鲁派三世达赖喇嘛索南嘉措会面并皈依。俺答的信佛迎佛行动，对之后蒙古社会的宗教信仰产生重大影响，不但东蒙古开始大规模信奉藏传佛教，西蒙古即瓦剌蒙古也开始较大规模信奉藏传佛教，如魏源在《圣武记》中说："蒙古敬奉黄教，实始于俺答汗。"③ 也即"蒙古人在 16 世纪末叶第二次改宗，引进藏传佛教新兴的一支格鲁派黄教后，黄教成为明代蒙古人的主要宗教信仰"④，伊斯兰教因此在蒙古社会趋于式微。李伯重教授也认为，十六、十七世纪从东南亚到蒙古高原兴起的"佛教长城"，阻挡了伊斯兰教的东进⑤。不过，原有的惯性使得即使到了清代，无论东蒙古，还是厄鲁特蒙古中，依然有"回回"的身影⑥，甚至有"蒙古回兵"的记载。

在青海河湟地区的地名中，无论过去还是现在都有不少蒙回、缠回或跟他们有紧密关系的地名，如在湟源县巴燕乡有一个叫"胡丹度"的地方，1993 年版的《湟源县志》在地理—蒙语地名解释中说，它的意思为"信仰伊斯兰教的蒙古族居住地"⑦。青海蒙古族学者南文渊认为："从蒙古自身看：上胡丹度在 18 世纪期间已有蒙古人信仰了伊斯兰教，雍正八年，信仰伊斯兰教的蒙古人迁到了阿拉善地区。"⑧ 清朝编纂的《丹噶尔

---

① 希都日古：《关于明代蒙古人的宗教信仰》，《中国边疆史地研究》2006 年第 3 期。
② 孙滔：《青海回族源流考》，《回族研究》1999 年第 4 期。
③ （清）魏源：《圣武记》，中华书局 1984 年版，第 500 页。
④ 希都日古：《关于明代蒙古人的宗教信仰》，《中国边疆史地研究》2006 年第 3 期。
⑤ 李伯重：《中国的挡风墙：东亚"佛教长城"的兴起》，《新史观·新视野·新历史》，香港城市大学出版社 2018 年版。
⑥ 白贞：《土默特回回户口地浅证》，《内蒙古社会科学》1985 年第 2 期。
⑦ 湟源县志编纂委员会：《湟源县志》，陕西人民出版社 1993 年版，第 61 页。
⑧ 南文渊：《可可淖尔蒙古：走向边缘的历史》（上），辽宁民族出版社 2007 年版，第 290 页。

牦牛、放牧者及托茂妇女

厅志》中记载的"阿哈吊",1993 年版的《湟源县志》在蒙古地名中说"阿哈吊"是"弟兄"之意①,请教蒙古族学者说,特指"回回弟兄之地",伊斯兰教苏菲教团阿哈掉即来源于此②。另外清末编纂的《西宁府新志》亦记载有"阿哈布缠头庄""蒙古托洛克庄"等跟蒙回、缠回相关的村庄。

清末到当今,青海的"托茂"和内蒙古的"浩腾",是学界熟知的两个重要的蒙回群体。关于浩腾人(Qotung)的研究,即内蒙古阿拉善地区的"蒙古回回",相较托茂人而言,是蔚为大观的,国外学者关注较多。然而,将之与托茂联系起来者较为少见。笔者认为,除了"蒙回"这一大的身份归类之外,浩腾人跟托茂人还有诸多相似性:一是都被称为"缠回""缠头回回";二是在族源上都声称来自新疆;三是清代以来都是西蒙古和硕特部顾实汗(固始汗)子孙的属民。青海和硕特是顾实汗从漠西带来的,阿拉善和硕特是顾实汗嫡孙和罗理从今新疆率部迁移而来。阿拉善左旗档案馆馆藏档案记载,光绪三年(1877 年)十月初二日阿拉善亲王塔旺布里拉的一篇咨文如是记载:"彼时曾经我先高祖王呈报,我祖上巴图鲁额尔克济农,于康熙年间原由游牧随带来旧缠头回子阿尔巴图一百余名。"另外,青海蒙古和阿拉善蒙古都有记忆和文献说,阿拉善先

---

① 湟源县志编纂委员会:《湟源县志》,陕西人民出版社 1993 年版,第 61 页。
② 马在渊:《哦,他们:湟水上游一个苏菲道团的古代史》,内部编印,2019 年。

王阿宝在康熙年间从青海带去了一些缠头回回[①]。中华人民共和国成立后，在民族识别中，浩腾人大都申报了蒙古族[②]。如今，这支居住分散、身份是蒙古族又声称信仰伊斯兰教者，人口数似在不断减少，目前只有1300人左右的人群[③]，他们与蒙古国的穆斯林组织有交往互动，被视为"伊斯兰与蒙古之间"[④] 的特殊人群，受到国内外学者的关注。

（二）蒙与回的互动与中华民族的交融共生

综上所述，蒙回是一个长期的历史现象，在民族识别或群体单一形象概念之前，它是一个自然现象，即一个群体拥有多重身份或者一个族群的文化动态多样，是一个正常不过的社会存在。崛起中的蒙古人，本身融合了蒙古高原的草原部落、森林部落、蒙古语族部落、突厥语族部落等诸多人群。在萨满信仰之外，蒙古高原或走出蒙古高原的蒙古人，根据各自境遇，与佛教、道教、基督宗教、伊斯兰教等相遇并有所青睐。在实践中，他们可能会信奉一种宗教并对其他宗教保持敬意。他们会在崛起与凝聚中成为一体，也会在历史发展与生境变化中分裂或在地化。蒙古汗国的在地化和元朝宗王、贵族、部众的伊斯兰信仰，都是历史潮流中的一丝涟漪。这一历史支流，对我国民族识别后的哈萨克族、维吾尔族、柯尔克孜族、乌孜别克族、东乡族、保安族、回族等的形成起到了重要的历史作用，展现了中华各民族不断交流交往交融的历史形态。

从华北满哥卜花、两广和勇（脱脱孛罗）以及云南的保氏、铁氏，还有不少回族家谱记载其祖为蒙古人者，如陕西蓝田的黑姓、河北三清的何姓家族等，以及从宁夏固原、甘肃河州的民族格局演变，我们看到众多的蒙回案例以及中华大地的民族交融历史。从西南卯氏家族这样一个在地域上从西北到西南，在时间上从明初到当下，在身份上从蒙古—鞑靼回—

[①] 嘎尔迪：《我国西北地区操蒙古语的穆斯林来源考略》，《甘肃民族研究》1993年第1—2期。

[②] 丁明俊：《阿拉善草原信仰伊斯兰教的蒙古族穆斯林》，《西北民族研究》2005年第4期。

[③] 靳生瑞：《走近阿拉善信仰伊斯兰教的蒙古族——关于阿拉善盟信仰伊斯兰教蒙古族的社会调查报告》，《内蒙古统战理论研究》2016年第3期。

[④] ［日］杨海英：《伊斯兰与蒙古之间：中国内蒙古的蒙古回回（Qotung）人》，苏力德译，《中国边境民族的迁徙流动与文化动态论文集》2009年。

汉族、回族演变的人群，正是中国各民族你中有我、我中有你、融合混成的典型案例。西宁王速来蛮及其家族，兼具伊斯兰色彩和佛教色彩的元代蒙古宗王，他的影响横跨祁连山，受到佛教徒和穆斯林的赞美，他优渥佛教，又发展了伊斯兰教，是佛教徒与穆斯林在西北和平共处的典型案例。托茂和浩腾，这两个如今还存在的蒙回群体，在自身历史演进中，除蒙古族主色外还吸收了现代回族、维吾尔族、哈萨克族、藏族、汉族等成分，他们体现了如今回族、蒙古族之民族内部的多元一体。

除了蒙古人融入回回、蒙古人与回回等群体融合孕育新的民族外，历史上还有不少回回融入蒙古人、回回人与蒙古等群体融合孕育新的蒙古部族的案例，这也是有元一代从西域到中国的回回人本土化的一个面向。乌云毕力格其的研究显示，蒙元时不少从西域而来的回回占星家和天文学家，不仅为蒙元王朝带来了天文学知识，他们及其家族也最终融入蒙古民族共同体中。其中的一些回回占星家，在跟随元廷从中原退回蒙古草原后，进一步蒙古化和游牧化，逐渐成为明代蒙古乌珠穆沁部的组成部分。"乌珠穆沁"汉语意思是"阴阳"，指的就是占星者。除了占星家，还有蒙古语称"撒儿塔兀勒"、汉语意为"回回"者加入乌珠穆沁部落。因此明代蒙古乌珠穆沁是一个由西域回回、也里可温人和蒙古各部组成的新部族[①]。

海晏草原上的白佛寺（2005）

---

① 乌云毕力格:《丝路沿线的民族交融：占星家与乌珠穆沁部》，《历史研究》2020 年第 1 期。

当然，在历史长河中，蒙古人本身就继承、吸收、融合了众多部落和人群，在蒙元帝国强盛时期，蒙古文化对包括汉族在内的诸多群体有很大的吸引力，在语言、服饰甚至名字方面都呈现出蒙古化。元廷退出中原后，留居和归附明朝的故元后裔，在不同的生境中保持、融合和重生，蒙回现象外，后来大多数融合到汉族中，部分与还其他民族融合，孕育了土族、裕固族等新生族群。诸上种种，由小及大，无不显示中华民族在几千年的民族交融会通之历史进程中生发出的和合共生理念和共同体意识，以及中华大地上不同文明交流互鉴、中华文明兼收并蓄历久弥新的气象。

第四章

托茂人口：历史与现状

托茂现在有多少人，对托茂人感兴趣的学者和普通人大都会问这个问题。事实上，托茂人及托茂民间组织也在追问这一问题。关于托茂人的研究已不少，在这些研究中，关于托茂来源和族称研究居多，相关争论亦多。然而，关于托茂人口却未有研究予以系统关注。从文化、经济、历史等各个方面看，人口问题特别重要，它是经济发展的重要指标、各种文化现象的载体以及历史发展的重要表征，人口的变动势必会影响整个社会的文化变迁。通过人口状况及其增减变化，可以更好理解牧区社会和托茂历史。

一 青海蒙古的兴衰与人口变化

（一）青海蒙古兴起及其衰败

托茂及其人口，与青海蒙古史密切相关。青海有蒙古，始自13世纪末，蒙元时期，人虽不多，但蒙古人对青海有统治之实。青海湖周围，水草丰美，历来是优良的畜牧之地，在游牧民眼中"素号乐土"[1]。14世纪60年代，在风起云涌的反抗起义中，元廷从中原退回大漠。之后寻求游牧发展的哈密、河套等地蒙古部落开始关注青海草原。16世纪初，蒙古部酋亦不剌、阿尔秃厮，瞰知青海富饶，袭而据之。番人失其地，多远徙。其留者不能自存，反为所役属[2]。由此，掀起一波又一波蒙古部落进入青海之浪潮，直至明崇祯九年也即清崇德元年（1636年），顾实汗突袭

---

[1] （清）张廷玉等：《明史·西域二·西番诸卫》，中华书局1974年版，第8539页。
[2] （清）张廷玉等：《明史·西域二·西番诸卫》，中华书局1974年版，第8539页。

青海喀尔喀部蒙古，以少胜多，大败却图汗，整个青藏高原纳入了和硕特蒙古的统治之下，蒙古人在青海之势力达到顶峰。

在西北的青海蒙古兴起之同时，东北的后金政权亦冉冉升起，蕴含一统江山的潜能。崇祯十五年（1642年），顾实汗遣使至盛京与之取得联系①。清顺治十年（1653年），进关入主中原的清廷册封顾实汗为"遵行文义敏慧固始汗"，并命他"作联屏辅，辑乃封圻"，和硕特蒙古对青藏高原的统治，得到了取代明朝成为中央王朝的清政府认可。加之，顾实汗拥戴黄教有功，受到藏族人的拥护和认可，五世达赖喇嘛称之为"藏域三区之王"②。和硕特蒙古作为青藏高原的霸主，盛极一时。

入主中原之初，清廷忙于战大顺、剿大西、灭南明、平三藩，无暇顾及青藏高原。康熙三十六年（1697年），在漠西蒙古准噶尔部首领噶尔丹败亡以及漠北蒙古各部相继归附之际，清廷携之余威，派人招抚青海蒙古。此时，顾实汗已去世，其子达什巴图尔率诸台吉进京觐见康熙，达什巴图尔受封为"和硕亲王"，至此，青海蒙古成为清朝的藩属。达什巴图尔死后，其子罗卜藏丹津承袭了爵位。康熙五十六年（1717年），准噶尔蒙古奇袭西藏，顾实汗之孙拉藏汗兵败被杀，漠西蒙古占领西藏。翌年，清军征剿西藏，罗卜藏丹津为首的青海蒙古出兵响应，功成后，罗卜藏丹津受到清廷冷落，希冀藏王之梦想落空，遂走上抗清之路。雍正元年（1723年），罗卜藏丹津在雍正皇帝新立未稳之际，以恢复先祖顾实汗功业为号召起事，正好授把柄于将征服目光瞄向青藏高原的清廷。

青海蒙古衰败，始自于罗卜藏丹津反清引起的战乱。虽然战争只持续了一年时间，但青海蒙古因此元气大伤，人口和经济遭受巨大损失③，从此江河日下、一泻千里。据学者估计，清初兼容并蓄众多部落的青海蒙古人口已发展到20万有余④，战后，青海蒙古所剩人口不足之前一半。负责弹压任务的清军目的很明确，川陕总督、抚远大将军年羹尧在给雍正皇

---

① 《清太宗文皇帝实录》卷39："崇德二年冬十二月丙午，厄鲁特部落顾实车臣绰尔济，遣其头目库鲁克，来贡马匹、白狐皮、獭喜兽、绒毯等物。顾实车臣绰尔济初未入贡，闻上威德远播，至丙子年乃遣使，因路远，于是岁始至。"

② 五世达赖喇嘛：《西藏王臣记》（藏文），民族出版社1957年版，第194页。

③ 杜常顺：《清代青海的盟旗制度与蒙古族社会的衰败》，《青海社会科学》2003年第3期。

④ 崔永红：《青海经济史》（古代卷），青海人民出版社1998年版，第62页。

帝的战报奏折中声称："凡逆贼部落强悍者略已诛除，所存者虽留西海，经臣宣旨，分赏满汉官兵，共计男妇一万名口，以杀强暴之气。"① 年羹尧的随军幕僚汪景祺记录道："西夷大创斩获者无算，有掳其全部者，除贼首三人解京正罪，余五十以下，十五以上者，皆斩之，所杀数十万人，不但幕南无王庭，并无人迹。"②

这种人口损失以数字来量化更直观，民国时任蒙藏委员会蒙事处处长的楚明善做了估算：和硕特蒙古在罗卜藏丹津事件后，在青海被分21旗、编79佐领，若单就这79佐领计算，按蒙古编制每佐领150人计算，壮丁不过12000人，人口按每户5口计算，也只有8万左右，"较之罗卜藏丹津起事初，兵（壮丁）号二十余万，人口相差何止十倍"③。杜常顺据史料估算，雍正三年（1725年）编旗时，青海蒙古28个札萨克旗共有佐领114.5个。按照定制每佐领150户计算，28旗总共有17175户，另加察罕诺门汗旗4个佐领600户，则有17775户，以户均5口算法，编制时青海蒙古总人数应为88875人④。在传统的游牧社会中，人口的减少意味着经济的衰退，而经济的衰退必然导致人口的减少，交互往复，恶性循环⑤。

平定罗卜藏丹津之后，为防止青海蒙古复起，清廷援引漠北蒙古喀尔喀之例，将青海蒙古各部，重新分编佐领，实行盟旗制度。关于盟旗制度对青海蒙古负面影响的研究已有很多，盟旗制度的内容兹不赘述。此制在民国学者荆玄生看来，它将青海各部蒙古重新分编佐领，并勘定地界，严令各管各属，不使大权归一，又将当初夷为奴隶之番族，另行安插，直接由夷情衙门管辖，俾与蒙古脱离关系。自清廷实行分化与羁縻政策后，使青海蒙古的大游牧集团，一变而为不相联属的独立部落。加之严厉的限制，行动失去了自由。昔日震撼西陲的武力，从此宣告死刑⑥。

---

① 季永海等点校：《年羹尧满汉奏折译编》，天津古籍出版社1995年版，第283页。
② 汪景祺：《读书堂西征随笔》，上海书店1984年版，第28页。
③ 楚明善：《蒙古族的世袭与分布》，《青海蒙古族史料集》，青海人民出版社2005年版，第156页。
④ 杜常顺：《清代青海的盟旗制度与蒙古族社会的衰败》，《青海社会科学》2003年第3期。
⑤ 杜常顺：《清代青海的盟旗制度与蒙古族社会的衰败》，《青海社会科学》2003年第3期。
⑥ 荆玄生：《青海蒙古的过去与现在》，《西北论衡》1937年第11、12期。

如果说清军对青海蒙古的征伐，目的在于"以杀强暴之气"，那么盟旗制度实行，令青海蒙古五部各旗分立、不相联属，目的在于"以杀其联合之势"。数据和文献表明，编制盟旗之后，青海蒙古的人口流失日益严重，一发不可收拾，各部蒙古无法自救，遑论互助。青海蒙古户数之有记载，自雍正三年始。按照平定罗卜藏丹津善后定制，关于户籍人口，每旗户口，每三年则编审一次，凡60岁以下18岁以上者皆入册，有疾者除之。档案资料显示，自雍正三年之后不到100年，即嘉庆十五年（1810年）时，青海29旗有6216户、28963人，分别比初编之时减少了65%和67%。又过100年，到宣统元年（1909年）时，青海蒙古29旗有1989户、5139人，分别比嘉庆十五年时减少了68%和82%，而与雍正三年初编时相比，分别减少了88.8%和94%[①]。

（二）青海蒙古的穷困与式微

与人口数断崖式下降相辅相成的是，青海蒙古人的经济日益贫困，勇武不再。史料显示，乾隆时期，青海蒙旗"非内札萨克可比"，出现"牲畜不甚充余"[②]的状况。乾隆之后，"各旗蒙古，俱已贫困"[③]。嘉道时期，有不少蒙古人甚至因为缺乏牛羊等生产资料，弃牧而从事挖盐、捕鱼以维生。在蒙古人走向衰落之际，雍正初年始脱蒙古奴役境遇的番人由劣转盛，人口不断增加，乾隆之后尤其嘉道年间，番人时常进入蒙古人牧地，抢掠牲畜，并次第侵占蒙古人牧地，蒙古衰弱无力抵抗，纷纷逃避，令清政府颇为头疼。青海蒙古，一改骁勇善战形象，在乾隆、嘉庆等人眼中，已然成为"懦弱""胆怯"的人群。如乾隆三十九年，谕："青海游牧频遭番子抢掠，并非番子强悍，盖因伊等青海蒙古散漫、过于畏怯所致。兹彼处各部番子，势俱甚弱，如同牲畜，而伊等札萨克各有王、公，伊等之人（俱系蒙古），素甚勇猛，何以频遭番子掳掠？由此看来，伊等坐视任番子抢虏，事属显然。此风甚恶，蒙古人胆怯至极矣。"[④] 嘉庆皇

---

① 杜常顺：《清代青海的盟旗制度与蒙古族社会的衰败》，《青海社会科学》2003年第3期。
② 《清高宗纯皇帝实录：卷1392》。
③ （清）那彦成：《青海奏议》，青海人民出版社1997年版，第173页。
④ 中国第一历史档案馆编：《乾隆朝满文寄信档译编》（第15册），岳麓书社2011年版，第660—661页。

帝亦言："青海蒙古等不自防守游牧边界，是以番子等毫无忌惮，肆意妄行，以致蒙古等穷迫失所。此皆过于懦弱之故。"①

过去勇武无双、雄霸青藏的青海蒙古一蹶不振，到咸丰初年，黄河以南藏族部落大规模北进游牧于环湖地区，并最终迫使清廷认可了他们在环湖地区游牧，青海蒙古人最终丧失了他们环湖地区的优势地位。形势变化之快，让关注青海历史的民国学者不无感慨："明末清初蒙强番弱，驭夷者皆抑蒙抚番为策。自嘉、道以后，番人之势转盛，河南番族往往渡河抢掠蒙古牲畜，蒙古势分力弱，不能抵抗，皆率众内徙，依官兵以自卫……筹边者又变其方针，以扶蒙抑番为策矣，然蒙古衰弱，已成强弩之末。"②

青海和硕特南右后旗，俗称托茂公旗，史界一般将之旗祖追溯到索诺木达什。索诺木达什是顾实汗长子达延的第五子，康熙五十年（1711年），索诺木达什受封"辅国公"，口传当时属民约2000户，加上少数藏、汉等民众，人口约有万余人③。与青海蒙古整体人口衰减相一致，雍正三年，罗卜藏丹津反清事件后，南右翼后旗人口锐减，至建旗时有4佐领④，按定制1佐领150户，大约有600户、3000人。嘉庆十五年时，该旗统计有158户、593人⑤。宣统元年（1909年），和硕特南右后旗只剩下20户、61人⑥。沧海桑田，变化巨大。

二 托茂"声名鹊起"及人口状况

（一）托茂人口及其牵连的问题

就在雍正之后青海蒙古不断凋敝、人口锐减的状况下，光绪二十二年（1896年），在陕甘总督陶模上报的奏折里，却出现托茂首领茶根率领

---

① 《清仁宗睿皇帝实录：卷75·嘉庆五年十月辛酉》。
② 周希武：《宁海纪行》，甘肃人民出版社2002年版，第35页。
③ 王树中：《托茂人考略》（未发表稿）。
④ （清）张穆：《蒙古游牧记》，商务印书馆1938年版，第281页。
⑤ （清）长白文孚：《青海事宜节略》，青海人民出版社1993年版，第82页。
⑥ 《西宁办事大臣宣统元年十二月十三日咨送青海两翼等处各部各寺蒙番僧俗户口册及更正总表》，见《清代青海蒙古族档案史料辑编》，青海人民出版社1994年版，第177页。

2000 余人的情况："臣查湟回自月初水峡出窜，共七八万人，皆刘四伏兄弟领亡，刘三专注念经，刘四伏最强，主战争，马吉等助之。在青海会合驼毛茶根二千余人。"① 与农业社会不同，在牧业社会中，2000 人是一个不小的数字。一般而言，战争中关于对方兵力及死伤情况的报告多为探听或估算而来，有时前线将领为了邀功，冒报数字也屡有所闻，但对于进士出身的统帅陶模来说，一向谨慎的他没有必要如此做，而且 2000 余人在总数七八万中占比很小，似可消除夸大嫌疑。

那么我们该如何理解"会合驼毛茶根二千余人"这一史料呢？这里面除了托茂人外，会不会包括了蒙古人、藏族人。从参与镇压事变的新疆巡抚饶应祺等人的汇报之"驼毛番子茶根""驼毛茶根即格尔及西海蒙古人"② 等用语来看，在新疆官员眼中，托茂茶根一众属于蒙藏人群。不过，我们认为，这更多说明托茂（驼毛）因为语言、服饰、生活方式等，相较于"湟回"呈现出较大的蒙藏文化属性。遑论其时，到了民国时期，托茂人在周边回汉民族口中仍是"达子"，即使到了 20 世纪八九十年代，跟托茂通婚、接触紧密的回族人时常在开玩笑时称其为"半番子"。而且，就当时具体历史情境以及在新疆被招抚安插后这群人的民族身份看，托茂茶根所部，包括蒙藏人的可能性较小，安插之后既无相关文献记载，亦无口述记忆。关于逃亡新疆的这部分人去向，后文会有论及。

如果说这 2000 人都是托茂人，那么可以推断它并不限于和硕特南右后旗（托茂公旗）一旗，也即在其他青海蒙古部落中亦有托茂人的存在，且托茂人具有一定的独立性，超越盟旗有一定的认同感。我们知道，自亦不刺到顾实汗，在近 150 年的时间里，青海蒙古中蒙回历史不断③，但没有具体的人数记载。清顺治时，河西逃亡回回被青海几部蒙古首领收留，有数字记载者如下。《秦边纪略·凉州近疆》载："顺治八年（公元一六五一年），甘、凉叛回既败，其余党四百余人降于麦力干，使居三角城，为其部落。"④ 《秦边纪略·边疆西夷传》载："初，河西诸回回叛。乃败，刀尔吉诱致三百余人，皆善火器。怀阿尔赖曰：'是善火器者，不可

---

① （清）朱寿朋：《光绪朝东华录》（四），中华书局 1958 年版，第 3887 页。
② （清）朱寿朋：《光绪朝东华录》（四），中华书局 1958 年版，第 3887 页。
③ 杨德亮：《托茂再考》，《青海民族研究》2019 年第 3 期。
④ （清）梁份：《秦边纪略》，赵盛事等校，青海人民出版社 1987 年版，第 153—154 页。

分为奴,使教部落有大用。此天与我也'。……衮卜部落一千人,回回三百,住巴丝墩川。刀尔吉部落五百人,住白石崖口外。"①

这本成书于康熙年间的《秦边纪略》提及的麦力干,也即其他文献中的墨尔根,是顾实汗次子鄂木布之子,其招降接纳的河西回回主要居住在三角城和北塔②,位置在西宁北川,也即在今天的门源回族自治县和大通回族土族自治县境内。至雍正元年时,这些河西回回的后裔"丁众粮裕",在罗卜藏丹津反清时,他们被视为"蒙古回子"参与其中。《清实录世宗雍正皇帝》卷十三雍正元年十一月丁亥条记载:"抚远大将军年羹尧折奏:西宁北川上北塔、下北塔二处蒙古回子占地数百里,丁众粮裕,素怀异志,臣令千总马忠孝前往下北塔将所有三十村,回目锡拉墨尔根等俱已招抚。马忠孝等又带兵往剿上北塔贼众,擒获头目阿布多、吴园厄尔克喀等,即行正法,其余回人俱已招抚。"罗卜藏丹津反清运动被平定后,不排除在编制盟旗过程中,这些蒙古回回有被编入蒙旗者,但从门源、大通民族人口演变来看更多人很可能随着北塔、三角城等地被开垦为农地,逐渐农业化,他们的身份亦随之由"蒙回"转变为"汉回",成为今大通、门源一带回族的来源。

《秦边纪略》提及的衮卜,又写为"衮布",他是顾实汗三子达兰泰次子,怀阿尔赖是其长兄,刀尔吉是其小弟,他所招降的三百余善火器的回回人,住在巴丝墩,也即今天的祁连县野牛沟一带。其后裔为和硕特前左首旗(默勒王旗)。光绪年间成书的《辛卯侍行记》中关于托茂人有两处记载。一处是科尔录古淖尔,即可鲁沟,今天的海西蒙古族藏族自治州的德令哈,当时为青海左翼盟长住牧地。笔者认为,这里的托茂人很可能是光绪二十二年驼毛茶根率众逃亡新疆时遗留在科尔鲁古的,并非当地原有③。另一处是永安营而西四五十里土坡,在今天的门源回族自治县,当时为青海右翼盟长牧地,盟长棍布拉布坦所在旗为和硕特前左首旗,俗称默勒王旗,此旗是衮卜后裔之旗。就此,有两个可能:一个可能是此旗乃

---

① (清)梁份:《秦边纪略》,赵盛世等校,青海人民出版社1987年版,第402页。
② 北塔,也即白塔。《秦边纪略·西宁近边》载:"白塔儿在西宁西北九十里,北川口西二十里。……其地之汉人,则西宁之亡命;回回,则顺治八年之叛党,各仍其俗。"《秦边纪略·西宁边堡》:"北川营,亦总堡名。东逾马圈,西接剌镙,北有东西暗门,暗门之外白塔儿。回之叛亡而附西夷者,及汉人之亡命,咸萃渊薮焉。"
③ 杨德亮:《托茂再考》,《青海民族研究》2019年第3期。

收留河西回回的衮卜后裔之旗,故《辛卯侍行记》作者陶保廉推测该旗有托茂人的存在;另一个可能是默勒王旗当时的确有一部分托茂人。

然而,俗称托茂公旗的和硕特左翼南右后旗,既非《秦边纪略》里记载收留河西回回的部落,也非《辛卯侍行记》记载有托茂人之旗。也就说,托茂公旗,这个被认为因托茂人而得名的青海蒙古旗,却在清朝文献里没有相关记载。那托茂公旗的托茂人是怎么回事呢?就此,最后一任托茂公即部落首领王完麻的侄子王树中,描绘了这样一个历史过程。顾实汗五子伊勒都齐的次子博硕克图济农,当时率部驻牧在青海湖北岸及祁连黄城滩一带,衮卜台吉所部的托茂人先是成为他的属民。清顺治九年(1652年),博硕克图济农率部南迁,途经今海南藏族自治州共和县时,托茂人因其首领患病,滞留在顾实汗长子达延鄂齐尔汗第五子索诺木达什部,衮卜部的托茂人遂进入了托茂公旗。清康熙二十三年(1684年),麦力干去世后,该部势衰,驻牧在今海晏三角城的一部分托茂人又南迁到共和,依附于托茂公旗,麦力干部的托茂人也加入了托茂公旗①。

但是,并没有确切的文献史料可以佐证王树中先生的说法。从文献来看,麦力干和衮卜的后裔在雍正年间编制盟旗后,分属和硕特南左末旗(群科札萨旗)、和硕特西右前旗(默勒扎撒旗)、和硕特北右末旗(可鲁沟扎撒旗)、和硕特前左首旗(默勒王旗)等,甚至衮卜的兄弟刀尔吉、怀阿尔赖以及参与镇压米剌印、丁国栋起义的蒙古部落,都有可能招降收留逃亡的河西回回。而且,文献中记载的清初麦力干招纳河西回回耕牧的三角城,并非在今日海晏三角城,而在门源回族自治县②,与北塔地区一样,这部分人因为从事农业,在雍正时很可能并未被编入蒙古旗。这也从另外一个角度说明,顺治年间投奔青海蒙古的河西回回并非托茂人的唯一族源,甚至不是主要族源。

鉴于南右后旗旗祖索诺木达什是达延之子,而达延是顾实汗回回妃子所生的长子,故青海省民委的孙滔先生认为,清初达延汗把明正德以来进入青海的众多蒙回后裔招募旗下,后成托茂公旗③。此说虽然解释了托茂公旗的渊源,但亦缺乏文献佐证。我们认为,托茂人散布在多个青海蒙古

---

① 王树中:《托茂人考略》(未发表草稿)。

② 闫天灵:《清初青海蒙古麦力干部牧地及所辖三角城地望考》,《中南民族大学学报》2007年第3期。

③ 孙滔:《青海回族源流考》,《回族研究》1999年第4期。

部落，光绪年间，南右后旗可能是托茂人最多的一个蒙旗。关于这一点，虽然清朝历史文献中没有该旗托茂人的记载，但是民间的相关社会记忆可以说明。王树中回忆说，其父王本巴曾任青海蒙古左翼盟驻南京国民政府全权驻京代表，对蒙古史颇有研究，曾对他说：清道光十五年（1835年），由新疆迁来一百余户"海里亥的达子"加入了托茂公旗，这部分人是伊斯兰化了的察合台汗国的后裔①。这一说法，与托茂人的记忆相类似，前期的相关调研文本也记述了这一记忆②。

（二）托茂人"声名鹊起"

根据海北蒙古族的口述材料看，托茂人是嘉庆、道光之后，在蒙古部落整体衰落、藏族部落日益强盛并不断南下青海湖的过程中声名鹊起的，这可能跟"海里亥的达子"加入托茂公旗有关。据才仁加记述，此时一位名叫"巴特力"的托茂人在青海湖蒙藏部落英名远播：

> 在"托茂"回族中，有一位名叫"巴特力"的壮年人，他生来英勇过人，力大无比，见义勇为。在那落后年代里青海黄河以南的藏族多半经常渡过黄河到环青海湖一带抢夺商人、偷赶牲畜、伤害生命的事件不断发生！这"托茂"巴特力曾多次和河南的强盗较量过，但盗贼们总占不到上风，失败逃跑，因此巴特力声望日高一日，不但环海一带的蒙藏区知道"巴特力"的人不少，凡是抢夺的场合里，（托茂）巴特力一到，所抢去的牲口、财物保证能夺回来的。名震环海的"托茂"巴特力出名后，青海湖左右的蒙古部落中人人都对巴特力赞口不绝，他就成了当地的一位土生土长的英雄好汉（巴特力以蒙语讲就是英雄意）。黄河以南的藏族到青海湖周围大抢之风大有好转。③

王树中在《托茂人考略》中亦说：清嘉庆以后，原明时被迫迁黄河南的藏族，想重返牧地青海湖周围，屡屡到河北抢掠，直至清末，蒙藏纷争从未间断。藏族逐渐北进，蒙古各旗步步后退，北退至青海湖南牧地，

---

① 王树中：《托茂人考略》（未发表草稿）。
② 才仁加：《原海晏县"托茂"伊教群众的历史重新更正资料》，1988年5月20日。
③ 才仁加：《原海晏县"托茂"伊教群众的历史重新更正资料》，1988年5月20日。

除青海湖东南、倒淌河一带以外,牧场丧失殆尽。同时由于历年纷争,人口也锐减。而当时驻牧于海南恰卜恰、江西沟以东,日月山以西,北临青海湖的托茂公旗,据传当时有800百余户,北来的藏族不敢轻易侵犯这个旗,其原因是,当时的王爷精明能干,旗下又有以托茂人为主干的兵众,战斗力很强。清道光二十二年(1842年),托茂公旗长扎萨克还曾率兵协助陕甘总督进击北犯藏族得胜,受到嘉奖。这一时期,托茂公旗之所以能自保,托茂人起了重要作用。这时托茂人在政治上与信仰藏传佛教的蒙古人基本上是平起平坐的①。

现今,在西宁市湟中县上五庄镇存有三处托茂人坟园遗址——大寺沟托茂坟园、三湾托茂坟园、拉尔宁托茂坟园,1958年之前相邻的哈勒景草原托茂人在此埋葬亡人。这三座坟园分别占地3亩、1亩、8.94亩,三处总面积合计8608.3平方米。按每个墓地占地4平方米计算,就有2152位亡人安息于此。据托茂老人回忆说,这些亡人绝大多数是在道光至光绪二十二年之前埋葬的。从此可见,光绪二十二年前托茂人的人口规模的确比较大。

三 战乱、离散与托茂人的重生

(一) 战乱与离散

清朝光绪二十一年(1895年),是托茂人记忆深刻的一个时间点,时年甘青地区发生"河湟事变",清政府勒令青海蒙古出兵镇压涉事的回民②。在这种形势下,青海蒙旗中各种传言蔓延,处于蒙与回之间的托茂人忧心焦虑、枕戈待旦。在海北蒙古人记忆中,这种情况是前所未有的,自清初至光绪二十一年,不但文献中没有他们冲突的记载,而且在双方记

---

① 王树中:《托茂人考略》(未发表草稿)。
② 德宗光绪皇帝实录:"又谕:电寄奎顺等,前经叠谕魏光焘回匪穷蹙,防其奔窜,顷奎顺电奏回匪窜至哈力盖。该旗贝子接仗未胜,存亡未卜等语。""又谕:电寄奎顺等。据奏贼窜青海台吉洛地方,并称湘军惶恐,马队无多,不敷调遣所用等语。逸匪西奔,正恐蔓延关外,魏光焘所部较多,何得任汤秀齐逗留不进?奎顺于青海蒙番是其专辖,著妥为调遣""谕军机大臣等:电寄董福祥等。青海已无贼踪,各军久住无益,所有官兵及蒙番各兵著酌量撤回。打仗吃力之蒙古王、公、贝勒等,准其请奖。"

忆中也是和平相处的。"时时不断的谣言乱传一阵！在此恶劣的形势下，'托茂'回族不敢留恋在部落中！因为不像过去那样团结和好！而产生了隔阂！"① 可能出于好心，蒙古王爷提出要求，托茂人改宗不要再当回回，便可得到王爷的保护。正如新疆托茂人记忆的一样"从前，我们在青海给一个蒙族王子当百姓。由于宗教与婚姻方面的问题而闹起纠纷，为了逃命，才跟着焉耆中坊寺的人一起从青海逃向新疆"②。

与正史"查湟回自月初水峡出窜……在青海会合驼毛茶根二千余人"短短数语不同，民间记忆提供了更丰富的历史信息。"在这紧要关头好汉巴特力出头号召动员'托茂'回族抱定决心要离开这个部落，全体伊教群众听从巴特力的号召，将每家的笨重物件一火烧尽后，星夜搬家到三角城（属海晏）暂住下来，准备迁往别外安身。可当地的蒙族盟长听到这个消息后，马上带领临近的王爷上层人士们前来劝阻他们，希望仍和'托茂'蒙古族团结相处，不要远离他乡等等，但他们已抱定了决心不听劝解挡回了各王爷们。然后启程经过了水峡迁到了上五庄附近的'达子营'村一带定居下来。"③ 2009 年编印的《海晏蒙古族旗志》亦载："19 世纪 90 年代，托茂公旗内部发生了一些矛盾。'托茂人'巴太日率领全部托茂人，星夜迁到海晏三角城一带。当地的蒙古族王爷前后挽留。巴太日等未听劝阻，又率众迁移到湟中县达子营及海子沟等地。"④

在这些叙述中，"水峡"是一个关键地点。水峡，又名水峡口，它是一个重要的通道，位于湟源背面，分属今海晏县的 74 牧场和湟中县上五庄镇，历史上是整体的一块。从西宁方向来讲，它是进入青海草原的入口，向西经过水峡口，便进入哈勒景草原；对于哈勒景草原的托茂公旗等蒙古部落来说，向东过水峡口便到了农区，上五庄一带在未开垦之前也是牧区，托茂人在此有很多亲戚朋友，"达子营"便是历史遗留的记忆，这里曾是蒙古人、托茂人——"海里亥达子"的旧地。从地理上来说，哈勒景草原的托茂人可以直接就近到达上五庄达子营，为何在海北蒙古记忆中是先到海晏三角城再到达子营一带，这个问题已无法考证，若此举属实

---

① 才仁加：《原海晏县"托茂"伊教群众的历史重新更正参考资料》，1988 年 5 月 20 日。
② 《马德容、马富元、马富海的谈话》，《新疆宗教研究资料》第十一辑，新疆社会科学院宗教研究所 1985 年版，第 41 页。
③ 才仁加：《原海晏县"托茂"伊教群众的历史重新更正参考资料》，1988 年 5 月 20 日。
④ 《海晏蒙古族旗志》编纂委员会：《海晏蒙古族旗志》，2009 年，第 83 页。

的话，只能推测是到三角城这个海北草原中心是为了召集不同部落的托茂人吧。

在海北蒙古人记忆中，托茂人到达上五庄"达子营"后，巴特力等三位首领即被清朝官府逮捕到多巴斩杀。多巴当时是西宁西川抗清的中心，上五庄距此只有20余千米，清军攻克多巴堡后，数万人被杀，这让周围回民不无惊恐，相距不远的托茂人之焦虑亦出于此。笔者推测，陶模奏折里的"驼毛茶根"就是海北蒙古族记忆中的"巴特力""巴太日"，因为"巴特力""巴太日"，在东蒙古中又称"巴特尔"，蒙古语是"英雄"的意思。关于"巴特力"等托茂头领在多巴被捕杀的记忆叙事，可能并非史实，一是历史文献中所说的托茂茶根，率部经青海草原逃到新疆投降受抚后被杀，如果此记忆由此而来那么是民众将时间、地点混淆了；二是此记忆可能来自雍正二年西宁北川之北塔蒙古回回支持罗卜藏丹津抗清导致头目阿布多、吴园厄尔克喀等被杀，即可能将人物混淆了。当然，如果海北蒙古人记忆属实的话，说明巴特力等三位首领在多巴被杀后，茶根继之成为托茂人的新领袖。

另外，陶模奏折中提到的统帅刘四伏是苏家堡人，而苏家堡又地处北川这个雍正初年有蒙古回回活动的地方，副统帅马吉是上五庄人，上五庄曾是托茂人的重要活动地。北川的刘四伏与西川的马吉有紧密联系，同是一个教派，地理上也很近，从苏家堡溯景阳川而上，翻过娘娘山口不远就到上五庄。光绪二十二年农历新年，西宁南川五堡被清军攻破，正月初七清军开始进剿北川，刘四伏率六万之众从苏家堡西逃到上五庄，汇合上五庄马吉所部和水峡托茂茶根所部。清军步步紧逼，"三十日会同邓增及奎顺所派马步共十六营旗，由苏家堡前进，节节搜剿，攻破白崖、懒红龙岭、牙壑、白石营、图巴营各贼巢，解喇课之围。初一日掩破梆巴，攻克那布藏等处，追杀至水峡外十余里，先后擒斩阵毙及自焚投河者约四五千人。因雪深路窄，恐为所算，故未穷追。拟即进攻上五庄。"[①]

（二）逃亡与重生

因为托茂人熟悉青海草原，所以很可能对刘军逃亡路线起引领作用。关于为什么逃亡新疆，托茂人记忆言："当时托茂人有这样一种说法：

---

① 佚名：《西宁军务节略》，石印本，北京图书馆馆藏。

'我们的根子是缠头,从新疆来的,还是回新疆去吧'。"① 由水峡进入茫茫草原,刘四伏部便在哈勒景遭遇蒙古水峡贝子旗(绰罗斯北中旗)、托茂公旗及刚察藏兵堵截。"上五庄回匪于二月初被官军击败,逃窜青海格德格地方,遵饬各派蒙番兵丁,在要口堵截。贝子纳木希哩并刚咱族千户拉麻拉夫坦等,率蒙番兵丁,遇贼接仗。回匪万余,寡不敌众。贝子纳木希哩阵亡。蒙番兵丁阵亡百余名,各旗族牲畜什物均被抢劫。"②

关于这支湟回和托茂人逃亡新疆的路线,闫天灵做了深入研究。刘四伏、托茂茶根等率部出水峡后,沿着青新驼道直西而行,经过青海湖北岸,进入柴达木盆地。在柴达木盆地先是遭到青海王旗(和硕特西前旗)和可可郡王旗(和硕特西后旗)拦截,冲破堵截后继续西进,又遭遇可鲁沟扎萨旗(和硕特北右末旗)堵截,后遭遇可鲁沟贝子旗(和硕特北左旗)拦截。在所有蒙旗堵截中,可鲁沟贝子旗拦截相对要强一些,但也被冲破③。

关于这段历史,民国学者马鹤天如是说"西宁回酋刘四伏尤为强悍,陶摸遣兵授巴燕戎格,董福祥亦帅师西援,魏光焘军临湟水。二十二年,董福祥率军进驻西宁,专任剿抚,令潘效苏督诸军,略北大通营,破回众十六庄堡,回势已挫。会魏光焘亦定西北各处,蒙古盟长番族千户等亦率蒙番兵迎击,时口外盛雪严寒,回众无所得食,饥冻毙者甚多,刘四伏等见势不支,遂向西分奔安西敦煌等地,陕甘总督陶模派道员潘伏苏分兵由扁都口进击。西宁办事大臣奎顺,饬大通驻牧之右翼正盟长郡王棍布拉布坦、公齐克什扎布、台吉丹巴、台吉齐模特林增,及阿里克族百户格拉哈官布等,亲督蒙番兵,会合官军,分途防剿,刘四伏率众西奔,饬众降于贝子恭车布坦旗,安插管束,青海肃清。"④

就此,李耕砚、徐立奎在 1982 年左右调研时托茂人的记忆可佐证:"据说,这部分人在经过水峡河时,前遇峡隘,后有追兵,峡内又陡峭难行,人马拥挤,有不少人被挤落水,致使水峡河一时为之断流。到达柴达

---

① 李耕砚、徐立全:《青海地区的托茂人及其与伊斯兰教的关系》,《世界宗教研究》1983年第1期。
② 佚名:《西宁军务节略》,石印本,北京图书馆馆藏。
③ 闫天灵:《河湟回族起义军余部西进祁连山、阿尔金山路线及战事考》,《中南民族大学学报》2011年第6期。
④ 马鹤天:《青海之沿革》,《开发西北》1935年第3期。

木后，又遭到当地蒙古王爷部队的堵截，人强马壮的走往新疆，老弱妇孺被迫投降可鲁沟贝子，有的人沦为奴隶，也有的入赘为婿。"① 可鲁沟贝子，是顾实汗第八子桑戈尔扎之次子索诺木达什受封的称号②，托茂人称之为"柴旦王爷"，也即柴达木王爷，青海托茂人对他至今记忆深刻。托茂人口中的"柴旦王爷"，名恭布车布坦，托茂民间关于流落柴旦王爷处的记忆很是鲜活：

> 托茂人不怕千辛万苦，又走上了流离失所的逃难到路，先经过水峡、海晏、刚察、天峻等地，日以继日奔到了海西柯鲁苟蒙古族地区。但因路途遥远食粮特别困难，一位老人名叫由拉大爷（他是现在胡晒的祖父），打发自己的两个儿子一叫六二、一叫亥必，前去柯鲁苟偷找吃粮，谁知这兄弟二人做贼不妙被当地的蒙民发现捉住了！经过拷问他二人会说流利的蒙古话，并说出了根源："就说我们原是'托茂'家的人，后面多人明天要到此地的等。"在这实际情况之下，（蒙民）将六二兄弟扣留下来没有放回，专等后面的多人。第二日果然来的人马不少。当地蒙民不敢近前从远处高声叫了由拉大爷说"你若投诚就好，不然将你的两个儿子非杀了不可！"由拉大爷一听见捉住了两个儿子，他哪有不惊的理，为了救活亲生儿子当时回答说："我愿投诚。"几户贫寒人家无力再跟随众人逃跑，也投诚柯鲁苟了。③

过了柴达木盆地后，在翻越宗务隆山、喀克图蒙克山、党河南山三座海拔4000米以上的雪山中，刘四伏、茶根所部人员饿死、冻死者众多，遭受严重人口损失。据清军奏报，这部人马"由青海柴达木窜王子营，为蒙兵所阻。值三月大雪封山，无处掠粮，冻死饿死以数万计。四月初始窜出山，尚存二万余人，能战者四五千人。"④ 就此，如今的新疆托茂人

---

① 李耕砚、徐立奎：《青海地区的托茂人及其与伊斯兰教的关系》，《世界宗教研究》1983年第1期。

② 青海省志编纂委员会：《青海历史纪要·青海蒙古族二十九旗表》，青海人民出版社1980年版，第265页。

③ 才仁加：《原海晏县"托茂"伊教群众的历史重新更正资料》，1988年5月20日。

④ （清）朱寿朋：《光绪朝东华录》（四），中华书局1958年版，第3887页。

还记得先人述说时的心有余悸，20 世纪 60 年代，青海省海北州托勒牧场负责狩猎的托茂人曾到过党河（黑海）一带，在南山看到了很多人骨、畜骨。

几经天灾和战亡，光绪二十二年七月初，刘四伏、托茂茶根行至新疆罗布泊后被围投降接受招抚，此部七八万人一路折损到此时只剩 300 余人，托茂茶根等头领受刑而死。新疆巡抚饶应祺报告称："臣于七月二十七日饬将刘四伏凌迟处死。马吉、茶根、马起溃、冶正山均斩枭示众。以伸国法而快人心。"① 1985 年新疆托茂人马存林在写给青海托茂人的信中说，当时逃来的托茂人只有 30 多户 60 多人。1 户平均人口数不足 2 人，但就整体人口损失情况而言，托茂人存活率相对较高一些，这跟他们更适应草原、雪山、戈壁等地理有关。

这批受抚者先是被安置在新平县，也即今天巴音郭楞蒙古自治州尉犁县一带屯田。光绪二十九年（1903 年）焉耆知府刘嘉德迁这部分人徙居焉耆马场台，马场台遂改名"抚回庄"，也即今天的焉耆县永宁乡。因托茂人是青海和硕特蒙古旗民，讲蒙古语过放牧生活，在焉耆盆地驻牧的和硕特蒙古右旗王爷、扎萨克头等台吉贡噶那木扎勒进得到信息后，便与焉耆官府交涉，收托茂人为自己的属民，将他们被安置在与永宁乡相邻的博斯腾湖西部的宝浪苏木，即今天的博湖县查干诺尔乡。在从事畜牧业生产中，部分托茂人因移牧需要后定居在今天的和硕县乌什塔拉回族民族乡，这便是今天新疆托茂人的来源和最初分布。而招抚在柴达木可鲁沟贝子旗的"饬众"等，繁衍了今天青海的托茂人。

四 人口统计与托茂人的现代适应

（一）新疆人口统计及走向

1985 年 4 月 29 日，查干诺尔乡托茂湾的马德容等回忆说："给和硕特王子当百姓以后，生活比较安定，渐渐地，畜群有所发展，大家都过得比较好了。这时，马仲英来到南疆，把我们全部年轻人都抓去当兵，紧接

---

① （清）朱寿朋：《光绪朝东华录》（四），中华书局 1958 年版，第 3888 页。

着又来了盛世才的军队。托茂家的人在战乱中四下逃避,牲畜也丢光了。被抓去当兵的人大部分在和田被杀掉,极少数的人逃了出来。直到盛世才离疆,国民党的部队进疆,我们这一带不打仗了。逃散的人才慢慢又回到这里。这时,大多是光身一人逃得活命,牲畜、财产都没有了,于是只好给人下苦力或种田。"① 也即,在1903年至1932年,托茂人在博斯腾湖边安定下来不到30年,1933年军阀马仲英兵过焉耆时,不少托茂青年男子被抓兵掳走,剩下的老弱妇孺,随后又遭军阀和加尼牙孜、盛世才队伍的骚扰,苦不堪言,人口不断减损。直到1944年国民中央政府接管新疆后,托茂人的生活生产重新安定下来,人口开始恢复。

老照片:海晏牧民搬迁托勒牧场途径默勒河畔(1958)

新中国成立后,博湖县方志办工作人员的统计资料显示,1952年博湖县托茂人有35户、181人②。20世纪80年代,新疆托茂人感于改革开放春风萌生申请成立单独民族的想法,为此专门做了人口统计,他们在1985年给青海托茂人的来信中说,新疆托茂人有80多户、510人。1991年博湖县有关部门就托茂人专门进行过一次统计,当时博湖县有托茂人69户、405人,由博湖外迁的有26户(人数不详)③。20世纪90年代之后,焉耆、博湖两地的托茂人,较多的流动到乌鲁木齐、昌吉、库尔勒等

---

① 《马德容、马富元、马富海的谈话》,《新疆宗教研究资料》第十一辑,新疆社会科学院宗教研究所1985年版,第41页。
② 马登青:《博湖县的托茂家》,《新疆地方志》1994年第3期。
③ 马登青:《博湖县的托茂家》,《新疆地方志》1994年第3期。

地，加之各地托茂人对自己身份认同逐渐淡化，没有个人或组织志于群体文化历史和人口统计。是故，笔者 2009 年 7 月在焉耆、博湖调研时，当地托茂老人粗略估算的数目是 70 户、400 人。这比 20 世纪 80 年代还少 100 余人。等到 2019 年 7 月，当地托茂人告诉笔者，博湖、焉耆两县的托茂人只剩 40 余户、近 200 人。人口减少与认同弱化交互作用，再过若干年，除了"托茂湾"这一自然村的地名外，托茂人在博斯腾湖边很可能只是一缕历史记忆了。

（二）青海托茂人口历史

在青海，投诚可鲁沟贝子旗的 9 户托茂人，也就是文献中所言的刘四伏所部"饬众"，在柴达木一带为贝子王爷放牧五六年时间后，经托茂公棍楚克拉逊多布交涉，8 户托茂人又成为托茂公部落的属民。在才仁加、王树中等人看来，这 8 户人家本来是托茂公旗属民，因此理所当然是重新"回"到了南右后旗。前文已论述，托茂人并不限于南右后旗，那么我们如何解释这一现象呢。笔者以为，这 8 户托茂人多数原是南右后旗人的可能性较大，因为各种记忆显示，当时该旗有 200 多户托茂人跟随茶根而去，若按每户 5 人计算的话，约有 1000 人，这说明南右后旗的确是托茂人最多的一个旗。当然，经过光绪二十二年托茂人之出走和战争，南右后旗人口极端匮乏，亟须争取更多人口以壮大部落。流落在可鲁沟贝子旗的托茂人，无论是否之前是南右后旗的属民，也愿意为改变地位来到该旗。到宣统元年（1909 年）当局人口统计时，南右后旗只有 20 户人口，其中应该包括这 8 户托茂人。

在可鲁沟贝子旗中还有 1 户托茂人，当时没有"回"到南右后旗，很可能是因为其并非该旗属民。文献显示，即使在此之后，南右后旗也并非是唯一有托茂人的蒙旗。在 1933 年黎小苏之《青海之民族概况》中记载：在和硕特西右中旗（台吉乃扎撒旗），"本旗有民百余户，汉番及缠回亦伙"；在和硕特北右末旗（可鲁沟扎撒旗），"本旗有民八百余户，汉民三百余户，回番亦有，多以游牧为生"；在和硕特北左翼旗，还有"土耳其、缠回、番族"等①。1994 年版的《海晏县志》亦载：和硕特北后

---

① 黎小苏：《青海之民族概况》，《新亚细亚》1934 年第 2、3、6 期。

旗，俗称宗贝子旗，在 1959 年有 18 户 80 多人，其中 1 户为托茂人①。

8 户托茂人加入南右翼后旗不久，年长的托茂由拉又将身在湟源年幼的大汗七哥兄妹二人以及在海南藏区的唐古特舍尔巴一家，召归到南右后旗。这个唐古特舍尔巴，应该是唐古特人，显然是学界所言的藏回。另外，据托茂人记忆，民国初年时一位名叫马八十的回族人，据说作为税务官到柴达木一带征税，发现可鲁沟贝子旗托茂人者哥一家，遂让可鲁沟王爷派人将者哥一家送往南右后旗，之后马八十辞去公职定居南右后旗。如是，南右后旗集聚了由拉、大三哥、托娃（女）、大汗七哥、六十九、祖拜、大帐房阿奶（女）、者哥、唐古特舍尔巴、马八十等托茂人家。从此，托茂人在南右后旗人数占到一半以上，南右后旗乃成名副其实的托茂公旗。

经过安定生活和休养生息，新加入托茂公旗的二代托茂人在民国出现了几位很出名的人物。他门分别是祖拜之子托茂阿尕、托娃之子托茂三哥、海比之子托茂胡赛等。至今托茂公旗的蒙古人都认为这几位为人正派，对本部落发展起到了正作用，"群排力王爷虽然能力不大，但（在）这几位帮手的协助下任何事情不感格外困难。主要本部落中的蒙回族群众对这几位人士非常信任。这几位在任何场合不干坏事。到马步芳统治青海时对这几人也很瞧得起的，但他们几人在本部落周围的各蒙旗之间经常团结和睦的。"② 据王树中回忆，清中后期因为部落人口少，托茂公旗在札萨克旗长之下，不再设立协理等职，只设两位章京，分别由佛教徒与伊斯兰教徒担任。在 20 世纪三四十年代，托茂公旗的佛教徒章京是帕藏、伊教徒章京是托茂阿尕③。

自雍正二年以后，清廷对青海蒙古实行盟旗制度，此制度中有各盟旗报送人口要求。自民国成立直至 1929 年青海建省，政府和组织再没有做过蒙古部落的人口统计。是故，民国关注青海蒙古的学者无不感慨："蒙族人民，对于调查户口，恐政府别有作用，不报实数，故蒙藏户口究有若干，知之甚少。"④ 1929 年青海建省，特意"户口调查"，但效果不佳。"青海人口，难得精确之调查统计，十八年青海省民政厅曾令各县切实举

---

① 海晏县志编纂委员会：《海晏县志》，甘肃文化出版社 1994 年版，第 493 页。
② 才仁加：《原海晏县"托茂"伊教群众的历史重新更正参考资料》，1988 年 5 月 20 日。
③ 王树中：《托茂人考略》（未发表草稿）。
④ 《青海蒙旗户数》，《西北评论》1932 年第 2—3 期。

行户口调查，翌年办竣，据其报告，全省人口总数下表。……上表所列，自然难谓精确，尤其同仁、都兰、玉树各地，多属游牧民族，迁移无常，调查困难，故仅为估计数目而已。"① 1939 年，黄奋生在《蒙古人口统计》一文中称南右后旗有 520 余户、2800 余人②，显然不确。

据 1929 年出生的托茂人韩生阴说，到 1942 年时托茂人大概发展到 40 户、180 人。然而天灾又至，1942—1943 年，海晏、湟源等地爆发伤寒疫情，许多人不治而亡，草原人口急剧下降。在这次大瘟疫中，几近半数的托茂人患病死亡，其中托茂头人托茂阿尕及其全部家人因此去世而绝户。韩生阴还说，那一年，他的亲人中就有 7 人因染疾而亡。1948 年时，吴均在《青海蒙古户数今昔至比较》中称，南右后旗共有 50 户人，未提及托茂人数③。1951 年西北民族事务委员会所做的历史调查，数据确切可信，其报告《解放初期海晏县蒙旗乡社会历史调查》记载：和硕特南右后旗，原属左翼盟，一百多年前由共和县察哈营盘移来，现有 51 户、269 人，其中有 28 户、130 多人信奉伊斯兰教（托茂人）④。

至 1957 年时，据《海晏县志》记载，托茂公旗有 81 户、309 人，其中托茂人是 52 户、169 人⑤。"52 户"之说，不确，可能是 32 户之误写。据韩占龙 1982 年跟托茂老人胡赛等询问，1958 年托茂人口大约是 31 户、175 人。1958 年 10 月由于国防建设的需要⑥，政府将居住在海晏哈勒景等地区的 1279 户、6700 名蒙古族、藏族、汉族、回族等牧民及各类牲畜 155473 头（只），迁往托勒牧场、刚察、祁连、湟源等县⑦，其中有 397 户、1752 人迁往海北州托勒牧场⑧。当时托茂人除了 3 户社会成分较高者

---

① 魏崇阳：《西北巡礼》，《新亚细亚》1934 年第 5 期。
② 黄奋生：《蒙古人口统计》，《蒙藏》1939 年第 22—24 期。
③ 吴均：《青海蒙族户数今昔至比较》，《和平日报》1948 年 7 月 25 日。
④ 西北民族事务委员会：《解放初期海晏县蒙旗乡社会历史调查》，青海省海晏县档案馆，1951 年。
⑤ 海晏县志编纂委员会：《海晏县志》，甘肃文化出版社 1994 年版，第 492 页。
⑥ 这里说的"国防建设"即中国原子基地二二一厂，现国家已公布其厂址，青海海北州已将其开发为重要旅游景点——中国原子城。
⑦ 海晏县志编纂委员会：《海晏县志》，甘肃文化出版社 1994 年版，第 27 页。
⑧ 祁连县志编纂委员会：《祁连县志》，甘肃人民出版社 1993 年版，第 25 页。祁连县档案馆《关于海晏县 1958 年移民遗留问题处理意见的报告》中的数字是 461 户、2183 人（包括托勒牧场 138 户、635 人）。

留下在军工厂做牧工外，其他托茂人大都迁徙到托勒牧场。1959年国营托勒牧场管理者从这批迁移者中选出一些放牧能力较好者，成为了牧场工人。其他的人则迁往祁连县野牛沟、青阳沟等地进入当地农事队。不久，祁连县野牛沟农事队"场社分家"，一些托茂人又迁徙到如今的祁连县默勒镇。自此托茂人分散于如今海晏县甘子河乡、湟中县上五庄镇、祁连县的央隆乡（原海北州托勒牧场）、祁连县默勒镇、野牛沟乡等地。

（三）人口统计及现代意义

1980年，新疆托茂人与青海托茂人取得联系一事，鼓励了青海托茂人的统计热情，曾做过生产队村支部书记的韩占龙便开始了他的历史文化整理工作，如今他是托茂人和学者公认的托茂历史文化的内情者，自1981年关注自我族群历史文化起，迄今为止40年间，做得最多的工作是对分散在祁连、海晏、湟中等地的托茂人进行人口统计。1982年，在第三次全国人口大普查背景下，他访谈耆老，制作了《从大柴旦返回海晏的八户托茂人的基本情况》《一九五八年居住在海晏县哈勒景乡托茂人及马八十囫腾人口的统计》《托茂人三大家族男性人口及后代姓名住址情况统计》等表格。据他统计，1982年分散各地的托茂人共有89户、547人，其中男279人，女268人。

2000年开始，韩占龙制作了托茂人人口统计表，发放到各地，以收集人口数据。据他不完全统计，2004年青海托茂人有276户、1422人，其中祁连县央隆乡有105户、564人，男性291、女273人；祁连县默勒镇有60户、270人，男性140人，女性130人；祁连县野牛沟乡有63户、333人，男性156人，女性177人；海晏县托勒乡36户、190人，男性97人，女性93人；湟中县上五庄乡有12户、65人，男性37人，女性28人。

正因为不懈地人口统计工作，为青海托茂人的特色保持做出了贡献，这与新疆托茂人明显不同，因为新疆托茂人不再热衷历史文化的追寻和人口统计等工作，相关的身份认同和社会关注度不断弱化，特色日益消失，学界的关注亦少。而青海托茂人在韩占龙等人的持续努力下，加之身在蒙藏地区，尤其随着祁连等地旅游业的兴起和旺盛，托茂人不仅受到学界的关注，社会各界也予以报道。由于青海托茂人自身不断努力，以及学界和社会的持续关注，加之祁连县政府出于对历史文化和旅游资源的考量，于

2018年9月13日批准成立了"托茂人文化研究协会",这对青海托茂历史文化的延续有重要意义。

牧区人口与现代性相遇,衍生新的现象。由于20世纪80年代牧区实行了家庭承包责任制,将集体所有的牲畜"作价归户,户有户养"、草场承包到个人,使得托茂等牧民的人口发展出现新趋向。承包责任制之前的无计划生育和之后的草场固定,使新增人口对自然资源的压力增大,各户都面临草场短缺的情况。在牧区,如果一个牧民的子女结婚并另立新居,父母就得把自己的牲畜和牧场分出一部分给他们。子女很快又有了自己的子女,这样一代代分下去,牧场只能越来越小。牧民开始对可能出现因草场不足而导致的劳动力过剩而担忧。

早在20世纪40年代,有学者就青海牧区人口与生存发表看法:"西陲地方,地势高,气候寒冷,适于游牧而不适于耕种,可以耕种的地面仅限于低谷,这种低谷面积有限,故耕地极少,谷产极微。游牧生活当然不能支持广大人口。西陲人民的生活,已够艰苦,他们的知识又落后,不懂得科学方法利用土地,如人口再行增加,则生活更当困难。"[①] 人口学家卡尔-桑德斯认为:"无论是史前民族(指无文字的民族)还是有史以来的民族,都有一个与环境和经济发展水平相适应的最适宜人口(optimum population),倘若超过或没有达到这个程度,社会文化机制就会通过自身的调节,使之趋向于这一程度。"[②]

事实上,在国家政策推行的同时,托茂人适应形势也意识到这一点,不得不考虑计划生育问题。2008年2月笔者在调查中感触很深的是,大多数牧民都已经接受了"两个孩子"的政策甚至只生一个孩子的生育观念。田野调查中,一村委会干部对笔者说:"在过去,包括我在内,对国家的计划生育政策不理解,认为我们少数民族人口少,应该让我们多生,现在看来,人口多了,但草场并没有增多,也就富裕不起来。现在大家都想通了,一般都认为生两个孩子最好。"2008年祁连县野牛沟乡33岁的托茂人买素木说:"我们这里的计划生育搞得好呢,现在我们这一代人,家里一般都是两个娃娃。现在人都聪明了,知道娃娃多了草场不够用,生活也就好不了。关于生男生女,我们牧民不是很讲究,儿子女儿都是自己

---

① 李式金:《西陲喇嘛教盛行的原因》,《新西北》1945年第4—6期。
② [英]亚·莫·卡尔-桑德斯:《人口问题——人类进化研究》,宁嘉风译,商务印书馆1983年版,第132页。

祁连县野牛沟乡计划生育宣传广告片（2005）

的孩子。也有些人希望养儿子，但也不是非要不可。"

文化习惯本身不是静止的，它与物质条件的关系是可适应的。随着牧民人口意识的现代适应以及国家计划生育政策在牧区的实施，托茂人口的增长出现放缓的趋势。近年，托茂年轻人从各种自媒体看到各种放开生育的说法，也不再心起波澜，表示生多养不起，与城市青年态度几近一致。随着定居以及城镇化，牧民越来越注重孩子的国民教育问题，在此文化观念支配下，托茂的人口质量和受教育程度得以提升。2016 年，韩占龙所做的最新的一次统计数据显示，青海托茂人口共有 423 户、1495 人。与 2004 年相比，经过 12 年，托茂人口总数只增加了 73 人，这些增加人口更多是因为近年通信媒介发达，将之前未能统计到的人加了进来。此与托茂人及其学者之前估算的 2000 人，有较大的落差。与此同时，托茂人的教育获得了较大提升，在 1982 年，托茂人还没有一位大学生；2004 年时有大学本科学历或在读大学生者 9 人、大专 17 人；2016 年有大学本科学历或在读大学生 47 人，大专或高职生 17 人。

另外，民间的托茂人口统计有这样一个特点，只要父母一方是托茂人并认同是托茂人者，都在统计之内。众所周知，在游牧群体中少有重男轻女思想，历史上青海蒙古和托茂人流行的赘婿婚及女孩出嫁时可获得草场牲畜即是例证。不过，2016 年的统计人口数据，让韩占龙忧虑的是，在 1495 名青海托茂人中，男性 730 人、女性 765 人，与 1982 年和 2004 年相较，第一次女性人口超过了男性人口，而且在 12 岁以下人口中，女孩远远超过男孩。此种忧虑之情可以解释为自改革开放以来，随着托茂人定居化和城镇化不断加深，浸染了农业民族重男轻女的思想，但更主要的是随着托茂女孩嫁入其他农业民族，在相对男权占优势的社会里，其孩子对托茂人的认同就会淡化，进而使得认同托茂者会不断减少，韩占龙等担心这最终会导致托茂人口危机。

还值得注意的是，与2004年相较，虽然2016年托茂总人口几乎没有增加，但户数增加很多，从2004年的276户增加到423户，2004年托茂人平均每户为5.15人，2016年托茂人平均每户为3.53人，这说明托茂人的家庭结构发生较大变化，家庭人数趋于变小，核心小家庭成为主要家庭形式，此种变化及之后反映的社会思想变化，都值得进一步关注。综上所述，我们看到，人口与人口统计是群体生存延续的关键。从文化、经济、历史等各个方面看，人口是经济发展的重要指标、文化现象的载体以及历史发展的重要表征，人口的变动势必会影响整个社会的文化变迁。

第五章

草原沧桑：托茂人的传统生计

托茂人的一个重要特质就是从事畜牧业生产，畜牧是托茂人之所以成为托茂人的必要要素。托茂人作为牧民，他们的生计生活跟畜牧、移动、草原密切相关。中世纪著名历史学家伊本·赫勒敦曾说，人们谋生方式不同造成了他们生活环境的差异，有的人从事农业，靠种植蔬菜、谷物为生；有的人从事畜牧业，靠畜养牛羊为生，从事畜牧业的人不可避免地需要牧场[1]。在人类早期，畜牧生产主要依托游牧，畜牧是一种移动的生计方式，游牧创造了草原的历史，也为人类提供了一种特别的生活方式。

一 畜牧春秋：牲畜、流动与草原

（一）游牧与游牧的起源

什么是游牧呢，不同语境中有不同表述和界定。费孝通先生通俗地指出，草原上的人们自古以来就流动迁徙，当他们还没有把牲畜驯服时，生活也不一定像现在一样。自从有了牲畜，他们就开始居住不定了。牲畜一面走一面吃草，一个地方的草吃完了就得到另一个地方去。牲畜走，人跟着走，住处不能固定在一个地方，常要搬家，这就叫游牧[2]。移动是游牧一个重要的特质，马克思指出："游牧，总而言之流动，是生存方式的最初的形式，部落不是定居在一个固定的地方，而是在哪里找到了草场就在

---

[1] Ibn Khaldun, *The Muqaddimah*: *An Introduction to History*, New York: Princeton University Press, 2004.

[2] 费孝通：《费孝通民族研究文集新编》上卷，中央民族大学出版社 2006 年版，第 177 页。

哪里放牧，所以部落共同体，即天然的共同体，并不是共同占有和利用土地的结果，而是其前提。"①

不少学者试图探寻游牧的起源，但是在人类历史上，游牧人群并没有留下多少遗迹，以至于考古学家无法考证他们的早期存在。一般认为，畜牧业生产这种生计活动方式最早出现于1万年前的西亚，它的历史并不比农业悠久，而且越来越多的学者倾向于认为，畜牧业本身是从农业分离出来的。就生产的性质而言，畜牧和农耕其实都是一样的，两者都是在驯化特定物种的基础上成立的生计活动方式②。从这种意义上讲，畜牧业的诞生，是人类社会的一次大分工。王明珂认为，在人类发展到一段阶段，游牧成为农业边远地区的一种特殊适应，也是人类文明发展过程中的一个重要进步③。

提着木制小奶桶、穿着蒙古袍、戴着盖头的托茂妇女

综而观之，大多数社会人类学家和历史学家认为，游牧生计是畜牧和种植专业化及整合的结果，而这种专业化和整合只有在复杂社会发展起来以后才有可能④。美国考古学家法兰克·霍尔（Frank Hole）对西亚代赫

---

① ［德］马克思、恩格斯：《马克思恩格斯全集》第46卷，人民出版社1979年版，第472页。

② 阿拉腾：《文化的变迁：一个嘎查的故事》，民族出版社2006年版，第53页。

③ 王明珂：《华夏边缘：历史记忆与族群认同》，允晨文化实业股份有限公司1997年版，第113页。

④ ［澳］罗杰·克里布：《游牧考古学》，李莎、唐仲明、于彭涛译，郑州大学出版社2015年版，第8页。

洛兰平原史前遗址研究后认为,从美索不达米亚而来的灌溉农业人口源源不断涌入亚述大草原后,大概于公元前6000年,当地固有的旱地农业和畜牧混合的生存模式只好进入不适合灌溉的地区。"一旦认识到灌溉农业的产量更高更可靠,把绝大部分牧群移至平原的边缘和更好的山地牧场,就是再合适不过的事情了。为了不让动物进入田地,并让它们在更加凉爽和肥美的牧场吃草,这种自然的分离对农业和牧业都是有益的。"①

哈维兰从整体观出发,认为畜牧生计是对大草原、山区、沙漠,或其他初农文化与农业所不能适应的地区的适应②。这种说法,在青海和青海湖周边地区是适用的。

(二) 青海畜牧史

青海,在最初的华夏认知中,属于"三危"之地,春秋及其之前是为"羌地",人种有羌、有戎、有氐等。历史早期的人类遗迹,在青海湖周边较少,但是跟青海湖地区临近的河湟地区较多见。青海河湟地区,如今更多被称为青海省东部地区,位于青藏高原的东北边缘。考古资料显示,生活在河湟地区的是马家窑文化的人群,出图的文物不但有陶器、石器、兽骨、粟类,还发现了聚落遗址,说明在畜牧、狩猎之外,当地主要过的是定居农业的生活。等到公元前2200—前1700年时,也即齐家文化时期,河湟地区定居农业生活达到顶峰。由于人口增多、资源不足以及全球气候的干冷化,尤其是不定期的干旱和突来的暴风雪,对定居的农民造成致命的打击,为适应新形势,当地人的农业活动开始减少,畜牧业开始增多,一些人甚至发现迁到更高的地区,依赖马、牛、羊等过活,也是一种不错的谋生之道,如此河湟地区逐渐游牧化③。

畜牧伊始,由于人少地广,而且牲畜数量较少,因此在不大的范围内

---

① Hole, F, *Studies in the Archeological History of the Deh Luran Plain: The Excavation of Chaga Sefid*, Museum of Anthropology, University of Michigan, Ann Arbor, Memoir No. 9, 1977.

② [美] 威廉·A. 哈维兰:《当代人类学》,王铭铭等译,上海人民出版社1987年版,第345页。关于哈维兰的观点,汉代河湟地区之羌人畜牧可为例证。《后汉书·西羌传》记载,汉宣帝元年(公元前73年),先零羌首领豪向汉朝治羌官员曾提出要求:"愿得渡湟水,逐人所不田处以为畜牧。"

③ 王明珂:《华夏边缘:历史记忆与族群认同》,允晨文化实业股份有限公司1997年版,第98—109页。

自由放牧就可以解决饲料问题。随着畜牧业的发展和人口的繁衍，尤其是牲畜数量增加到原有草场难以容纳时，为了解决牲畜与草场、人与自然的矛盾，人们就不得不开辟新的草场。我们推测，随着畜牧业的发展，河湟地区的牧民，不断向高海拔、寒冷的高原草场蔓延渗透[1]，及至汉代时，牧业人口已具规模，并产生了较大社会影响力，汉文文献开始记载关注之。在汉代文献中，此地已是专事放羊的羌人之地[2]，生活着以畜牧业为主的人群了。据王明珂梳理，作为一种人群称号，"羌"在商代甲骨文中已经出现，但在先秦文献中，"羌"的记载极少，到了汉代，因与汉帝国发生长期的血腥冲突，文献才对这个群体有了详细记载[3]。

虽然《史记》中有了"羌"的记载，如《六国年表》"故禹兴于西羌，汤起于亳"，《大宛列传》"今使大夏从羌中，险，羌人恶之"等语句，但此"羌人"并非河湟地区的羌人。到了《汉书》时，关于"羌"的记载多了起来，尤其在汉昭帝、汉宣帝时期（公元前86—前49年），中原势力进入河湟地区，汉朝积极向湟水河谷移民，引起"土"与"客"的冲突，进而引发汉朝与河湟羌人的战争，《汉书·赵充国传》有详细记载[4]。不过，关于包括河湟在内西羌之地的生计、习俗等阐述最为详尽的当属《后汉书·西羌传》，是书记载："西羌之本，出自三苗，姜姓之别也，其国近南岳。及舜流四凶，徙之三危，河关之西南，羌地是也。滨于赐支，至乎河首，绵地千里……所居无常，依随水草。地少五谷，以产牧为业。"[5]

《后汉书·西羌传》的记载还显示，汉代西羌之地的畜牧业已经非常

---

[1] 最新的古 DNA 研究，即从人类考古遗迹和古生物化石标本获取的古生物的遗传物质显示，5000 年前黄河流域的农业人群在中国北方传播农耕、汉藏语言和相关技术，在遗传上成为了藏族和汉族的共同祖先人群之一。见 Chuan-chao Wang, The Genomic Formation of Human Populations in East Asia, Nature, 2021-02-21.

[2] 羌，在《说文解字》里，被解释为"从羊从人"，是跟羊密切相关的人。作为一种人群称号，"羌"最早在商代甲骨文中出现。

[3] 王明珂:《华夏边缘：历史记忆与族群认同》，允晨文化实业股份有限公司 1997 年版，第 224 页。

[4] 王明珂:《华夏边缘：历史记忆与族群认同》，允晨文化实业股份有限公司 1997 年版，第 244 页。

[5] 范晔:《后汉书》卷 87，中华书局 1965 年版，第 2869 页。

发达:"畜牧为天下饶""畜至用谷量马牛"①。魏晋南北朝时,汉文文献中被称为鲜卑、羯、氐、突厥等非农业人群,进入西羌之地,北魏、南凉、北凉、西秦、吐谷浑等政权先后经营之,当地畜牧业进一步发展。《魏书·食货志》记载"世祖(北魏拓跋焘)之平统万,定秦陇,以河西之水草善,乃以为牧地,畜产滋息,马至二百万余匹,橐驼将半之,牛羊则无数。"尤其在吐谷浑之以青海湖为政治中心阶段,青海湖一带的畜牧业得到长足发展,而且受到中原王朝和史家关注,《隋书·吐谷浑传》称:"青海周回千余里,中有小山,其俗至冬辄放牝马于其上,言得龙种。吐谷浑尝得波斯草马,放入海,因生骢驹,能日行千里,故时称青海骢焉。"②

隋唐时期,中原王朝多次出击吐谷浑,并控制青海湖东部地区。之后,随着吐蕃崛起,"灭吐谷浑而尽其地",从此统治青海 3 个世纪。史载当时"畜牧被野",成为古代青海畜牧业发展极盛时期③。五代十国及宋代时,河湟地区被西夏所具,青海湖等牧区为唃厮啰控制。13 世纪蒙元帝国建立,统治阶级为少数蒙古贵族,青海湖主要为"番人"畜牧之地。元朝将全国划为 14 个群牧地(道),青海便是其一④。明朝时,青海湖依然是水草丰美的畜牧之地,《明史》记载:"西宁即古湟中地,其西四百里有青海,又曰西海,水草丰美。番人环居之,专务畜牧,日益繁滋,素号乐土。"⑤明朝中期,也即 16 世纪初,亦不剌、阿尔秃斯等蒙古部落进入青海湖地区,掀起蒙古部落经营其地 300 余年的历史,漠北、漠南、漠西都有蒙古进入青海,蒙古人成为环青海湖地区主要的畜牧人群。

经和硕特蒙古顾实汗之顶峰,历罗卜藏丹津之抗清失败,雍正初年,为了彻底地从政治上将和硕特蒙古打垮,清廷将青海蒙古分散成 29 旗,规定各旗各有疆界,越界则触犯刑章。"户籍有严密之厘定,人民不得随便转移。离旗为私逃,重者则处死刑。向日人民自由选择领袖,自由放牧之习惯,乃不复存在矣"⑥。划定旗地在蒙古社会历史乃至整个东亚历史

---

① "畜至用谷量马牛",即以山谷为单位计算牲畜,形容数量非常大。
② 《隋书·卷 83·西域传·吐谷浑传》,中华书局 1973 年版,第 1842—1845 页。
③ 张逢旭、雷达亨、田正雄:《青海古代畜牧业》,《农业考古》1988 年第 2 期。
④ 张逢旭、雷达亨、田正雄:《青海古代畜牧业》,《农业考古》1988 年第 2 期。
⑤ 《明史·西域二·西番诸卫》,中华书局 1974 年版,第 8539 页。
⑥ 吴均:《青海蒙族户数今昔之比较》,《和平日报》1948 年 7 月 25 日。

上具有至为深远的意义，对蒙古民族疆域空间观念的变化具有深刻的影响。正如陆亭林在1935年的一份调查报告中所言："蒙藏游牧民族，除佛教徒住有固定之寺院外均系依帐幕以为生，逐水草而居，但其各旗族于清初受有封土定明界址，永久驻牧，嗣后里有变更，亦须经政府划定疆界不得侵越，故各旗族只能在本区以内游牧，而邻近旗族之牧地不能逾越，是由游牧而进于驻牧矣。故本文中称帐幕经济而不称游牧者，请示区别也"[1]。

从世界范围来看，在现代民族国家之前，游动的畜牧方式曾经创造了繁荣的游牧经济，游牧经济的高效率也极大地刺激过游牧民族组织游牧经济的热情，从而也创造过辉煌的游牧文化。但是，到了19世纪之后，因为诸多原因，大规模、远距离的游牧在世界畜牧史上成了极少见的现象，曾创造了游牧辉煌的蒙古人也逐渐"牧而不游"，部落牧民的放牧范围随着部落范围的不断缩小而越来越小，游牧距离也渐趋缩短。到了20世纪50年代后，牧民只能在生产队范围内换点放牧。20世纪80年代家庭承包制下的畜牧业生产以家庭为单位，畜群的规模被家庭分割，牲畜也只能在自家的牧场内季节性流动，畜牧的模式因此发生了很大的变化。

二 生存策略：生态、适应与畜种

（一）草原、牲畜与人的互动共生

"畜牧业和农业经济的差异，不仅在于两者生产的东西不同，更根本的是，它们固有的生产过程不一样。"[2] 畜牧业涉及三种基本要素：牧场、牲畜和人。在祁连的访谈调研中，当地一牧民一语道破畜牧业三要素之间互存互生关系。他表述的大概意思是，很多人只知道牲畜是依靠草场而生存的，草场是牲畜是母亲，其实草场也是依靠牲畜而生存的，被牛羊吃过的草地，来年才会长出很好的草。他说，过去一位有名气的喇嘛有个很大

---

[1] 陆亭林：《青海省帐幕经济与农村经济之研究》，萧铮主编，《民国二十年代中国大陆土地问题资料丛书》（第41辑），台湾成文出版社1977年版，第20888—20889页。

[2] ［澳］罗杰·克里布：《游牧考古学》，李莎、唐仲明、于彭涛译，郑州大学出版社2015年版，第20页。

的院子，院子里的草皮和草质都很好，然而因为五六年无人居住，牲畜也不曾涉足，有一天院子主人回家，见院落里长满浓厚的干黄草，走进去时双脚却陷在了土里，原来草皮已腐烂，草场已退化为黑土滩。牧民们都懂得，没有牲畜啃食踩踏的草和草场，是不能长出好草的草场。被牛羊啃食踩踏的同时，牲畜排泄的粪便是非常宝贵的肥料，草场只有拥有了这些粪便作为肥料才能长出优质的鲜草。有学者说，从原始意义上讲，牧场绝不是自然的①，有了牲畜和人类，草原才成了牧场。

在祁连广泛流传着这样一个故事：在草场承包到户之前，默勒镇海浪村夏季草场中有一块草地因故变成黑土滩，很长时间没有人居住也没有牲畜出没，当骑马经过时马蹄子都会陷进黑土滩难以行走。1984年在草场承包草场划分时，这块地分到了才保家。对才保家来说，当时除了那块黑土滩其余都是山丘和湿地，没有一块平地可以扎帐房，因此他们不得不在黑土滩上搭起帐篷作为夏窝子，帐房用来住人，帐房周围则用来拴牛、圈羊。令人惊奇的是，没过几年那块黑土滩草皮逐渐恢复了，草质也变好了，长出了比其他人家夏窝子还要茂盛的草。就此，牧民孔吉的经验是："之前我们只知道牛羊吃草的道理，却忽略了它们'种'草的能力。"②

前文已述，成为牧民是部分人选择离开农业适应非农生产的结果，是对人类生产方式的一次拓展。这种生产生活方式，对不少人有很大的吸引力。譬如，即使到了明代，亦有汉地农人前往草原，觉着草原生活更"舒坦"的记载③。当然，与农业相比，牧业生产体系呈现出高度的不确定性，是故顺应时势、因适而为对畜牧生产至关重要。与畜牧生计是对生态环境的适应一致，畜牧经济活动其实也是畜牧者对特定环境文化适应的结果。不同的文化群体对生存场所的需求是不同的，对于游牧民来说，草原环境就是他们居住、营生、繁衍的场所。

---

① ［澳］罗杰·克里布：《游牧考古学》，李莎、唐仲明、于彭涛译，郑州大学出版社2015年版，第24页。

② 牧人：《草原：请听牧人说》，祁连山牧人（微信公众号），2020年9月5日。

③ 明朝王琼在《北房事迹》记载了这样一个故事。一日晨，五蒙古人走进烽火台，对守城士兵喊道："蒙古首领派我来此，查看你们那边为何牛车运行不止。"守城士兵应道："上司调集数千人运送谷物，欲攻打河套内的鞑子。"蒙古人又说道："吾等人数众多，尔等休想攻克我方。我乃韦州［汉］人，前来赠弓，以表诚心。"那士兵驳斥道："哦，如果你是韦州人氏，何不就此降服，回归故里？"那人答道："韦州事难，莫若草原舒坦。何须返家？"说着，他把弓箭交给守城的士兵，可守城士兵没有回赠弓箭。那"蒙古人"策马逃离。

（二）生态、适应与草原的生物

青海湖地区独特的地理生态和气候环境，生长出适应高寒湿冷的优良牧草，据《青海经济史》载，青海的天然牧草有"97科、474属、1616种。在草群中首先被家畜挑食的有68种，占总种数的4.2%；家畜较为喜食的195种，占总种数的12%；家畜愿意经常采食的有641种，占总种数的39.7%；家畜不喜食的有280种，占总种数的17.3%；家畜不采食的有432种，占总种数的26.7%。虽然优良牧草的种类不多，但在各种类型草场中占主导地位的则是禾本科、莎草科、蓼科、菊科等优良牧草"①。与其他牧区相比，青海草原的单位面积产草量较低，但由于高原辐射强、日温差大，牧草光合作用强、含糖量高，草质特别优良。因此，对青海地区牲畜的饲食而言，这些牧草营养价值较高，且适口性和耐牧性较强，有利于牲畜的生长和发育。

天然牧草，在祁连县有大范围分布。祁连县在青海湖的北边，隶属于海北藏族自治州，县境东西280千米、南北185千米，占地面积有1.4万平方千米，地域辽阔。祁连山支脉走廊南山耸立于县境西北，托勒山横贯县境中部，托勒南山、大通山横亘于县南，四条山脉构成祁连县多山地貌。境内平均海拔3169米，年平均气温1℃，年降水量约在420毫米之间，属典型的高原大陆性气候。境内黄河水系的默勒河和祁连山地水系的黑河、八宝河、托勒河等河流纵贯其间，形成优良的天然牧场。据统计，祁连县天然草原1679.29万亩，可利用草原1552.05万亩，是青海省重要牧业基地之一②。

祁连草原面积广阔，牧草等级较高，草场以山地草甸类草场为主，广泛分布于野牛沟、阿柔等纯牧业乡镇的山地、滩地上，草场的植物繁多，绝大部分为中生、湿中生植物，有小嵩草、矮嵩、针茅、嵩草、线叶嵩、苔草、早熟禾、花苜蓿、披碱草等，总盖度76%—90%。此类草场植物多数为小嵩草。毒草和不食杂草较少，可食牧草比例高，产草量高，草质优良。易于放牧各类牲畜，现大部分作为冬春草场。此类草场约占全县可利用草场总面积的45%。

---

① 翟松天：《青海经济史》（近代卷），青海人民出版社1998年版，第80页。
② 祁连县志编纂委员会：《祁连县志》，甘肃人民出版社1993年版，第5页；祁连县人民政府网，www.qilian.gov.cn/html/1303/246574.html，登录时间：2020-12-10。

其次是高原草甸类草场，它是祁连天然草场中的主要类型之一，广泛分布在托勒南山、大通山、峨堡大南山一带的冰川、石山下沿，海拔3900—4200米的山地阳坡、阴坡、滩地上，占全县可利用草场面积的23.66%。植物种类较多，多为中生、湿生多年生地面芽、地下芽草本植物。有矮蒿草、小蒿草、西叶蒿、藏蒿、苔草、冷蒿、风毛菊等。牧草营养较高，草质柔软多叶，适口性强，草场耐牧，是当下祁连县主要的夏秋草场。另外，祁连县还有高寒草甸类草场、灌丛类草场、山地高原类草场、高寒沼泽类草场、灌丛草甸类草场、沼泽类草场、森林类和疏林类等草场类型，分布在不同地理环境中，这些类型草场的天然牧草资源比较丰富、营养成分适中，可满足不同畜种在不同季节的牧养之需。

世界各地的游牧考古和畜牧民族志研究显示，地理和气候条件，决定某一地区畜养的物种。在祁连，有众多的野生物种，现今还有野牦牛、野马（驴）、盘羊、马鹿、白唇鹿、岩羊、雪豹、雪鸡、熊、麝、玉带海雕等20余种，古代的野生动物更多，不过被人类驯化的草原牲畜主要以牛、羊、马、狗为主。其中，牛的品种主要是牦牛。牦牛，史书称"犛"，根据体态、结构型貌等来看，应是由野牦牛驯化而来，有学者根据《穆天子传》载文"天子之豪牛、龙狗、豪羊以三十祭文山"推测，殷周以前，豪牛（牦牛）即为羌人主要家畜之一[①]。此说虽显牵强，但《汉后书》《晋书》等确有西羌之地"牦牛"的记载，说明牦牛在此地历史悠久。

作为高原古老的原始品种，牦牛性情粗野，敦煌吐蕃的法律文献显示，当时常有家养牦牛伤人之事。不过，这种富有野性的家畜既食低矮的小蒿草，也食具有毒性的各类杂草，习性特别坚韧，对高寒湿冷气候有较好适应性。牦牛用途广泛，既可为牧民提供肉、奶、酥油、奶酪等食物，又可提供皮革、毛、绒、角等衣物产品。与大漠蒙古人运输所依赖的骆驼相比，牦牛善于在高寒地区生存，是翻山越岭的理想交通工具，成年犏牛因粗壮坚实的四肢和灵活的蹄子，常能攀登高峻山峰，而被牧民用于驮运，因此又被称为"驮牛"，素有"高原之舟"的佳称。民国时期西北考察者言："番地产犛牛，大于耕牛，腹毛长委于地，故俗称毛牛，性耐寒，能负重，健胜驼马。"[②] 是故，在祁连草原，蒙古人和托茂人没有养

---

① 张逢旭、雷达亨、田正雄：《青海古代畜牧业（续）》，《农业考古》1989年第1期。
② 高良佐：《西北随轺记》，甘肃人民出版社2003年版，第57页。

殖骆驼者。

在古代，无论对牧民，还是农耕社会，马都是重要的乘骑工具，它的速度，让游牧民族在作战时占尽机动性优势，当然，驯化野马，主要是因为畜牧需要。有了马，使得牧民容易突破放牧范围的限制，可以在辽阔的草原大范围的流动，这种流动也促使游牧业的发展。青海草原，自古就以出产良马著称。成书于春秋时期的《诗经》中，有歌颂秦马之词。此中"秦马"泛指西北马种，不知是否包括青海马。不过，《汉后书》等史书记载的青海湖"龙种"宝马，让后人充满遐想。不但后来很多占据青海的地方政权在此育养良马，中原王朝也是在此地积极建设牧马场。

如今，祁连等地马的品种为浩门马，又称青海马，是蒙古马的一个支系，乃青海湖周边地区常见品种，由蒙古草原野马驯化而成，体貌美观，矫捷善走、性耐劳。另外，祁连还以产阿柔马而著名，阿柔马原系驻牧果洛的阿柔部落于1720年徙居祁连时带入，后经与浩门马配种繁育而成，面清秀、耳前竖、体形轻，对高海拔、高寒缺氧环境适应性强、持久力好、乘挽兼用。马在祁连草原，既是重要的交通运输工具，也是重要的役畜。

祁连的羊，多为藏羊，藏羊也称盘羊，俗称大头弯角羊，由野生盘羊驯化而成，对3000米以上高海拔地区有很好的适应性，是青藏高原的特有品种。考古资料显示，大约在新石器时代前，青海草原的人们，将捕获的野生盘羊圈养起来，经过长期的驯化逐渐演变为家畜。从青海出土文物中的绵羊毛的织品雏形等看，大约在距今4000年时，藏羊已被大批饲养，成为肉食和纺织品的主要来源[①]。由于高寒湿冷的气候环境，加之交通闭塞，外地品种引进不多，或引进亦无法适应，使得藏羊品种较好保存下来。20世纪90年代，出于羊绒价格高涨，祁连也曾引进过绒山羊等品种牲畜，不过2003年祁连县被政府划为藏系羊保留区，故不再引进其他品种羊只。

藏羊，性耐寒，体格大，体质强壮，耐粗放，行动敏捷，合群性强，善于攀登陡峻山坡。藏羊唇薄而灵活，能够充分利用低矮牧草，在冰雪覆盖草地后，能够啃食草根和扒开积雪采食，对当地毒草识别能力强，在海拔3000米以上的高寒地区具有良好的适应能力，故能长期繁盛而不衰。藏羊体毛长，毛质高，呈纯白者占90%以上，头肢毛被杂色占70%以上，

[①] 张逢旭、雷达亨、田正雄：《青海古代畜牧业（续）》，《农业考古》1989年第1期。

被毛大多呈毛辫结构，毛辫随年龄的增长而变短，历史上以"西宁毛"名满天下。藏羊毛具有纤维长、弹性好、强度大、富光泽、易染色等特点，是纺织长毛绒、提花毯、地毯的上等原料。藏母羊一生可产5—7胎，双羔率1%—2%，繁殖成活率68.86%[①]。历史上，是牧民主要的衣食来源，如今还是重要的经济来源。

在祁连草原，几乎每家都养狗，狗的品种为藏狗。2005年7月我初到野牛沟的夏季草场，一天早晨走出帐房，在感受青天绿草时，看到500米之外有两头"黑牦牛"，朝帐房方向走来，它们趟过小河，步速远胜一般牦牛，从身边不远处经过时，我方看清是两条藏狗。藏狗比较凶悍，其优选品种藏獒更是有"狗王"之称。狗跟牧民关系亲近，但不是畜牧牲畜，此不赘述。需要指出的是，在青海蒙古早期，曾保持一段时间的牧养骆驼习惯，但因气候、功用等原因而遭淘汰。早期也曾牧养过蒙古大尾羊，后被藏羊取代。

藏羊：青藏高原的特有品种

总而言之，祁连富饶的草场、牲畜畜牧业资源以及畜牧业，都是互相成就、互相适应的，它们是当地牧民赖以生产和生活的物质保障，也是牧民经营的结果。正如20史记30年代西北考察者安汉等人所言："青海地面辽阔，水草丰美，诚为天然之良好牧场，而蒙藏居民，素赖此以度其游牧生活，一切衣食用费，即源于此。"[②]

青海草原的牧民、牲畜在高寒的气候中生产生存，常年应对狂风、暴

---

① 祁连县志编纂委员会：《祁连县志》，甘肃人民出版社1993年版，第140—144页。
② 安汉、李自发：《西北农业考察》，正中书局1936年版，第120页。

雨、冰雹、兽害等不期而至的困境，故而积累了许多的应对之道和畜牧经验。在畜牧生产上，从牲畜种类、家畜比例、放牧工具与技术，再到畜产品、奶产品的利用，均体现了高海拔牧民对高寒自然生态环境的合理利用特点。畜牧生产的一个突出特点就是其生产与生活的统一性，牲畜既是生产资料，又是生活资料；畜牧既是生产方式，又是生活方式。与其他生产方式相比，畜牧业是通过家畜家禽周转来获得畜产品的产业，其经济再生产必须与畜禽的自然再生产相适应[1]。

（三）移动、转场与调适策略

这种适应，被人类学学者称为"调适策略"[2]，在草原，畜牧业最重要的一种调适策略便是"转场"。转场即牧人和畜群的季节性、有规律的移动，是一种因应气候、季节、牧草变化的适应。在草原，牧场、牲畜和牧人这三种畜牧业基本要素依靠移动而紧密相连，移动在草原生计中至关重要，正因为移动才有了草原畜牧业。当一个草场的草被牲畜啃食差不多的时候，加之季节气候变化轮回，牧民和牲畜就必须移动起来，前往下一个草场。牧民对草场的希冀是牧草茂盛、人畜饮水方便，史家和文学将之浪漫化为"逐水草而居""随季节迁徙"。"在游牧经济文化类型中，转场是最为重要的标志性文化事项，一切游牧生活方式几乎都是围绕转场开始的，离开了转场，游牧也就失去了存在的基础。"[3] 转场，又被学者称为"季节性牲畜迁徙"，是所有畜牧业社会的特质。哈维兰在讨论人类生计模式之畜牧的时候，描述了伊朗巴赫蒂亚人规律而艰辛的大规模转场过程：

> 为寻找较好的畜牧草地，巴赫蒂亚里人的畜牧生活围绕两个季节的迁移转变。每年人们都要迁移两次：秋天，从他们在山区的夏季营地迁走；春天，从他们在低地的冬季营房迁出。这种严格的季节性迁

---

[1] 潘建伟、张立忠、乔光华：《畜牧业投资机制研究》，《内蒙古财经学院学报》1997 年第 2 期。

[2] Charlotte Seymour Smith, *Macmillan Dictionary of Anthropology*, Hong Kong: Macmillan Press Ltd., 1986, p. 3.

[3] 解志伟：《游牧：流动与迁徙：新疆木垒县乌孜别克族游牧社会的人类学考察》，知识产权出版社 2012 年版，第 150 页。

移模式通常被称为季节性牲畜迁移（transhumance）。秋天，在凛冽的寒冬来到山区之前，这些牧民把帐篷和其他财产放在驴背上，把他们的牛羊赶到西部与伊拉克接壤的温暖平原，这里牧草茂盛，冬天雨水丰沛。春天，低地牧草干枯了，巴赫蒂亚里人就回到山谷中去，安利的牧草正在发芽①。

在青海草原，为了适应季节气候的变化和牧草的生长代谢，牧民很早就经验性地于夏季将牛羊等牲畜赶到高海拔的地方，秋季在次海拔高的地方放牧，冬春季则放牧在低海拔的山谷间。牧民总结的生产谚语云："春天慢放好草滩，夏天避暑上高山，秋抢草籽抓膘快，冬天避风寻温暖。"② 在祁连，牧民传统上按季节将牧场分为春夏秋冬四个牧场，但青藏高原自古"气候多风寒，五月草始生，八月霜雪降"③，寒季较长，甚至六七月飘雪也不稀奇，因此没有春季牧场，只有夏、秋、冬三个牧场，而且在秋季牧场放牧时间很短，在牧民生活中冬夏两个季节的转场最为重要。

在春冬季节，气候严寒，时间漫长，冬窝子营地宜选在背风、向阳的山谷，优质的水草和温暖的环境，有助于养育仔畜；夏季牧民会将帐房扎在离水源较近、远离洪水之忧、通风凉爽的地方，挤牛奶、打酥油主要在这个季节。秋季牧场离夏窝子不远，但天气开始变寒，宜将帐房扎在山梁向阳处，这个季节雨水较多，是抓膘收获的关键时间段。就牧羊而言，每个季节有不同的牧放经验。春天，绵羊身体虚弱，每天早晨，先在营房附近放牧一段时间后，再缓缓赶上牧场，在太阳落山之前赶回营地。夏天，尤其夏草初长，较为新鲜，羊只体力逐渐强壮起来，牧民早起，在太阳出来之前将之赶到牧场，在凉爽中饱吃一顿水草，中间会赶羊到河边水源处喝水，等傍晚时，经过漫长的白天，牲畜在吃饱喝足中回到营地。秋天是羊抓膘的季节，放养讲究早出晚归。冬季天寒地冷，放养要等到太阳出来、气温稍暖后方才进行。草原谚语"春天牲畜像病人，牧人是医生。夏天好似上战场，牧人为追兵。冬季牲畜似婴儿，牧人是母亲"④，很好

---

① ［美］威廉·A. 哈维兰：《文化人类学》（第十版），瞿铁鹏、张钰译，上海社会科学院出版社 2006 年版，第 183 页。
② 张逢旭、雷达亨、田正雄：《青海畜牧》，青海人民出版社 1987 年版，第 49 页。
③ 《旧唐书：列传第一百四十八·西戎》。
④ 张逢旭、雷达亨、田正雄：《青海畜牧》，青海人民出版社 1987 年版，第 49 页。

地说明了人与畜的关系。

当然，牧民还有更灵活的应对方式。据托茂公旗后裔扎西东珠言，历史上，在四季牧场外，还有一种名曰"敖特日"的草场，它是一种短期灵活的牧场形式，指的是一种为季节转场提供回旋的草场，当一个季节草场的牧草不够牲畜食用，进入下一个草场在时间上又太早时，临时到"敖特日"牧场放牧的灵活策略。正是人、畜、草在环境、气候的因应调适中，牧民和草原展现了人类另一种生产生活的智慧。

三 变之不变：野牛沟一年的畜牧生产

1958年之前，托茂公旗和托茂人的牧地在海晏县哈勒景地区，祁连县野牛沟有托茂人是1959年之后。前文已述，《秦边纪略》记载顾实汗之孙衮卜，在清顺治初年，招降了三百余名善火器的河西回回，驻牧于巴丝墩，巴丝墩即今天的野牛沟一带。地名研究者认为，巴丝墩，原名"八字墩"，是明洪武年间对野牛沟一带的称呼，源于藏语"八字墩贡玛"，意为"上夹道"①。野牛沟地处走廊南山和托勒善之间的河谷地带，在古代它通河西走廊和新疆，是沿黑河流域的草原丝绸之路的要道。巴丝墩的这些河西回回哪里去了，文献中了无踪迹。不少学者认为，清初投奔青海蒙古的河西回回是托茂人的祖先，不过1959年哈勒景草原的托茂人迁徙到野牛沟时，当地并没有托茂人的存在。

那么野牛沟的托茂人是因何而来的呢，先从托茂公旗的牧地说起。雍正三年，援引外蒙喀尔喀之例，清廷将青海蒙古编制盟旗后，托茂公旗原定牧地在青海东岸，冬至贺尔（接西宁边府外界），南至哈沙图（接本部南右翼末旗界），西至哈拉素布鲁汗（接本部东上旗界），北至库库诺尔（即青海湖，接本部前左翼首旗及西右翼后旗界）。20世纪二三十年代学者调研时，其牧地已移到青海北岸，主要群科滩一带，冬至群科滩，南至青海湖，北至磁窑口，西至布喀山②。从现在的地理来说，托茂公部落，自雍正初年，先游牧于青海湖东部的共和县倒淌河一带，藏族兴起后，他

---

① 索南多杰编著：《历史的痕迹——祁连县地名文化释义》，中国藏学出版社2007年版，第190页。

② 黎小苏：《青海之民族状况》，《新亚细亚》1933年第2期。

们移牧到青海湖北部的群科滩一带，包括今天的海晏县哈勒景和湟源县寺寨。1951年5月30日，海晏行政委员会从湟源县单独出来成立海晏县，之后湟源县寺寨的托茂公部落民陆续迁到海晏县哈勒景。哈勒景所在的金银滩草原，是当时青海湖一带最肥美的牧场。

1958年，对国人来说，"大跃进"与人民公社化运动是该年最具影响力的历史事件；对青海草原文化尤其托茂人来说，是改变历史的一年，在他们的历史叙事中，常用"58年之前"和"58年之后"作为时间划分段。1958年与光绪二十一年，是托茂人深刻铭记的两个时间节点。1958年5月，"大跃进"迅速在全国蔓延开来，青海省委提出将"民主革命和社会主义革命两步走并作一步走"的口号，在牧区展开暴风骤雨般的"社改"运动。

1958年8月1日，海北藏族自治州州委认为"当前的任务是彻底消灭封建、彻底解放生产力，加速社会主义建设"，要求在群众性诉苦运动之后，从9月中旬开始，以一个月半的时间开展"兴无灭资、插红旗拔白旗的全民性社会主义教育运动"[①]。社会主义改造的具体工作是成立牧业生产合作社，即是要牧民把牧场、牛、羊、马等生产资料和生活资料交给合作社，牧民成为合作社社员。这种"吃大锅饭"的方式，对于居住分散、邻居间动辄相距几十千米的牧民来说造成很大的文化不适，吃肉、喝奶、食糌粑，都要向牧业合作社领取物资[②]。1958年9月，祁连县、海晏县等宣称实现了人民公社化。

在公社化运动同时，一场"平叛"运动在包括哈勒景在内的金银滩草原展开。1958年6月至10月，海晏县"破获"了一个名叫"以打狼（猎）为名的反革命叛乱集团"，这个组织就是当地牧民所说的"打狼队"。20世纪50年代，金银滩一带狼害严重[③]，海晏县人民政府成立后，

---

① 海北藏族自治州地方志编纂委员会：《海北藏族自治州志》，甘肃人民出版社1999年版，第53页。
② 尹曙生：《金银滩之痛》，《炎黄春秋》2012年第3期。
③ 在如今的托茂古稀老人记忆中，海晏草原狼灾较多，谈起狼害他们都知道这样一个故事。1960年前后，也就是"三年困难时期"，一个领着孙女从农区逃荒来到海晏的爷孙俩，遇到了狼群围攻。那天晚上他们在一个废弃的羊圈里夜宿，有几只狼在他们正面围攻，吓得孙女躲在爷爷身后，谁知，有一个狼从羊圈后面挖洞，在猝不及防的一瞬间就把姑娘叼走了。老人一直敲一个破罗锅到天明，方才保全了自己的性命。

为应对"狼害"将当地青壮年牧民组织成立打狼队,经过几年努力,狼害基本消除。"大跃进"运动发动起来后不久,临近的循化县发生"叛乱",海晏县委领导从"先见"出发,认为这些牧民有叛乱的可能,为防患于未然,一共逮捕了734人(也有人说逮捕了800多人)。对只有1万多人口的小县,逮捕这么多人引起的震动可想而知①。

1958年5月31日,中共中央总书记邓小平批准了二二一核武器研制基地的选址报告,研制基地设在海晏金银滩草原②。1958年9月,青海省委书记处召开了《关于二机部在海晏建厂问题》的专门会议③。1958年10月20日,金银滩的一千多户牧民开始向托勒牧场(今属祁连县)、苏勒(今属天峻县)等移民。《海晏县志》在"大事记"中言:"是月(即9月,不确),因筹建国营二二一厂,将1279户6700名蒙古族、藏族、汉族、回族牧民及各类牲畜155473头(只),迁往托勒牧场、刚察、祁连、湟源等县。"④ 二二一厂,因为保密原因,对外曾称青海省综合机械厂,是我国第一个核武器研制基地。

相关历史文献记载不多,2009年7月,托茂老人马世忠作为移民迁徙的亲历者——当时他13岁——叙述了金银滩草原牧民及托茂人移民的情况:

> 当时,海晏县成立了一个打狼队,主要成员都是有头有脸或者是有力气、有专长的中青年人。成立后,他们工作热情很高。可是,没多久,县上说这是一个反革命叛乱集团,开始抓捕,当时托茂人里没有被抓过人的家庭几乎没有。我的阿舅、姨夫都被抓后劳改去了,不知道殁在哪里了,后人们连看个坟骨堆都不可能。
>
> 打狼队的头面人物抓走大概半年后,海晏县北山蒙古自治区的人们就开始搬迁。头一天开会决定说,反革命家属、社会成分高的人家一律搬迁。我阿大(父亲)当了兵,阿舅被打成了反革命,属于家庭关系不清白的人家,必须搬。搬迁的家里人多的给了三头牛,人少的只给了两头牛,只允许驮铺盖,入社的所有东西一律留下,所以我

---

① 尹曙生:《金银滩之痛》,《炎黄春秋》2012年第3期。
② 王菁珩:《中国核武器基地揭密》,《炎黄春秋》2010年第1期。
③ 王菁珩:《〈金银滩之痛〉一文补遗》,《炎黄春秋》2012年第7期。
④ 海晏县志编纂委员会:《海晏县志》,甘肃文化出版社1994年版,第27页。

们的牲口一个都没有赶。当时还在当地留了几家托茂贫下中农，至今在海晏托勒乡，在青海湖附近的甘子河乡。

走的那一天早上，干部们拿着枪来到每一家帐房前说，快走快走，能不拿的就不要拿，啥也不要拿，到了那边什么都有。有些人家饭吃到一半，来不及吃完就上路了，哪里顾得上洗锅刷碗。手脚快的人，还像平时一样把家拾掇得干干净净，很多人来不及看一眼就上路了。走出好远，有些烟火还没有熄灭，我们回头看到牛粪烟还在飘扬。

我当时只有13岁，一路都是跟着大人走过去的，我的小妹子由我阿妈背在背上走，大妹子被驮在牛背上。那个时候天寒地冻，路上还下了一场大雪，有五六寸厚，路上有人被冻死了，有人饿死了，一共走了48天，我们才走到托勒牧场，那个苦难一言难尽！

裕固族作家铁穆尔2007年采访了不少蒙藏移民亲历者，记载他们的口述记忆。"1958年上级把海晏县打成反革命县，15岁以上的男人全部镇压了。""1958年秋，斗争开始了。部落头人、区乡干部，召去开会就被扣留了。部落里的男的全部被打成了反革命，抓上劳改去了，剩下的全是些女人娃娃上面要让我们搬到祁连县的托勒牧场。上级宣传说，到了目的地啥都有，啥都不需要拿。每一户只准赶三头牛，其余的牲口全是公家的，东西全部扔掉。""晚上来的通知，早晨就要走。蒙古包扔下了，锅头上煮的肉和熬的奶茶扔下了。干部们背着枪赶着我们走，谁走迟了谁就是反革命叛乱分子。一户只准赶自己的三头牛，一顶帐篷一驮马上就走。""到托莱了，我们除了一顶空荡荡的帐篷外啥也没有，没有吃饭的锅碗，要买的话我们没有钱！最难的是每一家男人大多都被抓走了，没有干活的人，没有劳动力。我们在苏勒、托莱、天峻一带放牧，苦得很啊。冬天到了，天那么冷，一个地方只放七天牲口，草就被风刮走了，七天要垒一个羊圈。"[1]

托茂老人韩占龙关于迁徙之路深刻记忆是：

当时我年少，也就十二岁多，看到路途中一些女人的马镫上有血

---

[1] 铁穆尔：《在库库淖尔以北》，《西湖》2007年第6期。

迹，我不知道是生了孩子，还以为是受了伤。在那个最凶险的仄棱垭壑，一个生了孩子的女人和刚生下的孩子突然掉到冰窟窿里了，被救起后女人换穿了另一个女人的袍子，然后把孩子揣进怀里，继续前行，那时候人刚强，这个女人后来也并没有落下什么病。在路上，我们几乎就是席地而睡，铺着和盖着的都是白板皮袍子，那么冷的天，也就没有觉得冷。有一天晚上，我睡觉时一只手露出了皮袍，一个找马的大人看到后以为我死了，就去报信给我的阿妈。等我阿妈到来，喊我起身时，皮袍粘在地上都拔不下来。

托勒牧场，位于祁连山主峰附近，海拔高，天气寒，地广人稀。"托勒"，为蒙古语，意为"兔子"，此地曾是祁连境内蒙古部落的冬季牧场。20世纪三四十年代，从新疆逃亡而来的哈萨克牧民曾在此地游牧，至今留下多处被称为"哈萨坟"的遗迹。20世纪40年代后期，青海省政府在此设立马场，新中国成立前自行解散。1955年5月青海省畜牧厅组织建厂，后归属海北藏族自治州，名"国营海北托茂牧场"。资料显示，1958年托勒牧场只有一万头牲畜，海晏金银滩草原移民达到后，牲畜达到了18万头，发展成为青海省国营牧场之首，乃亚洲最大的国营牧场。然而，牧民也增加了397户1752人，相对于一个乡的人口，加上搬迁工作组和牧场管理人员，当地不足以养活这么多人，移民生计生活非常困难。马世忠回忆说：

> 到了托勒牧场后，家里媳妇攒劲点的、娃娃少的，就成了牧场工人挡牲口去了，孩子多点的人家，就被分到农事队了。在农事队上，帐房扎了两排，门对门，就好像是街道。不会种地的人要么背黑刺，要么给大家做饭。说是饭，其实就是黄米清汤。对那个时候最大的记忆就是饿，是那种往死里的饿。虽然有牛羊等牲口，但是属于国家的，没人敢宰杀食用。

移民牧民的困难，引起西北局和青海省的关注，督促托勒牧场整改，托勒牧场整改措施给移民感受较大的举措是"场社分家"。"场社分家"按韩占龙的解释是将托勒牧场纯公营化，将一部分有自己牛羊财产的工人分出，不再是工人，成为祁连县的社员。另外，托勒牧场也将农事队分出派往野牛沟一带。韩占龙简短叙述说："大概经过是这样。先是1958年从海晏迁往托勒牧场，1959年没有成为畜牧工人的人家从托勒牧场划归祁连县，迁往野牛沟、青阳沟等地，成为农事队队员，开垦种粮。后来，场社分家，一部分人留在了野牛沟，一部分人被迁到多隆、海浪等地。"

马世忠老人说："后来，农事队要迁移到祁连，托勒牧场从劳改单位雇车把我们拉到了野牛沟滩。当时不允许叫我们为移民，而是叫新社员，当地学生娃娃给我们拾来了许多做燃料的牛粪。一开始，我们的主要工作是放牧、垒圈，也做一些农事队的开荒种地的活儿。再后来，农事队撤了。之前农事队里的六成的托茂人留到了野牛沟，四成的人迁往默勒、多隆。托茂人虽分散各地，但都安定下来了。"

1961年托勒牧场场社分家时，有17户托茂人留在了托勒牧场，另有16户左右的托茂人迁徙到野牛沟，之后有7户从野牛沟迁到了的默勒、多隆。经过近三年的不断迁移，托茂人不再聚居，海晏县所留托茂人较少，祁连县成为多数托茂人的新家园，2016年人口统计结果显示，野牛沟有468口托茂人，占青海托茂总人口的近30%，对分散在多个县市的托茂人来说，野牛沟成为托茂人口最多的乡镇，也是托茂人相对聚居的地方。

1958年的社会运动和移民搬迁，不仅改变了托茂人的住居格局，也改变了海晏、祁连等地草原部落的历史。因为蒙古部落王公、藏族千户等在"反封建""平叛"运动中被捕，加之经过社会主义改造和移民搬迁，部落分散了，王公、千户制度也随之终结了。1958年的搬迁，使得托茂人等牧民，消除了"部落民"的身份，分别获得了牧场工人、农事队队员、新社员、移民等身份。随着住地和生活逐渐安定下来和农事队的解散，托茂人又重新找回牧民的身份，尤其改革开放之后，通过牲畜、草场包产到户，托茂人的畜牧业生产生活重归正规。自2005年7月起至今，笔者多次走进野牛沟草原田野工作，对托茂人一年的生产生活进行了观察，从中我们可以考到畜牧业的传承和变迁。

在野牛沟，20世纪八九十年代草原牧地和牛羊马等承包到户时，牧民委员会给每一户牧民划分了冬、夏、秋季三个固定草场，牧民放牧都在自己承包的草场上来回移动，小范围季节性放牧成为现今托茂人及其他青海畜牧业民族重要的生产生活方式。生产生活方式作为文化的外在表现，有其独特的发展规律，其中那些储存于社会心理结构里的日常生活行为，具有异常稳定性和历史传承性。简单地总结说，从游牧到定居，托茂人四季搬迁的状态虽有所改变，但一年的生产周期及其相关生产活动基本未变。

一般一年的1月至2月份，是藏羊的产羔期，这个季节是托茂牧民最辛苦的季节。产羔期到来前，牧民要提前加固羊圈，筑圈的材料主要是牛粪和草坯，牛粪是之前就晒好的，筑圈起来方便、省工，可以根据风向降低或加高围墙的背风面和迎风面。另外，在羊圈底部垫上羊粪，可以隔寒气。母羊受孕到产羔的时间间隔通常为5个月左右，产羔大多是一年一羔、一胎一羔。产羔期间，放牧不宜距离居住点太远，公羊、母羊要尽可能分开放，细心的牧民甚至要在母羊腹部松松地裹条宽带子，这样一方面避免羊只交配，另一方面若是赶上母羊产羔，也会产在带子里，而不会被羊群踩踏。

白天产羔还好应对，但偏偏夜间产羔的多，牧民说，如果一个晚上产羔多，全家人都要在圈旁守候，为之接生、护理。因为怕羊羔夜间被冻死，一般会将刚产下的羊羔包在毛毡或棉布里，抱到自己的睡房里。第二天早晨，再把羊羔抱到母羊跟前，教其吃奶，增加母子感情。若母羊没有奶水，就得下功夫让别的母羊喂之，直到羊羔能吃草为止。2007年以后，大多数牧民在冬窝子（定居点）旁边搭建了砖木暖棚，晚间的产羔、接羔在暖棚里进行，即便主人不小心睡着了，也不怕生下的羊羔被冻死，相关劳作比以前轻松了很多。

3月至4月，是牦牛的产犊期。牦牛一般两年一产、一胎一犊。如果草场草质好，母牛身体壮，也可以一年一产。牦牛的怀胎期通常是8个月。与羊相比，牦牛难产的情况多，更需要人工帮助。小牛犊出生后，牧民用毡、毛或者牛粪灰擦干牛犊身上的胎水，然后用毡包好抱进房屋里，以防小牛受冻。母牛第一次生小牛时，小牛嘴上有一层浆膜，一般接犊人要用手将其除去。为给牛犊留有足够的奶水，人不跟牛犊争奶，不会挤刚生牛犊的母牛牛奶。一般情况下，十四五天后，牛犊就可以跟着母牛吃草了，草逐渐成为牛犊的主食。初生牛犊喜欢往远处跑，牧民说，这期间要特别注意防狼。

四五月份，正是牧草青黄不接的季节，此时牧民重点工作是照料幼畜及体质较弱的母羊。如今，牧民提前储备了饲草，专门喂养一些体质较弱的羊只，以便增加它们的体力，减少死亡率。熬过这段时间，进入五六月份，气温慢慢回升，牛羊的体力也日益恢复，在转往夏季牧场之前，剪羊毛是一项必须的工作。由于这时天气越来越暖和，牛羊的旧毛长得较长，新毛也已生出，剪了旧毛牛羊也不会太冷。剪羊毛前夜，一般要确定第二天能够完成的只数，提前对这些羊进行禁食，空腹12小时的羊剪起来更容易。因为羊只较多，剪羊毛不宜单军作战，一般到剪羊毛时，牧业社会合作互助传统就开始发挥作用，亲戚、兄弟，或者相邻的牧民会集中在一起，剪完一家到下一家。剪羊毛，对牧民来说是一项必备的技能，托茂人无论男女剪起羊毛，那动作之娴熟和快速，让我每每惊叹。

剪羊毛

现今，拔牛毛这项工作，日益淡出牧民的生活，之前它跟剪羊毛一样是一项重要的劳作。牦牛非常耐寒，一看那长长的牛毛就知道了。在过去，因为物资匮乏，牦牛的粗毛可以做绳子和牦牛帐房，细毛可以用来做衣服和毯子。而今，这些都有市场供给，如今牧民不会专门从牛身上取料了。不过，牛绒会自然脱落，而且牛绒是一种高档的纺织原料，价格也不错，也不甚费力，牧民是会要的。在转场之前这段时间，草场青草丰美，牛羊的身体逐渐强壮，生活会稍微悠闲了一些，对男性成年人来说，是段幸福的时光，他们可以到其他地区亲戚家中串亲访友了，串亲戚一来可以联络感情，放松一下，过去还以此获取一些羊毛、牛羊价格等信息，而今通信发达，且有专门的收购者上门收购。然而，女性因为畜牧业的各种琐碎事务以及需要照顾方方面面却难以出门。

剪完羊毛不久，6月底7月初，是由冬季牧场向夏季牧场的转移时期。因为近10个月的时间在冬季牧场，冬圈的草基本被牲畜吃完，而夏圈的草，经过近 8 个月的休养已恢复起来了。经过漫长的冬季，牧民和牲畜都开始期待向往夏季的生活。只有在夏季，人畜都可以在高海拔的夏窝子过不寒不热甚至是凉快舒适的生活了。托茂牧民，从生产的角度解释转场说："总在一个地方吃，草不够，羊不肥。"一般情况下，在牛羊赶到夏圈之前，先要把帐房和日常生活用具搬到夏窝处，选好地点并进行置建。虽然现在有了皮卡和摩托，以往驮帐房等前期工作很快会搞定，但牛羊还得靠自己走路，而且幼畜走不快，转场放牧还要注意速度，慢走慢赶，完成转场需要三四天的时间。

需要一提的是，转场，在民国及其之前，是草原和部落里的一件大事，在执行转场事宜过程中，是有严格规定的，总体上是由大部落头人召集组织各自小部落的牧民们进行分步有序的迁徙移牧。在转场的秩序上，部落头人先进行搬迁，而后牧民们统一搬迁，牧民们搬迁时不能过早也不能过晚，更不能单独行动。在到达指定的草场后，首先由大部落头人占据水草丰足的草场，再用抽签等办法划定其他各小部落头人的草场范围，最后由各小部落头人将剩余草场分配给各自部落的牧民们使用[1]。1951 年西北民族事务委员会的社会历史调查称："海晏之蒙古民族，游牧于本县东北群科滩、麻皮寺滩、乌兰淖滩及大通山（因该山靠近大通县，故名大通山）一带，面积约一千一百八十华里。……每年五月开始逐渐移上大通山峰，六月开始又逐渐游下山来，到八月集中于乌兰淖滩一带，九月底又到了冬窝子（乌兰淖滩、群科滩、麻皮寺滩），每年如斯，谁要是迟上山或早上山，即以破坏草山论，罚以牲畜或公差，这是他们游牧的规矩。"[2] 而今，已无部落头人，由乡村两级政府规范此事，什么时候转场，要遵循牧业委员会的指导。

七八月的祁连草原，蓝天碧空，白云悠悠，绿草如茵，雪山皑皑，加上冰川和古城点缀其间，美不可言，这时的草原和牧业生活，可以满足人们对之所有的浪漫想象，也可以满足游人对青藏高原和祁连山之大美的探寻和赏玩。牛羊褪去了困乏和虚弱，牧人也是焕然一新，气高神爽，策马奔腾或骑上摩托驰骋，都让自己的心情无比舒畅。这个季节除了手把肉、

---

[1] 韩立宏：《民国时期青海地区畜牧业生产研究》，硕士学位论文，青海师范大学，2018 年，第 21 页。

[2] 西北民族事务委员会：《解放初期海晏县蒙旗乡社会历史调查》，青海省海晏县档案馆，1951 年。

糌粑炒面等外，最让牧民可口的还是新鲜的牦牛奶茶，以及傍晚放牧归来时那碗上黄下白、入味解暑的牦牛酸奶，还有生长正盛日益进入牧民餐桌的黄菇。田野工作中的我，亦觉惬意无比。

  好时光总是短暂的。8月中旬到10月，天慢慢凉了下来，夏季草场的绿草已不能满足牛羊的啃食之需，牧民们开始向较高海拔的秋季草场迁移，开始一年的第二次转场。因为秋季草场离夏季牧场并不远，这次转场比第一次转场费时费力小了很多。秋圈的草场面积比夏圈的草场面积要少得多，但草质要好于夏圈。从畜牧安排上来说，秋圈虽是夏圈和冬圈的过渡阶段，但是一个至关重要的生产时光。秋季对于农业来说是一个收获的季节，对于畜牧来说是收获的关键，这段时间畜牧工作的关键的是"抓膘"。此季如若牛羊长吃不好、抓不上膘的话，那么这一年里也就壮不起来了。这些没有抓上膘的牛羊，因为体质太弱，有可能度不过寒冷的冬天，将成为牧民冬宰和出售的主要对象，而出售牛羊等的这项收入，是牧区家庭每年最主要的经济来源。

  10月初，天气变寒，牧草无几，家家户户开始返回冬圈。这是一年之中的第三场转场，也是路程最远的一次，从秋季牧场经过夏季牧场，再到冬季牧场。牧民和牛羊将在冬季牧场呆到来年的6月中下旬，近9个月。冬圈的草场面积一般比秋圈还要少，但是经夏、秋两季的休养、生长、结仔，冬圈的草质最好，牛羊等牲畜在漫长冬春的草料之需就靠它们了。10月入冬前，托茂妇女着手准备全家人过冬衣物和被铺，男人则要加固羊圈用以防风防寒。青藏高原的严冬，给人极寒之感，尤其在大雪之后，满目苍茫，牧民只有选择加衣保暖"武装到牙齿"，将牛羊赶到离居住点最近的山谷。那种冷，可以冻掉人所有的欲望。不过，还好，十一二月是一年中牛羊最肥壮的时候，经过夏秋水草的滋养和初冬质量良好草籽的补充，已积蓄了足够的肉脂，正是肉质浓香时。在此段时间里，家庭条件好的牧民可以宰杀足够的牛羊作为储肉，在肉香飘逸和守藏孤寂中与严冬相处。

四　以生为计：畜牧之外的诸种副业

  关于牧民的生计方式，不仅是现如今非牧区的普通世人，就连古代青海为官者，也大都认为畜牧业是牧区唯一的生产，如雍正初年，年羹尧在奏折中称:"蒙古之俗,惟资畜产,不事树艺,虽有肥沃之地,不过藉其水草而已。"[①] 这种刻板印象由来已久。事实上,牧区生计并非如此单一,青藏牧区的生产在不断变化,高原的人们亦在不断创造求新。当然,"人们自己创造自己的历史,但是他们并不是随心所欲的创造,并不是在他们选定的条件下创造。"[②] 一个群体的生计方式的形成在很大程度上都依赖于该族群所处的自然环境与社会环境。每个群体都生存于特定的环境之中,这些环境便成为该族群生命的基本源泉。任何一个族群在自己历史的创造活动中,都在有效地利用其所处的生存环境,并模塑出自己特有的生计方式[③]。

草原畜牧业,如前所述,是对农业所不能适应地方的适应和拓展。畜牧业成为一个单独生产生计方式后,并没有断绝与农业社会及农业的联系。在畜牧业早期,兼营农业是常见的情况。王明珂在《华夏边缘》中描绘了这样一个场景:"汉代河湟地区的羌人部落都是兼营农业的游牧人群。他们在春天出冬场(游牧社会过冬的地方)后,先到河谷种下麦子,然后往山中移动,开始一年的游牧。秋季回来收割后,再回到冬场。如此在河谷中种麦,在附近山上游牧,生活所需大致无缺。"[④]

众多民族志的研究显示,牧业生产具有一定的非自足性,牧业生产只是牧区经济的一个组成部分,并不能满足牧民社会生活的全部需要。为此他们需要农业尤其需要与农业社会进行交换,"茶马交易"就是中国古代农区与牧区进行交换的重要形式。当然,历史上牧区为了社会生活方面的需要,一些部落首领会招徕一批木匠、铁匠、金银匠在牧区进行生产,甚至会雇用农民到牧区从事一定的农业生产,除了畜牧业之外,草原还有其他一些生计形式,供牧民追求更美好的生活。

就地取材,是人对地理的最基本适应。草原畜牧业时常会面对各种灾

---

① (清)年羹尧:《条陈西海善后事宜》,《年羹尧满汉奏折译编》,天津古籍出版社1995年版,第292页。

② [德]马克思:《路易·波拿巴的雾月十八日》,《马克思恩格斯选集》第1卷,人民出版社1972年版,第603页。

③ 罗康隆:《论民族生计方式与生存环境的关系》,《中央民族大学学报》(哲学社会科学版)2004年第5期。

④ 王明珂:《华夏边缘:历史记忆与族群认同》,允晨文化实业股份有限公司1997年版,第116页。

患，生产经营有很大的不确定性，一场雪灾、一场瘟疫，就可能会让牧民损失惨重，陷衣食之忧甚至生存困境。清朝嘉道之后，钦差办理青海蒙古番子事务大臣所上的奏折显示，青海蒙古衰败之际，牧民生计困难，好多人只得捕鱼苟活。另外，采集和狩猎也是草原的维生之途。民国时期西北考察者，就看到草原牧民采集蘑菇、狩猎的情况。"狩猎是除了妇女们以及僧侣们以外，谁都重视它。捉狼、毒狐、杀熊、捕豹之事，谁都乐意干。获得兽皮、鹿茸、麝香，便是财运大开。一般善于猎技的人，把大自然内的各类野兽，均拥为他们所有，一举手的劳，便可获利千倍。"[1] 王树中在《"托茂人"考略》中说："托茂人从事畜牧业，兼及狩猎、运输"[2]。在王树中的记忆中，民国时期，托茂大汗七哥、尕胡赛、阿黑利、伊海牙等都是托茂公旗甚至群科滩一带有名的猎人、神枪手。1958—1961年生活困难时期，托勒牧场的托茂猎人，在获取食物上扮演了积极角色。

在狩猎之时，托茂人因为跟野生动物接触较多，加之自有牛羊不多，便重走早期牧人对野生动物的驯化之道。托茂人这次驯化的对象是野盘羊、野马等当地野生物种，不过驯化成功的只有马鹿和白唇鹿。白唇鹿，因鼻端两侧、下唇及下颌白色而得名。白唇鹿是一种典型的高寒动物，栖息地在人迹罕至的高海拔地区，又称"黄鹿"的白唇鹿是我国独有品种，非常珍贵，主要分布在青藏高原及其边缘地带的高山草原地区。马鹿，因为体形似骏马而得名，身体呈深褐色，当地俗称"青鹿"，主要生活于高山森林或草原地区。离祁连山主峰不远的托勒牧场和野牛沟一带，是两种喜欢群居的鹿种之栖息地。马鹿和白唇鹿，虽然体格较高，但性格温和，易于驯化饲养。

因为草原闹饥荒，1959年6月托勒牧场筹建成立打鹿队，托茂伊海牙、托茂亚亚等因为枪法准，进入打鹿队。1962年7月，托茂伊海牙于母鹿产羔期在高海拔隐蔽处获得一只鹿羔，抱回后，用牦牛奶喂养，直至吃草长大，鹿就基本被驯化了。此时，草原饥荒已过、生活好转，打鹿队更名为野生队。托勒牧场野生队专门负责抓捕幼崽喂养，之后还采用藩篱法引诱发情期的成年鹿入圈进行驯化，随着驯化的鹿越来越多，野生队升级为养鹿场，到20世纪90年代，养鹿场有马鹿、白唇鹿1200余只，养

---

[1] 张元彬：《青海蒙藏两族的经济、政治及教育》，《新青海》1933年第10期。
[2] 王树中：《"托茂人"考略》（未发表稿）。

鹿成为托勒牧场最主要的产值来源①。2002年12月，国营托勒牧场撤场建乡，更名央隆乡，隶属于祁连县。托勒牧场的国营鹿场也随之解散，马鹿等作价归户，划定草场，分给了鹿场工人，有托茂人分得了数目不等的马鹿。如今，野牛沟还有一家私营鹿场，有400多只鹿，号称是亚洲最大的半野生养鹿基地。对托茂人来说，驯鹿最初是补牛羊等牲畜不足的，虽然马鹿肉质较好，脂肪少、蛋白高，肉质鲜嫩可口，但托茂人觉着鹿是珍贵吉祥之物，并不用来食用。不过，鹿茸是名贵的中药材，鹿胎、鹿鞭、鹿尾和鹿筋也是名贵的滋补品，出售此便可以获得经济收入。托茂人马祥是托勒牧场第三代养鹿人，2020年养有马鹿108只，其中公鹿51只，母鹿57只，每年销售鹿产品经济收入十四五万元。

就牧民饮食而言，除了肉食和奶乳品之外，还有重要一项是面食，尤其是糌粑炒面，需要青稞这项主要食材，清末民国时期以来，牧民所推崇的饺子和面片，亦需要小麦面粉。青海（湖）牧区及祁连草原一带，地高气寒，不如河湟地区农牧兼营，不过种植青稞却有悠久的历史，藏族神话故事《青稞种子的来历》，将之推及到远古时候。考古资料显示，在青海都兰发现3700年前左右的籽粒痕迹②。在汉文文献中，在述及吐蕃时出现了"青稞"一词。《旧唐书·卷一九六·吐蕃传》称："其地气候大寒，不生秔稻，有青稞、麦、豌豆、荞麦。"

青稞，作为古老的禾谷类作物之一，耐寒、耐旱、耐瘠，适应海拔3900米以上的高寒地生长。生长期为100—130天，能迟种早收，这种独特的生态适应性，使之成为青藏高原标志性农业作物，青藏高原种植青稞的历史可能并不比畜牧生产的历史短。光绪年间，陶保廉在《辛卯侍行记》在谈到"二十里北大通营"③时解释说，（此地）"故青海蒙地。……六月飞霜，四时皆瘴，只产青稞，仰谷于甘州。汉少回多，习俗强悍，兼赖淘金，游牧畋猎为生。"④说明了草原牧地被农业人群移民后，从事多种生产方式以及农业种植"只产青稞"的情况。

民国时期西北考察者在青海草原考察时之所见："行山岭上，一望软

---

① 田世业：《托勒牧场野生鹿的驯化与饲养管理》，《青海畜牧兽医杂志》1992年第3期。

② 青海省地方志编纂委员会：《青海省志·农业志渔业志》，青海人民出版社1993年版，第99页。

③ 青海门源回族自治县县驻地浩门镇。

④ （清）陶保廉：《辛卯侍行记》，刘满点校，甘肃人民出版社2002年版，第277页。

草如茵，牛羊成群，山坡山根，尽为麦田，熟割未久，麦秆丛积田中。继据同行人云：系青稞，非小麦，每年四月中冰解后下种，八九月收获，其面为黑色，但禾穗外形，望之全如麦也。一路农业畜牧均甚盛，山中开田颇多。据马使云：该地数年前几全为畜牧，辟地甚少，年来因连岁丰收，且人民知识渐启，故进步甚速。然依然荒田遍野，所开不过数百分之一。观其青草平铺，足征全为沃壤，将来实行垦殖，此地实为一大农区。"①

在开发西北和现代性弥漫的同时，青海草原蒙古部落王公与西北考察者之改造草原、开垦农业想法趋于合拍，也萌发牧耕草原思想。据黎小苏1933年记载："托茂公旗"游牧的地方，"现驻牧地，在青海北岸，群科滩一带，冬至群科滩，南至青海，北至磁窑口，西至布喀山。濒河土地肥沃，可垦农田约有数十万亩。察汗俄博产煤最旺，牛羊畜类产量极富，为海北第一。本旗有民二百余户，番汉人移来者亦多，俱以耕牧为生"②。不过，托茂人在群科滩继续放牧并没有开垦种地，而是采取了另外一种获取青稞等农作物的方式，即在邻近熟悉的湟中上五庄一带购地聘请农业人口代耕。

据韩占龙先生讲，他父亲托茂三哥是民国时期托茂人的精英之一。勤快好干又深谋远虑的托茂三哥，在20世纪40年代至20世纪50年代，与胡赛老人等将盈余的收入拿出来，在湟中上五庄买下了一百多亩田地。这些田地的一小部分用于置建托茂人新坟园，而大部分专用来农业生产。由于托茂人不善农业的精耕细作，加上没有多余的劳动力，因此雇请当地娴熟农业技术的"中原人"代为耕作，并将这些人称为"庄头"。庄头负责全年的粮食种植和农业安排。托茂人不计中间的任何种植程序，只是到了粮食成熟的季节，派家里的小辈去田地数一下收割好的"麦捆"，根据麦捆估算出当年的收成。留够来年的生产种子，之外的粮食收成则由托茂人与庄头按契约的比例分成。

我将这种生产方式谨慎地称之为"庄头代耕"，这种生产方式不仅让托茂人获得了日常面食所需的粮食，而且不用专门辟地开垦，可以专心畜牧业。我在田野工作时，几次走进湟中上五庄，尤其靠近哈勒景草原的地方，这里的夏季山谷悠悠，草木茂密，可以看出过去是很好的牧场。事实

---

① 侯鸿鉴、马鹤天：《西北漫游记·青海考察记》，甘肃人民出版社2003年版，第157页。
② 黎小苏：《青海之民族状况》，《新亚细亚》1933年第2、3、6期。

上，湟中上五庄也是托茂人的故地，至今保留着三处托茂坟园，托茂人与湟中上五庄一直保持着较紧密的联系，如今还有30余户托茂人生活在此地。与"庄头代耕"相应的是，湟中上五庄的农户也常会将自己的羊只代牧给托茂人，年后将繁衍的小羊羔按契约分成，通过这种方式满足农区日常生活的肉食所需。

即使如此，在青海草原，畜牧依然是最主要生产生计方式，其他生产可以作为补充，但不能取代畜牧业，譬如在托勒牧场等高寒之地开发农业，成果寥寥，因气候不适最终放弃。"蒙藏人民生活的经济结构，全赖牧养的大群牲畜作了基础重心。在各自所据的茫茫草原内，它们随着寻找牲畜的丰美的饲料，过着迁移的流动生活；其他破土垦殖，经营商业，操持工艺等类事业，只不过补牲畜事业的不足罢了。他们的饮食、服饰、住居，完全依藉畜类副产品，运输代步，更不用说是依藉牲畜的动力的。至于服饰用的绸、布、腰刀、环、珠、串之类，饮食原料茶、酒、油、米、面、醋，以及家庭用具锅灶、杓碗、马鞍、枪弹，完全拿生产剩余的羊毛、驼毛、羔皮、牛皮等副产品及拿出少数的牲畜，向商人们交换，以达他们生活欲的满足"①。

人类的发展史表明，没有任何一个群体的生产可以完全满足自我对丰富多元生活的需要，人类很早就发明了交换，交换促生贸易和商业，通过交换诸种方式，不同人群获得更多的生活可能，不同人群和民族不但以此互补，而且产生依赖，进而互存共生。李自发在1933年观察道："青海居民按其生活方式，可分为游牧民与定居民二种。蒙藏人民从事猎兽与畜牧，生活停止在游牧时代，其生产之羊毛、羔皮、兽皮、鹿茸、麝香、牛、羊、马、驼等为西北经济上最有价值之出品，而定居以农产品、工业产品，交换游牧民之猎物及畜产品；换言之，定居民养活游牧民，同时游牧民亦养活定居人，二者相依为命，在经济上发生密切之连锁关系。"②

关于清朝及其之前的副业或商贸活动，如今的托茂人没有相关的历史记忆。从清末悲惨历史走出来的托茂人，在民国时的经济生产和商业活动，可圈可点。在托茂老人记忆中，在20世纪50年代之前的每年秋天，托茂人每家都会出人组成帮伙到邻近湟中、门源等地的农业地区进行一次

---

① 张元彬：《青海蒙藏两族的经济、政治及教育》，《新青海》1933年第10期。
② 李自发：《青海之蒙藏问题及其补救方针》，《新青海》1933年第12期。

大的交换，出售牛羊、羊毛、酥油、羊皮、牛皮等牧区特产，换回粮食等农副产品以及一些日常用品。在青海草原，藏羊主要以白色为主，黑色较少，在藏系羊中占比不到5%。民国时期的托茂人多养这种稀有品种，他们培育的黑羔皮，驰名远近，有黑稍紫根的黑羔皮，是珍贵的"黑到根"①，被西宁等地商人收购后，销往全国，很受市场欢迎。自近代以来，受五口通商影响，尤其国际市场对羊毛的需求，青海蒙、藏、托茂人参与此全球事业，使得青海羊毛贸易一时高光。

1951年，西北民族事务委员会在海晏社会历史调查报告中称："（海晏之蒙古民族）他们以畜牧为主，并有打猎、拾蘑菇、做皮革、皮绳、驮青盐等副业生产。"② 在"驮青盐"这一运输贩卖活动上，托茂人积极参与，他们拥有高质量的交通运输牲畜牦牛——"高原之舟"，并为此专门蓄养了牦牛中最能驮运货物的犏牛、犍牛。据1929年出生的韩生阴老人说，民国期间，托茂人主要从海西的茶卡盐湖一带驮上青盐到湟源等地贩卖，若路途顺利，来回一趟需用半个月的时间，虽风餐露宿，但此项收入颇丰，成为部分托茂人重要的经济来源。王树中亦言，托茂人善搞运输，从茶卡驮盐到湟源贩卖，是他们的重要经济来源，因而他们畜养犏犍也多。③

事实上，盐业是青海草原古老的营生之一。环青海湖地区，尤其是乌兰的湖盐资源非常丰富，汉代文献记载，羌人就因"渔盐之利"而强盛。唐宋时期，青盐已作为贡品进贡朝廷。明代后期至民国很长时间内，青海湖一带的盐矿为蒙古人所有，清中后期政府专门规定"青海西北产鱼盐之地，准穷苦蒙古领照运售。其沿边回汉人等，概不准私赴口外挖盐捉鱼"④。《西宁府新志》载："青盐池，在（西宁）县治西五百余里青海西南，今邻蒙古郡王额尔得尼、额尔克托克托奈、贝勒达什策令地界。周围有二百数十里。盐系天成，取之无尽。蒙古用铁勺捞取，贩至市口贸易，

---

① 王树中：《"托茂人"考略》（未发表草稿）。
② 西北民族事务委员会：《解放初期海晏县蒙旗乡社会历史调查》，青海省海晏县档案馆，1951年。
③ 王树中：《"托茂人"考略》（未发表草稿）。
④ 赵云田点校：《钦定大清会典事例　理藩院》，中国藏学出版社2006年版，第408—409页。

牦牛当下依然有驮运功能

郡民赖之。"① 民国时期，很多蒙古部落都从事盐业，譬如托茂公旗的最后一任王爷完麻就热衷盐务，据1951年《解放初期海晏县蒙旗乡社会历史调查》载："完麻，现年三十七岁，为托茂公旗（和硕特南右翼后旗）扎萨克，为前扎萨克索南郡丕之女婿，过去在西宁蒙藏学校读过四年书，稍识汉文。全家四人，有马两匹，牛七头。解放后在盐务局工作，现在湟中上五庄盐务局工作。"②

不少学者声称，牧民耻于商业，事实并非如此，可能是由于牧业社会的小家庭形式以及畜牧生产的专注性，草原往往缺乏多余的人才专做商贸。牧区并不排斥商贸活动，他们不但欢迎外地的商人前来经商交换，草原出生的商人在牧区的社会地位也不低。民国时期的考察者记录了牧区商人荣耀，1933年张元彬写到："在他们的社会里，善于经商的人便是交际之花，一般秉性活动的人，不分男女的借着经商事业，牵着骆驼，赶上牛马，把当地收买的兽皮、羊毛运到西宁区出卖以后，复由西宁运载上茶、布、酒、油、面粉、铁锅等类的货物，回到自己的部族或邻近他族去销售，或者牵上西宁区出产的烧酒、干粉条、陈醋、柿饼，驮上茁壮善走的竞马，直往西藏拉萨推销，然后由拉萨市驮上氆氇、藏香、红花、珊瑚等类货物，直往外蒙库伦去推销……于是同族人民都很注意他们，看重他

---

① （清）杨应琚：《西宁府新志》，青海人民出版社1988年版，第150页。
② 西北民族事务委员会：《解放初期海晏县蒙旗乡社会历史调查》，青海省海晏县档案馆，1951年。

们。就是他们商队所经之地,凡是和他们接近了的人们,都对于他们这伟大的壮举,抱着钦佩和羡慕的心理。……因为这种关系,商人们果然成了全族一等人物,全族民众谁也依藉着、敬意着他们。"[1]

实践证明,在畜牧之外有其他副业的牧民,其收入来源比较灵活,生活水平也普遍较高。是故,在从事多种经济生产和生计方式的民国时期,托茂人曾创造出了一定的经济辉煌,也涌现了一批杰出人物,如托茂阿尕(民国时期托茂人的头人)、大汗七哥、托茂三哥、托茂胡赛等。1958 年以后,随着合作社、社会主义改造、牧区公有制等政治经济制度的实施,托茂人中止了经济交换和商贸活动,直至 20 世纪 80 年代商品经济时代的到来。

---

[1] 张元彬:《青海蒙藏两族的经济、政治及教育》,《新青海》1933 年第 10 期。

第六章

牧民营生：现代经济中的生产、消费与娱乐

新中国成立前，抑或20世纪80年代牧区体制改革之前，牧民的畜牧业生产，适应特定的历史社会环境，以现代性的标准看其方式虽然较原始和简单，但牧民的生产生活态度颇为从容。传统的牧民营生，以天然草场和牲畜为衣食来源，牧民世代逐水草而生息，每家在放牧、挤奶、配种、接羔、剪毛等牧业生产中，以畜产品为主要生活来源，以草原为家，以牲畜皮革为衣服，以牛羊的奶和肉为食物，在并不富足和各种不确定性中悠然一生。改革开放后牧区市场化，是一场历史性的变革，让习惯变动的牧民开始新一轮的适应。

一 牧区市场化与现代畜牧业

（一）牧区市场化

20世纪80年代，青海牧区进入市场化时期，现代性日增。历史地看，从20世纪50年代开始，国家就在青海牧区致力于现代化改造，在海晏、祁连等地通过建立县—乡—村行政体制，取代草原部落制和盟旗制度，并以互助组、合作社等经济组织形式重塑牧区的经济生产，加之一系列有关现代化的话语宣传，牧区社会成为现代民族国家建设的重要组成部分，国家权力直接下沉至牧区基层，为改革开放后市场机制快速铺开、有效运行奠定了基础。1979年以来，国家在牧区通过草畜承包制度等一整套现代化制度，将民国时期观察者的设想和新中国成立以来的现代化口号付诸实施，牧民的生产生计方式发生天翻地覆的改变。与之相配套，现代性弥漫，市场机制渗透进牧区，牧场等草原资源被赋予价格，极大地刺激了牧民的经济理性，青海草原和牧民营生进入新时期。

在蒙古族学者阿拉腾看来，前现代时，游牧不仅是一种以最少能量获取最多资源的生计方式，在有限范围内，还可以起到资源的持续利用之作用，游牧就是效益与资源"权衡"的结果。到了定居移牧和市场经济时期，这种经过长期进化而来的劳动节约和环境保护机制，已不适应现今变化了的经济环境需要了，因而，"说游牧经济是一种经济效益低下的生计活动方式，在某种程度上将可能是正确的。因为就大量的投入的产出模式而言，游牧必然不能胜任，毕竟，游牧是建立在人口稀少条件下的一种生计活动方式。"[1]

早在20世纪30年代，现代知识分子及地方政府官员，就认为传统畜牧业存在诸多弊端和有待改进的地方，如马鹤天在《甘青藏边区考察记》中说："饲养，全依天然牧地水草之分布，牧区小而牲畜较多之牧族，冬春季常有牧草不足之虞，老弱者不免死亡，此不知种植牧草以补不足之害。"[2] 安汉、李自发在1936年出版的《西北农业考察》中说："青海畜舍，除在农业区域内仅有简单之畜舍而外；在游牧地方之畜舍，全付阙如。"[3]，在他们看来，青海牧区大部分的牲畜养殖是完全的露天游牧放养形式，基本上没有像样的棚圈庇护牲畜免遭雪寒之灾和野兽之袭。"至畜牧方法甚简单，除结古外，无牛羊圈，不储草，概无兽医，故天然死亡率甚大也。"[4]

20世纪五六十年代，按照现代民族国家建设需要，通过合作社、人民公社、国营牧场等方式，国家在青海牧场进行宣传或推进定居及牧业现代化的努力，甚至在"文化大革命"期间，学者致力于研究如何让牧区畜牧业早日实现现代化的问题，譬如汤逸人在探讨现代化畜牧业时指出，现代化畜牧业可能包括所养的家畜产品生产力高，质量符合要求，成熟快，饲料报酬高；有充足的饲草饲料基地和畜舍，要使牧区畜牧业现代化，必须大力保护草原，改良草原，大搞牧区基本建设，建立饲草饲料基地[5]。

然而，要么因为地方政府无暇顾及，要么因为资金不足等原因，20世纪20年代至80年代，国家和精英力有未逮，未能施展相关设想。改革

---

[1] 阿拉腾：《文化的变迁：一个嘎查的故事》，民族出版社2006年版，第238页。
[2] 马鹤天：《甘青藏边区考察记》，兰州古籍书店1990年影印版，第314页。
[3] 安汉、李自发：《西北农业考察》，正中书局1936年版，第126页。
[4] 马鹤天：《甘青藏边区考察记》，兰州古籍书店1990年影印版，第438页。
[5] 汤逸人：《为牧区畜牧业早日现代化而奋斗》，《内蒙古畜牧科学》1976年第1期。

开放之后，春风吹到青藏高原，牧区的一系列改革措施随之而至，尤其是市场机制的进入，牧区在现代化之路上从踽踽前进到狂飙突进。牧区经济体制改革，"草场承包到户""牲畜作价归户"等政策实施，使得牧区和畜牧业生产发生了历史性变革，牧场和牲畜私有化和市场化。这场由国家主导的市场机制，对牧区的改变主要体现在草原空间使用、畜牧生产技术、牧业生产组织等方面。

在草原空间使用上，牧场条块化分给牧户，牧民开始在冬窝子定居盖房和棚圈建设，开始在此方面投入大量的人力和物力。数据显示，青海省1950年到1985年，全省用于畜牧业基本建设的投资只有1.28亿元[1]。与之形成鲜明对比的是，1984年青海省牧民自筹资金131.5万元用于草原建设，此后逐年增加[2]。而到了2000年至2004年底，青海牧民自筹草原建设资金达11.83亿元[3]。对1951年至1985年的35年与1986年至2006年的20年两个时期进行比较，比较结果显示，后20年围栏草场建设是前35年的5.3倍，棚圈建设是21.75倍，种草投资是19.1倍，改良草场建设是21倍，草地建设投入是24倍[4]。

毋庸置疑的是，定居点、牧畜棚圈等的确减轻了牧民的生产强度和仔畜成活率。2008年7月，在海晏县的实地调查中，托勒乡托茂牧民马福海说："以前我们祖祖辈辈都是随水草而动，靠天畜牧。改革开放后我们分了牛羊和草场，政府还大搞'五配套'工程（笔者注：指定居点、牧畜圈棚、草地围栏、饲草种植、人畜饮水），和以前确实不一样了。现在我们家的1500亩冬圈全部弄了铁丝围栏，还建了两个暖棚。连羊都住进房子了，这在以前想都不敢想。"马占海补充说："过去没有育羔暖棚，羊在外天地里下羔。尤其在冬天，天寒地冷，羊羔产下后，稍有迟缓，就会被活活冻死，到了产羔期白天夜里都不得休息，下的苦多，羔羊成活率还低。有了暖棚，有两个好处，一是到了冬天，大牲畜不再容易掉膘了；二是接羔育羔不再那么操心费力了，成活率还高了。"

祁连县野牛沟乡买素木，向笔者述说了他家棚圈建设和现代养殖的情

---

[1] 谭国刚：《青藏牧区畜牧业现代化的障碍与实施》，《青海师范大学学报》1991年第1期。

[2] 张德博：《我省牧区经济体制改革的回顾和展望》，《青海社会科学》1998年第2期。

[3] 赵晓娟：《青海草原畜牧业可持续发展的思考》，《牧业观察》2008年第2期。

[4] 赵晓娟：《青海草原畜牧业可持续发展的思考》，《牧业观察》2008年第2期。

老牧民与"草原使用证"　　　　　　　钢窗式的育羔暖棚

况:"1998 年，我在父母分给我的冬圈上选了一块能挡风、阳光好的地方盖了两间房子，在房子跟前还建了一个土木结构的羊用暖棚。2002 年，国家补贴了一万多，我掏了一万多，又盖了现在这个砖木结构钢窗式的暖棚。暖棚这个东西作用大，冬天时羊在这里下羔大多数都能存活，我们家的羔羊成活率达到了 80% 以上。2003 年左右，我家的草场全部完成了铁丝围栏，这对长草好。从 2000 年开始，隔几年我就从大通牛场等地方购买野血牦牛种公牛和种公羊，弄了牦牛提纯复壮和种公羊串换，提高畜种品质。现在为了防疫我们还经常给牛羊打针注射疫苗。总的来说，现在牛羊成活率好了呗。"

(二) 牧业现代化

与此相应，新的技术和观念随着市场和资本进入高原牧区，不少牧民培训学习科技养畜的知识，掌握并推广了杂交新品种和畜疫防治新技术，改变了许多传统的劳作方式。长期生活在不确定环境中的牧民，很容易适应新的形势和变化，我们看到，一些发达地区乃至国外的先进生产技术和方式也开始被一部分牧户所接受，这些牧民借此实现了家畜良种化、畜群结构合理化和快速育肥周转，进而提高了出栏率、高品率。另外，在家庭经营背景下，一部分牧户根据牛、羊的繁育特性，合理确定畜群内部基础母畜、后备母畜和种公畜比例，形成母畜比重高、总增高、周转快、持续发展的畜群结构。

改变畜群结构，也是牧民因应现代性的重要举措。传统畜牧业的一个突出特点是牧户经营的牲畜——牛、马、羊样样俱全，样样都有一定规模。这在过去并不成为问题，出于对草原和牲畜的了解，牧民们会根据牲畜食草特征的不同，采取按牲畜草食性质和草场类型相对应的方式进行放牧，如"马放滩，羊放弯，牦牛上高山"①。随着市场经济在草原深入，牧民们不断调整牲畜构成以适应市场的需求。

民国时期西北考察者曾记录了青海牧区的牲畜用途及其结构："蒙、番聚族而居，多从事牧畜，羊为大宗，牛马次之。羊略似内地之绵羊，惟身高力大，毛角甚长，俗称番羊。番人精于选种，每于羔羊中检其牝羊体格强健者，留作种羊，余者阉成羯羊，以供肉食。……牛分牦牛、食牛两种，前者状况凶恶，毛长尾大，专供驮运，食牛即内地之黄牛。食牛与牦牛相配，所生之牛，名曰犏牛，雄壮力大，青海内部运输多赖之。"②

20世纪80年代以后，摩托车进入牧区，并日益成为重要的交通工具，迅速替代牧马，皮卡等替代牦牛、犏牛成为牧民依赖的运输工具，牛和马在畜群结构中比例趋于下降，畜牧结构发生很大变化。对此，生态学家在对青海湖地区草场资源研究后做出学理阐释，他们认为从对草场资源的利用上看，同一块草地上，单纯养一种家畜，牧草利用率很低，消费很大。实行牛、羊、马混群放牧，则能收到较好效果。结合各类家畜的市场价值、投入的劳动力成分等因素看，合理的畜群结构比例种，绵羊应占80%，牦牛占17%，山羊和马占2%—3%为宜③。

在诸如此种科学理论指导下，海北州政府提出了"稳定牛、限制马、发展羊"的调整方向，根据不同区域的生态状况、植被类型和牧民生产经验，选择有比较优势和市场潜力的牛、羊作为主攻方向。2008年1月，做过村干部的祁连县默勒乡的韩占龙给我通俗地讲解了牲畜结构调整的价值，他的大概意思是："现在一般的牧民家里就养一两匹马，主要是用来短距离放牧，有一些家庭不再养马。过去马是富有的表现，现在马的经济效益不大，养马的年限较长，一般养八至九年才能卖两三千，但马吃草

---

① 张逢旭、雷达亨、田正雄：《青海畜牧》，青海人民出版社1987年版，第49页。
② 林鹏侠：《西北行》，甘肃人民出版社2002年版，第105页。
③ 南文渊：《高原藏族生态文化》，甘肃人民出版社2002年版，第112页。

多,一匹马一年能吃掉50只羊的草,按今年(2007年)的羊均价300元每只来算,养羊的经济收益可达到1.5万元。哪一个(方式)划算,是明摆着的。"

牛羊育肥,是现今托茂牧民较注重的新的生产方式之一。这种现象虽然在农村出现的很早,但在牧区形成一种规模化的生产方式却是近二十年来的事。在牧区草场,每年都有许多瘦弱的牛羊难以过冬,这些瘦弱的牲畜便是牧民秋季出售的主要对象。针对此规律,20世纪90年代农业区的一些农民看到这种商机,他们把这些牛羊低价收购过来用人工喂养,到来年春季再宰杀出售,因此可以赚取一笔利润。随着日光暖棚等设施的建立,牧区草场有人逐渐搞起了牛羊育肥,甚至很多移居县城的老牧民专门从事相关活动。牛羊育肥进一步的变通方式是羔羊出售。松子开老人说:"让我说以后在生产生活上有什么长远打算,我觉着,第一要继续搞好草原建设,因为草和牛羊一样,都是我们牧民的命根子,如果搞不好草原建设,我们就活不成。第二要提高母畜比例,还要舍得出售,要多出售牲畜,尤其是羔羊的出售要抓紧。现在羔羊当年出售,赚钱还划算。"

如今羔羊生产是怎样的一个流程、遵循什么规律?韩占龙说:"我给你们举一个例子,一户人养200只适龄母畜的话,在我们默勒乡是一个中等户水平,按70%的成活率计算,一年可产140只小羊羔,这些小羊羔牧养8个月后就可以出售。最好的出售数是100只,因为还要留下40只用于来年发展。"对于今后畜牧业的生产,韩占龙有以下经验总结:"一、提高母畜的比例,母畜比例要达到50%以上,逐渐淘汰公畜;二、载畜量要控制,载畜量大的后果是草场的退化,(草场退化)容易造成草原灾害。"

综上,我们看到,20世纪80年代牧区改革的直接成果之一是牧民的定居,定居是游牧民族生产生活方式的一场深刻革命,牧民不再移动不居。牧民定居带动了草原上棚圈、围网、饲草种植等配套设施的发展,增强抵御自然灾害的能力,同时随着各种畜牧业生产实用技术的推广,牧民的劳动强度相对减轻。市场化和商品经济,使得牧民开始在自己草场内权衡投入产出比,牧民对草场的使用更为理性。在经济考量中,牧区的畜群结构越来越趋于单一,并向小畜为主的畜群结构发展。市场机制与技术变革的结合,使得牧民生计走向另一个极端,生计活动逐渐市场化,成为追求利润的"小牧"①。而且，定居及棚圈养殖方式，如购买草料、围栏、开发饲料地和育肥等，使其与农区的圈养越来越相似。各种资本随着市场经济进入牧区，牧民的生产观念、消费习惯等随之发生变化。

二 市场经济中的畜牧生产与非畜牧生产

马克思认为，市场交换是使私人劳动或者个别劳动获得社会承认、实现其内涵的社会劳动性质的基本途径，它把具有不同经济贡献的地区、进行不同专业生产的人们联结为一个统一体，它凭借价格这一共同语言，超越了一切宗教、政治、民族和语言的限制，使商品所有者的行为"发展为对实践理性的信仰，而与阻碍人类物质交换的传统的宗教、民族等等成见相对立。"②

（一）市场经济与营生观念的变化

自草畜承包制度实行以后，紧接而来的是牧区市场化进程加速。市场带来了资本，也带来草原与牧区的巨变。随着牧区改革的脚步，新时代的牧民在"科学养畜"号召下，致力于实现家畜良种化、畜群结构合理化和快速育肥周转，提高了家畜单位畜产品的产量，提高了牲畜总增率、出栏率、高品率。祁连等地的托茂人在畜牧业生产中也不断引进了一些新工具，如剪刀、电动剪毛机、牛奶分离器等，从而改变了许多传统的生产方式。

生产方式的变迁往往引起社会结构、价值观念以及生活方式的变迁，牧民有了"生产什么"和"怎样生产"的相对自主权。实行家庭承包责任制后，与公社时期不同，牧民开始自主经营牧场，牧场作为某种意义上的自我"财产"，牧民有保护、珍惜的意愿，同时为了追求经济效益，他们也会从牧场获取眼前利益。市场经济到来，他们可以自愿限制生育来控制人口规模，也会自觉地投资人力建设自己的草场，还会顺应形势提高出

---

① 王婧：《国家、市场与牧民生计转变：草原生态问题的阐释》，《天府新论》2012年第5期。

② ［德］马克思：《政治经济学批判》，《马克思恩格斯全集》第13卷，人民出版社1972年版，第142页。

栏率以控制牲畜数量，这些做法可谓是牧民调适人与社会环境关系的新策略。

牛粪：牧区的传统燃料

挤牦牛奶

很长时间里研究者们声称：传统的畜牧业经营追求牲畜头数，片面追求纯增数，喜欢养老畜、养长寿畜，牧民以存栏牲畜头数论财富的传统思想观念导致牲畜的出栏率较低，较低的出栏率加剧了草原的草畜矛盾，草少畜多就使得越冬牲畜的死亡率较高，如此往复循环便直接影响了牧民的经济利润。从市场经济的角度看，的确如此，牧民也按此角度和路径，追寻"现代畜牧业"。

现代畜牧业对应的是传统畜牧业，传统畜牧业是以自给为目的的自然经济，它的基本特点是自食率高、商品率低。在以获取使用价值为目的的自然经济中，牲畜本身不具有蓄藏手段的职能，牧人也无动力去追求最大限度的畜群规模。市场经济的到来，改变了牧民养牧的目的，即由原来的追求使用价值转变为对价值的追求。由于价值的代表"货币"，一方面可以使"买"和"卖"在时间和空间上分离，另一方面又具备蓄藏财富和积累财富的功能，这就为牧民最大限度养牧和追求货币创造了条件[1]。

习惯了变动的牧民，很快适应了牧区市场化。20世纪80年代，自畜牧业实现了从游牧畜牧业向定居畜牧业的过渡，其生产经营开始从自给自足向"商品经济"的过渡。随着商品经济的发展，畜牧业结构也发生明显变化，牧民的市场意识增强，牧民饲养牲畜的目的不再只是为了自给自足，而是作为商品进行交换，获取利润。市场经济对牧民的生产生活产生了深刻影响。牲畜、草场包产到户，牧民的畜牧业生产有了较大的自主权，他们开始按市场的需求调整牲畜品种和出栏率，生产注重经济效应，生活注重经济利益。随着定居的实现和房屋的建造，以及交通和信息业的发展，各种新生事物和新观念不断涌入牧区并渗透到牧民生产生活的各个方面。

牧民商业意识的变迁和适应，主要表现在牧区集镇贸易的发展上。集镇作为城乡的纽带，是沟通城乡间的人流、物流、信息流的重要渠道，也是牧业人口转向工商业人口的初级预备阶段。在新中国成立前，祁连县无集镇贸易。1957年7月，在"实行国家领导的自由市场政策"下，峨堡乡举办了祁连首届物资交流大会。1960年12月，在县城八宝乡设祁连县第一个集镇贸易市场，定每月逢五为集。我们看到，这种经济性质的集市，与现代行政体系"县—乡—村"在牧区的推行相配套。

"文化大革命"前后至1978年，祁连的集镇贸易作为"资本主义尾巴"被割除。1979年始，祁连县恢复物资交流会。此后在县城八宝乡选

---

[1] 刘明远：《论游牧生产方式的生产力属性》，《内蒙古社会科学》2005年第5期。

祁连县峨堡乡的"集市"

址修建平房与防雨防晒棚，建立两处固定农贸市场①，农贸市场不仅有农业产品的交换，还有牧业产品的交换。现今峨堡、阿柔、默勒等畜牧业乡镇有了自己的集贸市场。2005 年笔者第一次田野工作时见识了峨堡集市的烟火味，在县城八宝镇的集贸市场目睹了赶集日人头攒动、车水马龙、商品购销活跃的状况。如今牧民对集市的依赖程度日渐增大，集市逐步成为牧民社会生活中不可或缺的部分，牧民由以"售"为主到以"购"为主，从集市获取生活日用品成为日常。

在前现代的牧区，由于流动放牧、分散居住、地广人稀等原因，没有形成农民家庭或农村经济组成部分的手工业、副业和小商业，大多数牧民没有务工经商的传统。而今，被视作只会放牧的牧民，大多对商业发生了兴趣，并掌握了一定的经商技巧。放牧之外，很多牧民还利用闲暇时间从事各种副业生产，如挖药材、养鹿、短途贩运等。2000 年后，青海海北牧区粮油部、水果蔬菜铺、杂货商店等逐渐多了起来，甚至在夏、秋圈高海拔的地方间隔一段距离就会见到门前挂着小红旗的帐房，其实它们就是草原上的"超市"，牧民可以就近购买一些日常用品和副食品。

观念的变革随变动而动，面对商品化的市场经济，不失时机地调节自己的行为，使自己跟上不断变化的环境，草原牧民做出不断的努力。托茂人因为没有"耻商"的观念包袱，随着改革的不断深入，他们的思想观

---

① 祁连县志编纂委员会：《祁连县志》，甘肃人民出版社 1993 年版，第 282—283 页。

插着小红旗的帐房，实乃草原上的便民"超市"

念也在不断更新。现今，市场观念在托茂人中逐渐增强。他们开始观察市场，了解市场动态和地区间的差价，有一部分牧民也懂得了利用地区间的差价来获利。托茂人因为有从事多种副业生产的经验，又加上他们与善商的农区回族人在婚姻、社会生活等方面的紧密联系和信息获取的便捷，所以他们在这场商品经济大潮中表现得很活跃。现今，他们中的不少已走进城镇，从事餐饮业或进行小商品经营，商品经济有了一定的发展。

在祁连县野牛沟乡开餐馆的托茂牧民舍巴2005年7月对我们说："以前我没想到自己会做生意，但看着好多牧民跑运输、贩牛羊、开商店，钱也挣了，生活也好了，我也就想开了。大概是2002年左右，有一个四川人在野牛沟开了一个餐馆，生意好呗。跟着，我就开了这个餐馆，主要是针对过路的货车司机和挖矿、挖虫草的人。在牧民以前的观念中，客人是要热情招待的，无论是认识的还是不认识的，只要来到家里，就要拿出最好的食物招待客人，客人要是给我们付钱，那就是对我们的不尊敬，我们也没想着把食物卖给人。但是现在我不这样想了，把饭馆的饭菜卖给来餐馆的人就像县城里人把衣服、米面卖给我们一样，现在我还希望来饭馆的人越多越好呢！"

在祁连县野牛沟乡边麻村，出生于1930年的托茂人开开子，经历了民国时期的草原大灾害、新中国的成立、1958年的迁徙以及牧区改造和牧区改革，他是牧区沧桑变化和牧区经济变迁的见证人，在2005年8月的访谈中，他不疾不徐道："我是从旧社会过来的人，解放前，一家有二三百个牲畜，就法码（方言，近似"厉害"）得很，牧区改造时，这样的家庭就被定成'牧主'。现在一个牧民家里有四五百只羊不算啥，家里有摩托,有汽车,有的人在城里有楼房,一家在银行存款五六万不是稀罕事。"

2000年左右时,市场经济的浪潮已将托茂等牧民推向了商品生产的大海,由于获取市场信息的渠道明显增多,对市场的了解也有了较大提高,市场意识和独立自主的决策意识逐渐增强,一部分牧民能够根据市场的动态变化自主决策畜牧产品的买卖。为了孙子的教育而安家门源县城的韩占龙说:"我曾在祁连县多隆乡①做过十几年的村干部,我儿子还在多隆乡放牧,他最近买了一个七八万块钱的小车。我认为,我们作牧民的想致富,脑子不活不行。要跟着市场走,就拿羔羊育肥来说,现在一只羔羊育肥,当年出栏就能卖300多块,而牧养三年的老羊也卖300多块。羔羊育肥效益好是明摆着的,养老羊费工又费草。所以说,放羊也要动脑子,市场上啥值钱,我们就发展啥。"

牧区工商:2005年祁连县野牛沟乡工商所的宣传广告

随着20世纪80年代营造的商品经济思想观念之深入,包括托茂人在内的青藏高原牧民们有了很强的竞争攀比意识,他们不但在畜群质量、数量上展开竞争,而且还将竞争延伸到经济财产、家用物质、培养子女、生活质量等方面。可以预见,当市场经济逐渐成为托茂人经济生产的主要运行方式时,又必然通过各个侧面对托茂人之生产方式的变迁发生实际影响,并强制性地使他们的经济生产走上市场化发展的轨道,他们除了从草

---

① 乡镇合并后,现为默勒镇多隆村。

原牧场汲取利润外，也从畜牧业之外多途径获取经济。如今，有托茂人从事养鹿、餐饮、药材、商铺、贩卖牛羊肉等各类型副业生产，还有部分托茂人脱离牧场，从事打工或创办企业等，托茂人的营生行当涉及畜牧业、旅游业、餐营业、宾馆住宿等。他们有在青藏线上跑大货车搞运输的，如祁连县默勒镇马生贵，曾任多隆煤矿第三分矿矿长，从1999年就开始专此营生；有从事客运的，如海晏县托勒乡的马占海，客运和畜牧两不误；有从事水果蔬菜商店的，如野牛沟马桂梅，不一而足。

（二）商业经营者的案例

个案1：韩光青

韩光青是改革开放后祁连县野牛沟乡从商业的典型。小学毕业的韩光青于1986—1989年在野牛沟清真寺做经生，1989—1994年游学于祁连县城下庄清真寺，1995年回到野牛沟在家放牧。由于兄弟较多、家里承包的草山有限，经济收益较小，生活艰难。穷则生变，1999年韩光青与县城等地的朋友开始合作从事牛羊育肥和贩运生意，由于他眼界开阔，又有其他地方的朋友提供信息，几年后他便购买了一辆卡车，自己也开始单独创业，在贩卖牛羊之外还搞货运。2007年他又开始涉足冬虫夏草、野生黄蘑菇等特产生意，2007年，不计畜牧业其商业纯收入就达到15万元。

2010年时，韩光青成立了野牛沟第一家养殖专业合作社专心经营牛羊育肥和贩运，经济效益良好，2013年9月，他注册成立了"祁连县野牛沟乡大泉兴通家庭牧场"，一时成为当地称道的创业好手，地方政府的各项优惠政策也接踵而来。2014年，祁连一个新的煤矿开矿，韩光青出资42万购买一台天龙牌大卡车，雇请司机专门拉煤赚取运费，然而不久出了车祸，损失颇大。祸不单行，在牧区赌博之风盛行中，韩光青被拉入赌场，不能自拔，等2015年时，不但输光了所有积蓄，还欠下200多万的账债。韩光青为还欠账，带上妻子到青海格尔木务工洗煤，经过3年多劳作，还了好几十万的账。2018年夏天，有团结互助传统的野牛沟托茂人，纷纷给光青出牛出羊捐助，收到300只羊、60头牦牛的韩光青夫妇，重新开始畜牧业，从2019年家庭收入20万，到2020年收入40万，他已还清过半的债，人缘较好的他们，重新得到人们的认可。

个案2：韩永俊

韩永俊，是野牛沟托茂人中80后创业的代表。1999年在野牛沟上完小学的他，便在草场放羊挡牛六七年；2006年19岁的他，跟他的黄金搭档托茂人冶生福，到县城八宝镇一家养殖专业合作社，参与育肥牛羊的营生，一干就是十年，前两年，平均一年能挣5万多，后来牛羊价格不断上涨，他的收入也随之上涨，一年平均可以有20万的毛收入。在此基础上，他开始运输贩卖牛羊，兼营其他，商业意识敏锐。2017年8月，我到祁连县八一冰川这一景点碰到他时，他和冶生福在冰川下扎了帐房正在做小吃行当，主要为游客提供方便面、茶叶蛋、酸奶、凉皮等，因为八一冰川海拔高、离乡镇远、运送物资不便，所以这些小吃出售时并不便宜，在七八月两个祁连旅游旺季收入不错。当时，我和一众亲友在他的帐房吃饮完毕后，大概有一二百的费用，他坚决不收，拒绝的理由很多，其中一条是2005年田野工作时我给他免费照了相。

2019年开始，韩永俊和冶生福合作在甘肃张掖办了一家养殖专业合作社。2020年6月，在其妹夫的建议下，韩永俊学习汽车修理技术5个月后，在其妹夫经营的轮胎销售店附近开了一间汽车修理厂与之配套，目前运营情况良好。他每年还从冶生福主营的养殖合作社中领取分红。与此同时，已积累足够资金和经验的他，准备返回野牛沟，让父母把租给他人的8000亩草场收了回来，自家重新放牧，并跟韩光青谈好，拟将其名下的兴通家庭牧场接手过来，从事畜牧业生产和育肥牛羊事业，在当地俨然成为商业经营的青年才俊。

个案3：马贵龙

马贵龙，1975年生于祁连县默勒镇，1991年，仅上过三年学的马贵龙怀揣着十几元钱外出打工，先后做过扒煤工、服务员、货车司机，吃了不少苦，挨了不少饿。1999年，积累了一定经验和资本的马贵龙回到自己的家乡默勒，经营起了牛羊育肥生意，因为经营有道，他的生意越做越大，2002年，他成立了自己的公司——祁连县龙海工贸有限公司，其规模日益增长，2015年该公司被青海省工商局评为"重合同守信用"企业。他的公司业务，从限于牛羊育肥，扩展到宾馆餐饮等领域。2017年，他开始以托茂文化为特色，谋求文旅产业发展，2019年成立青海祁连托茂部落文化旅游开发有限公司，推出天境圣湖—托茂部落文化度假牧场等项目。旨在打造"以托茂文化为核心，湖泊为主打景点，兼露营、餐饮、娱乐、休闲、观光为一体的草原风情文化旅游度假基地。"

宣传广告文案声称，度假牧场内可以举行团建活动、户外拓展训练、节庆集会、体验牧家生产生活方式、高原风景观光等活动，着力打造成为祁连县境内唯一一家基地。以独特的托茂人饮食文化、特有的牧家生产生活方式和高原湖泊观光胜地来吸引都市人前来体验，在这里可以体验穿着托茂服饰，吃着糌粑、油搅团、酸奶、炒面等多种当地托茂人特色饮食，融入托茂人的放牧生活，赶着牦牛、羊群体验一场非凡的民俗。文案还赋予文旅项目以民族团结等意义："旅游是现代文明社会中不同地区、不同民族、不同文化背景、不同宗教信仰、不同生活方式的人们增进相互间的了解和理解，加深相互交流的最重要、最便捷的通道。通过旅游，可以使人们增进互信共识和谅解，有利于社会的和谐稳定发展。天境圣湖旅游度假基地的建设有利于当地汉族、蒙古族、回族、藏族、托茂人等多个民族之间的文化交流，在基地他们共居、共乐，在不断的交流学习中断的交流学习中对各民族文化有了新的认识，成为促进各民族交往交流交融的重要渠道。"

马贵龙还因为慈善捐助，常常出现在电视和报纸报道中。2019年年底新冠肺炎疫情暴发，2020年2月海北藏族自治州成为青海最早发现疫情的地区，马贵龙以自己的公司为主组建爱心车队，向海北州红十字会捐赠医用品和食品。爱心捐献活动遍及祁连、海北、西宁、海东、海南等地。因为国内防疫物资一时短缺，他设法从国外购回一批N95口罩等防疫用品，通过青海省红十字会捐赠给奔赴武汉抗疫一线的医务工作者和志愿者。不计人工和运输等费用，抗疫期间，马贵龙捐助的防护物资折合人民币达37万余元，获得当地政府好评。他个人和企业的影响超出祁连和海北州，在青海省产生一定影响。2020年12月，获得中共青海省委统战部、青海省工商业联合会颁发的"青海省非公有制经济人士优秀中国特色社会主义事业建设者"证书。

三 现代社会与牧民消费

（一）作为文化的消费

恩格斯曾经说："一切社会变迁和政治变革的终极原因，不应当在人们的头脑中，在人们对永恒的真理和正义的日益增进的认识中去寻找，而应当在生产方式和交换方式的变更中去寻找，不应当在有关的时代的哲学中去寻找，而应当在有关的时代的经济学中去寻找。"①

现代社会，商品和消费可能会成为中心对边缘进行文化渗透的重要力量。人类社会的消费从来就是文化的消费，消费存在于一切社会中。虽然牧区牧民牧养的牦牛可以提供大量的牛奶，但当他们开始习惯提着工厂加工制作的牛奶送礼或者自我使用时，其实已经表明牧民对某种商品文化的认可和接受。就如古代中原布匹、茶叶输入草原一样，工业产品本身的隐喻就是"现代"和"进步"。"如果我们把消费定义为一个超越贸易，和在法律框架内自由地使用物质的过程……就会看到，消费决策变成了现实文化的根本性源泉。养育于特殊文化中人们，在其一生看着它变化：新词语、新思想、新方法。"②

玛丽·道格拉斯与巴伦·伊舍伍德在《商品世界——消费的人类学探寻》中指出，所谓消费，就是为了使其他人得以在其头脑中转化的整个主体。消费是为作出评价、制定历法、进行认同而作出的姿态。买卖是消费意识的准备，或是其深层结构的发展。消费并非附加于固定化了的社会型构上的一种行为方式，它是生活方式的一部分。消费，这一使用价值的自然属性得到实现的过程，同时也是作为社会需要的一部分，而与其他人相联系的，并且，对他们的这种联系，提供了具有符号意义的中介材料。当把个体的背景置于其社会义务，并把消费背景置于社会过程时，商品以其对理性生活的一种极其实在的贡献而展现。就这样，商品或多或少地被视为代价性合理性范畴的转换符号。商品在所有权中的集合，对他们的选择者认购的价值等级作出了有形的、可鉴的标识。没有什么东西是以其自身而拥有价值的，因为价值是由于人的判断所授予的。每个商品的价值，取决于它与其他物品互补系列中的地位。商品可被持有或被恰当的评价、放弃和替换③。

商品作为文化的可视部分，排列于对人脑所能区别的所有层次发挥作用的等级体系和场景中。这些场景既不是固定的，又并非是在一个变化莫

---

① ［德］恩格斯：《社会主义从空想到科学的发展》，《马克思恩格斯选集》第3卷，人民出版社1972年版，第425页。

② M. Douglas, B. Isherwood, *The World of Googs-Towards ananthropology of consumption*, New York: Routledge, 1979, p. 37.

③ M. Douglas, B. Isherwood, *The World of Googs-Towards ananthropology of consumption*, New York: Routledge, 1979, p. xiv.

商品文化的渗透：中心在边缘　　　　　茯砖："馈赠"中的茶文化
眼里并不遥远

测场景中的任意排列，它们的结构依托于人类的社会目的①。所以说，商品是人们用以"建构一个可理解的世界"的文化分类图式的构成要素②。商品既提供了物质的使用，也构造并维系了社会关系。"在现代社会，许多商品都是成批生产并广泛分发销售的，这些商品可能成为不仅仅只是具有实用意义的东西，并且，出于其自身的原因，也出于它们业已被广泛分享的事实，而成为吸引关注、唤起热情或忠诚的符号结构。"③ 商品的输入和随之的消费行为，将中心和边缘的界限逐渐消解。通过同一商品的消费，边缘获得了与中心同样的文化认同。因此，对边缘来说，中心显得越来越亲近，对中心来说，边缘不再遥远。

（二）托茂牧民的消费

消费既是生产过程中的一个重要环节，又是生活的主要表现形式，

---

① M. Dougla, B. Isherwood, *The World of Goods - Towards an anthroplogy of consumption*, London, New York: Routledge, 1996, p.44.
② [美] 戴安娜·克兰:《文化社会学——浮现中的理论视野》，南京大学出版社 2006 年版，第 27 页。
③ [美] 戴安娜·克兰:《文化社会学——浮现中的理论视野》，南京大学出版社 2006 年版，第 26 页。

"生活方式主要表现于消费"即是此理。消费对托茂人的经济和社会生活具有直接的影响和建构作用。当市场经济成为托茂人经济生产的主要运行方式时，必然通过各个侧面对托茂人生活方式的变迁发生实际影响，并强制性地使该族群生活方式走上市场化发展轨道。根据市场需求开展劳动生活，从市场上获取消费品，根据市场机制进行生活资料的生产和消费，按照市场经济孕育发展起来的观念进行消费和生活并处理相关关系。

托茂人的传统消费结构比较偏低，就拿牧民对装饰的偏好而言，对于逐水草而游牧、移牧的牧民来说，"财富即是负担"，游牧搬迁和变动不居的生产生活限制了人们添置实物的需求，剩余财富大都是通过妇女们的饰物积累保存下来的，每个牧民的华贵服装和首饰，每套价值都在万元以上。随着草畜承包和定居放牧的实现，加之商品经济时代的到来，托茂人的消费方式已由几十年或几百年不变的静止性消费方式向更新换代迅速的变动性消费过渡。而且随着牧区社会经济的发展，牧民的传统消费方式也开始发生变迁，主要表现在牧民在居家安排、衣着修饰等方式的变迁上，不同形式的消费在整个牧民消费结构中所占的比重也发生变化。

20世纪80年代以来，托茂人等牧民的消费支出按着以下路线图在进行。1984年，承包制度实施后，在定居的新生产生活方式的转变中，最初的支出还主要是生产性消费，盖房、暖棚等定居点基础建设为主要支出。到了90年代，随着基础生产设施的基本完善，牧民开始注重住房条件的改善，这段时间，牧民投资建房的支出占牧民生活支出的重要部分。从2000年开始，牧民的消费热点逐渐从住房向其他消费转移，组合沙发、电视机、VCD、摩托车、洗衣机等新的高档耐用消费品迅速进入牧民家庭。2010年代，楼房、轿车等成为主要支出项目。自20世纪八九十年代开始的牧区牧民之投资建房热潮过后，用于高档耐用品和文教娱乐方面的支出和消费越来越多。"耐用消费品作为家庭财产与住房类似，但耐用消费品不作为生产支出，而是享受支出，是超基本需求，牧户通过耐用品消费来显示自己的消费层次，所以耐用消费品支出的变化趋势具有特殊的意义。"[1]

当下，生活性消费在牧民生产生活支出中的比重越来越大。2005年

---

[1] 中共青海省委政研室农牧处：《农村观察点——青海省当代农牧民问题调查》，《青海经济研究》2004年第4期。

夏季，祁连县野牛沟乡的一位托茂人告诉我 2004 年他家的花费情况：草场铁丝围栏 4000 元；修补以前的围栏 1000 元；收拾夏圈和秋圈的住房和羊圈 4000；两个孩子上学 5000 元；看病吃药 1000 元，米面、蔬菜、油盐酱醋 4000 元，一家的衣服 5000 元。等到 2008 年 2 月，这位牧民则说："现在收入高了，行情也高了，各方面的花费都多了，我们在子女结婚的时候的花费也越来越大，儿子结婚除给女方一定聘礼外，还要给他盖好房子、买摩托、手机。女儿结婚也是，今年我们在女儿结婚时，待客就花费了一万多。"

2008 年祁连默勒镇的一位报道人说："前几年我们牧区开始时兴家电，一家子暗地里跟一家子比着。人家家里有了电视机，我的女人娃娃就觉着家里没有电视，比不上人家，再说没有电视家里也不热闹，最主要的是看不到新闻，没办法知道新形势、新情况。所以一家子商量买了一套，包括电视机、VCD、卫星接收器、电源线，由于当时这里还没通上电，还买了个小型发电机，一共花了将近 5000 块钱。"野牛沟乡的一位牧民则说："现在生活现代化了，我家里现在有两辆摩托车，一辆旧的我骑，新的儿子骑。电视也有了，前几年我们这里还没通上电的时候，我就买了一个柴油发电机，专门看电视。现在还有了手机，前年（2006 年）刚开始，我们野牛沟乡每家掌柜的才有这个东西，现在很多女人娃娃也有了。这个东西确实方便，以前骑马走几天的路，现在一按（拨号键）就到了。"

由自给、半自给性消费向商品性消费转变是当下牧民消费方式变迁的主要特征。当下，托茂牧民生活的消费品来源主要有两个方面，一是自己生产的产品如肉、乳、皮毛等各类畜产品，二是市场上购买的商品，前者称之为消费品自给性支出，后者称之为消费品商品性支出。在 2008 年祁连县的 32 户托茂牧民的问卷调查中，糌粑、牛羊肉、奶乳在日常牧民的饮食比重中的分量呈下降趋势，而蔬菜、大米、面食等比重越来越高。事实上，商品经济时代以来，托茂牧民的商品性支出呈现出逐年上升的趋势。

随着牧民经济条件的改善，牧民的生活消费水平不断提高，牧民的生活性消费也呈现出逐年上升的趋势，不少托茂人开始注重消费品质。2008 年 2 月海晏县托勒乡的韩秀琴说："我家总共有 4 口人，两个孩都在县城上学，一个念初中、一个上小学。现在我们家有牲畜 260 头，羊有 210 只，牛 52 头，1 匹马。今年秋天牲畜出栏时，卖掉了 90 只羊，一个羊平均能卖 300 多块钱；牛卖掉了 20 头，平均每头能卖 1000 元，另外羊毛、羊皮、牛皮这些东西卖了 1500 多（元）。一年总共能收入 4 万多块。我们家开支也大。今年给家里换了个新电视，花了 2200 元；给掌柜的（男主人）买了个手机，花了 1500 元；给雇的看羊娃付工钱 6000 元，一天管吃管住另给 20 块；饲草种子和化肥花了 2000 多；过冬饲草饲料花了 2000 多；两个娃娃一年生活花费 7000 多；我们牧区米面蔬菜什么都要花钱，我们家一年一般能吃掉四五袋米（50 斤），十二三袋面（50 斤），需要 2000 多元；蔬菜、水果、油盐米醋一年花 3000 块左右；人情往费 2000 多。"

2008 年，矗立在牧区草山上的中国移动通信塔

有研究者指出，在当下的牧区日常生产中，为了维持更高成本的生产生活，牧户更为关注现有的经济利益，将牲畜数量扩大到自然的临界限度以维持生计，所有的注意力从草原生态的维持转移开来。在过去的传统社会，牧民们的生产成本较低，拥有相对更多的社会支持，如今这些社会支持被市场交易、雇佣关系所替代，牧民需要付出更多的生产成本，不得不踏进现代社会"生产的跑步机"[①]。现代生产与现代消费在牧区交互影响，螺旋上升，草场也因与人的亲密性、神圣性淡化，而遭受生态代价，后文论及，此处不表。

---

① Michael Mayerfeld Bell, *An Invitation to Environmental Sociology*, California：Pine Forge Press（Sage），2004.

我们看到，2015年以来，随着牛羊价格的上涨及收入途径的增多，青海托茂牧民的经济收入整体上越来越高。一个中等规模的牧民，如养殖600只羊、80头牛的家庭，年毛收入会有20多万，像韩永俊这样的家庭一年的收入约50万。但是，牧民一年的收入，大都消费掉了。这不仅仅是如今畜牧业生产经营方面的支出逐年增加，用于家庭生产经营性方面支出的比重也越来越大，也不仅仅是牧民在教育、医疗等方面的花费越来越得多，而是或者更重要的是草原牧民的文化习俗依然在发挥作用。即便经过40多年的商品经济、市场思维及定居化浸染，但草原的托茂人及蒙藏民，多数依然是挣多少花多少，没有养成农业社会和定居居民的存储习惯。努力劳动，顺应花销，草原牧民很是适应如今的消费时代。现代社会的经济追求与传统牧区的淡然财物，集于一身。

四　社会变迁中的闲暇与娱乐

（一）出行工具的变迁与闲暇的利用

闲暇就是除了劳动以外的时间，闲暇的生活方式包括休息、娱乐、学习和交往等。传统"日升而出，日落而归"的牧业生产，形成了自足、至简的生活消费方式。因为居住分散、出行不便、家庭劳动各有分工，在定居民看来，传统牧区的生活单调，娱乐活动较少。从性别分工来看，在传统牧业社会，妇女们几乎终日劳作，十分辛苦，根本谈不上有娱乐的空闲，男子一般有放牧、外出贸易等事，终日与牲畜相伴，早出晚归，虽然劳动强度不大，但耗费时间较多，难得有足够单元的时间进行娱乐。

受文学作品或影视节目的渲染，很多内地人想象中的牧区，是一个浪漫之地，策马驰骋于宽阔的草原，是一副很酷的景象。不用说，高原草场短暂的夏季之绿草爽风，就是在夏季一天中，男性牧民，在一顿糌粑早餐后，骑上马，赶上牛羊，深入草原，一个人没有智能手机、看着羊群，在蓝天白云或阴雨凉风中一待就是十几个小时，直到黄昏时返回夏窝子，此中的孤寂枯燥景象可以脑补之。当然，青海牧区有定期的那达慕、赛马会，还有抓石子、争羊圈、玩夏嘎、蒙古鹿棋等小游戏，但赛马会大都一年一期，抓石子、玩夏嘎大都是需要玩伴的小孩子游戏，传统牧区闲暇时间和娱乐形式较少，是毋庸置疑的。

20世纪80年代的改革开放,使新的生产技术和生活观念进入高原牧区,他们在生产中采用了一些新工具,如用剪刀或电动剪毛机剪羊毛,家庭用手摇牛奶分离器打制酥油,传统要用一两天才能完成的打酥油工作,在牛奶分离机时代仅仅需要一个小时。而且随着奶、乳等自产性食物在牧民饮食比重中的降低,以及蔬菜、米面等食物的增多,牧民的相关生产劳动量也明显减少了,牧民便有一定的闲暇时间了。尤其在定居后,老人和学生,在上学期间,脱离牧业生产,有了闲暇游乐的时间,他们或看电视、或跟同学游戏、或去集镇消闲、或参加集会。

这里我们着重想谈的是,牧民出行工具的变迁及相关闲暇时间的利用,这可以有助我们理解牧区经济发展下的牧民相关文化和行为的适应。因为,无论过去还是现在,牧民的很多时间和精力花在了出行上。过去主要用于常年不停的迁徙移牧,草场有多大就走多远,现如今是朋友亲戚有多远就走多远,治病求医需多远就走多远,商业联系有多远就走多远,闲暇和经济允许走多远就走多远。

托茂人传统的出行工具是牦牛和马。茫茫大草原,牧草之外就是牧人、牛羊马以及其他的野生动物。马因为奔跑速度快、持久力好,所以成为牧民最主要的交通工具,一般为出行和放牧所用,很少用于驮运东西。而牦牛因四肢粗壮坚韧、蹄子灵活有力、有超常攀登高山峻峰的能力,便成为牧区牧民最主要的托运工具,当然,在短距离的出行中,牧民也会偶尔骑用。牦牛在过去是搬迁转场、驮运物件的主要劳力。

定居后,随着经济收入的增多和道路交通的改善,摩托车、越野车等现代交通工具在中国的大量生产和普及,牧民们已不满足于骑马放牧的生活方式,摩托车成为牧民"轻骑"的首选。另外,随着牧民经济收益的增多以及汽车、小轿车价格的下降和各种档次车辆的普及,2010年后,牧区牧民购买机动车辆者在逐年增加。现今,在季节转场时,摩托、吉普、东风小卡车常轰隆隆地载着牧民及其他们的家向另一片草场驶去。骑着马儿跟着牛羊、驮牛驮着家什物件费时费力的转场在牧区已很少再见。

2008年2月祁连县默勒镇一位牧民说:"我们牧民过去放牧、转场进城和出门走亲戚家主要用的是马和牦牛,这一二十年来,随着经济生活的提高和公路的发达,我们这儿的人家家都买了摩托车和双排座小货车,有的家还不止一两个。我就有一个摩托车,我家离乡上有两千米多的路,平时去街上买菜和送孙子上学都用这个,这个东西现在方便得很,离不开。"当然,田野中也有牧民向我们抱怨说:"前年我给儿子买了一个摩托车,现在还后悔着呢,年轻人骑车疯得很,经常爆胎,冬天雪多地滑,又经常翻车。现在我们这里买摩托车的多得很,但我觉得这个不如原来的马,马吃草,摩托车吃油,你说哪个划来?"

马与车

2008年3月笔者在祁连县就有关问题专门设计了问卷,以户为单位调查了32户托茂牧民。32户牧民中,现在家家都配有摩托车,有两辆者4家,最早拥有摩托车的时间是1986年;32户牧民中,现在拥有机动车辆者6户,有皮卡车、有小货车、有大货车等,最早拥有机动车辆的时间是1998年,没有购买车辆者,有11人选择以后会买,有8人选择想买。当然,摩托和机动车辆消费又带动了柴汽油和维修费的消费。上文我们提到的韩德敏,其皮卡车在2008年就消耗了8000元的汽油费。2017年8月,我们调研中看到,祁连野牛沟的托茂人,几乎每家每户都有SUV等机动车,汽车已成家庭用具的标配。

现代公共交通设施,在牧区牧民的出行中具有很大的作用。就祁连县而言,到2005年为止,所有县城到各个乡镇的客运路线都已开通,有的路线甚至一天发两三趟车。另外,县城里还有很多私家小面的也常常载客拉人。牧民出行不再困难,确是事实。而且随着祁连发往其他县城或西宁路线的增多,牧民的出行范围也不断扩大。在我们2008年调查的32名牧民中(当然大多是男性),都表示去过西宁,有8人去过兰州,有4人去过西安,有2人去过北京。其中有位65岁的老人还说他去过深圳,他说改革开放后,政府部门组织了一批牧民到东南发达城市去参观,说这些城市以后就是青海牧区的发展方向,他就去了。2010年之后,随着私家车的逐渐普及，以及铁路交通的方便，习惯移动的牧民，也喜欢去看看远方。在牧民看来，城市既遥远又不遥远。

随着牧区经济发展和闲暇时间的增多，现今牧区的娱乐方式也日渐丰富，诸如从看电视、听录音机、玩电子游戏机到刷手机、玩快手……城市居民的所有娱乐方式都开始在牧区出现。牧民在电器方式的娱乐中，经历着时代的文化适应。

（二）电器时代的娱乐

牧民定居后，由于居住相对集中，各种公共基础设施就可以跟上。2004年5月，野牛沟乡政府及附近的一小块区域通上了电，太阳能照明灯便开始迅速退出，牧民还掀起了彩电购买潮①。2006年11月，野牛沟乡的3个行政村的所有冬圈定居点通上了电。2006年11月，中国移动通信公司在野牛沟乡架立了卫星通信塔，牧民迅速走进手机时代。2007年，野牛沟乡开始有了网吧，因为宽带未通，此网吧实际上就是青少年的电玩游戏厅。事实表明，电视、电话、广播等传媒手段可促进牧民信息量的增长，也可以增进当地牧民对外界的了解与接触。自2000年始，野牛沟牧民逐步跨入了电器时代，如今电子媒介不但渗透进了他们的生活，而且改变了他们日常生活的内容，从看电视成为他们生活的重要组成部分，到如今使用智能手机社交、游戏成为日常中的必需。

2008年3月，我们在祁连的问卷调查显示，在所有牧民的日常活动中，放牧或从事相关生产活动，高居各项之首，紧随其后的则是"看电视"。关于看电视的时间一项，问卷调查的32户牧民的情况如下：每天看电视3小时以上者有12人，占总调查数的37.7%，每天看2小时以上者有11人，占总数的34.4%，看电视1小时以上者有9人，占总数的28.1%。在收看电视的内容方面，老人们主要喜欢看"新闻类"的电视节目，年轻人则志趣于"影视类"和"音乐类"，一些妇女则表示喜欢看电视剧②。当然这也得益于经济发展后，家用电器拥有量的增多，托茂牧民家用电器拥有量具体数据见表1。

---

① 电视进入牧区其实要比通电进入牧区的历史要早，在没有通电的时候，就有一些富裕的牧民购买了电视和柴油发电机。

② 以上数据只反映的只是冬圈或者说在定居点生活的牧民之情况，因为在夏、秋圈的牧区既没有通电，也没有固定的房屋和电视，牧民很少看电视。

表1　　　　　　　2008年托茂牧民家用电器拥有量　　　　　　（单位/户）

项目	均值	最大值	最小值
户均电视（台）	1.26	2	1
户均VCD机（部）	0.77	2	0
卫星接收器（台）	0.96	1	0
户均电话（部）	0.43	1	0
户均手机（部）	1.32	3	1

对于有电视的家庭而言，电视是他们了解中央最新动态，接受信息和新鲜文化血液的最佳途径[1]。2008年，55岁的托茂牧民伊斯玛说："娃娃们爱看体育和打斗片，几个孙子还常为看不同的频道闹气，我爱看新闻，中央新闻、省上新闻和国际新闻都看，什么萨达姆给审判了、拉登没抓住，我都关心。另外，我也看省上的牧业电视，能知道好多东西。"电视传媒文化传播在物质层面上表现尤为突出，作为新科技成果的电视和许多交通通信设施的出现，对牧区牧民社会生活产生强大的影响，其实这也是技术改造生活的典型事例。近年来，除了智能手机信息化带来的新体验，以及通过经营商业而与城市、城市居民和城市文化接触、交往以外，无论在信息量还是在选择性上都越来越丰富的大众传播对牧民影响至关重大。

电子媒介构筑的"世界"的确介入改变了牧民的日常生活，其影响主要表现在大众文化的推进方面。电子媒介将一个看起来更加物质、更加丰富的外部社会带到牧民面前，并影响了他们的精神生活。它刺激了牧民对城市生活的向往、对物质消费的向往等。另外，电子传媒还为牧民构建了全球化的语境，传媒改变了牧区牧民原有的空间感，构筑了新的文化空间和联系的纽带。正如社会学家罗吉斯和伯德格在《乡村社会变迁》中认为："大众传媒某种程度上可以补偿自然形成的乡村隔绝状态。报纸、杂志、广播、电视为农民传播了现代道德，大众传播可以帮助农民克服自然隔绝状态所带来的地方主义。"[2]

电子媒介的使用也带来了新的娱乐和生活方式，比如许多年轻牧民都

---

[1] 王君玲、刘益梅：《社会转型中的文化认同——以阿克塞、肃南、肃北少数民族调查为个案》，《甘肃社会科学》2009年第1期。

[2] ［美］埃弗里特·M.罗吉斯、拉伯尔·J.伯德格：《乡村社会变迁》，浙江人民出版社1988年版，第333页。

提到了在闲暇时间喜欢听歌、看电影、唱卡拉 OK。在入户调查时，我们也的确在许多的牧民家中看到了用于唱卡拉 OK 的碟片、VCD 以及音响设备。在 2008 年，我们感知到，因为生产生活方式的不同，牧区牧民电器的拥有率偏低，与农区和城市相比还存在很大差距。但是，随着祁连县城牧民小区的建设，越来越多的牧民，尤其老人小孩住进楼房，各种农区、城镇家庭需用的家电，如冰箱、洗衣机等在牧民家里都普及了。

当然，"电器时代"并不等于电子时代，在 2008 年，接受我们调查的很多中老年并没有购置电脑的想法，虽然农区和县城的家庭那段时间时兴起一股购买电脑的潮流。与手机相比，电脑在牧区主流观念中遭受了不公正的"待遇"。因为手机作为一种时尚、实用的通信工具，年轻的牧民在放牧时随手拨弄，并没有惹来老人和家长的非议；而电脑则不同，它被视为一种腐朽的东西，与"不良青年"联系起来，我们在野牛沟调查时，很多老人和妇女反应很强烈，说现在牧区最坏的风气就是年轻人玩电脑和赌博，不安心放牧了。

"电视卫星锅"，可以收看 50 多个电视频道（2008）

不过，有意思的是，随着智能手机于 2013 年后在牧区的普及，电脑不再成为"问题"，很多托茂人被智能手机"俘获"，尤其微信这一款社交软件开发和流行，就连很多老年牧民也无法拒绝，他们刚开始被打开手机可以和远方的亲朋面对面聊天所震撼，之后迅速接受和适应这种便捷的通信方式，除了视频电话，他们也喜欢语音留言。相比而言，年轻人很快熟练了更多玩法，譬如制作美图、拍摄、发送短视频等。快手、抖音等软件，也很快成为受到青年一代的追捧。譬如，名叫"托茂韩哥"的托茂人，自 2018 年 4 月注册了快手，正好赶上托茂文化研究协会拍摄托茂婚俗纪录片，他便在 2018 年 4 月 27 日发布第一条托茂人文化的视频，之后几乎每天晚上做直播，介绍托茂历史文化以及牧区的日常生活，粉丝量达到 3.5 万人。

如今，牧民放牧时，很多人不再用眼和心长时间感知"天苍苍、野茫茫"，而是抱着手机一刷屏就是几个小时，甚至走路、吃饭看手机，一些学生和年轻人痴迷于网游，沉迷于手机，时常引来父母及老一辈托茂人厌恶斥责，就连"托茂韩哥"也被有威望的托茂老人谈话，劝阻其少玩快手，尤其不得直播发布跟托茂有关的视频。无论如何，微信、快手等，日益成为托茂人最主要的休闲娱乐方式，他们通过这些媒介，感知了外面的世界，也有人试图通过这种方式让外界了解托茂历史文化。显然，由于牧区的现代化以及现代通讯媒介和社交软件的普及，托茂牧民也或被动或主动地与全球化相对接了。

第七章

绸缪束薪：托茂人的婚姻、家庭与生死观

人的再生产和社会化都始于家庭，而家庭是婚姻、血缘、经济等的互动组合单位和组织形式。家庭源于婚姻组合，婚姻组合自有一套制度为支撑。托茂人的婚姻制度和婚姻礼仪不但具有人类学研究的典范意义，而且通过其有助于丰富我们对托茂人历史和现状的认知。人类学自学科诞生起就形成了研究婚姻和家庭的传统，关于婚姻与家庭产生了众多的民族志成果和理论阐释。婚姻在很多社群中都是重要大事，人们通过婚姻转换社会角色，承担更多责任和义务。人们也通过婚姻繁衍后代，将子孙与文化绵延相继。当然，婚姻也跟经济和社会交换相关。

一 托茂人的通婚圈及其变迁

通婚圈，也即人们从文化、地理、经济等不同角度选择通婚的范围。从文化的角度进行选择，可以形成通婚的文化圈；从地理的角度进行选择，可以形成通婚的地理圈。在此之外，社会关系、人际网络、宗教信仰、生产生活方式、地理分布和现代观念等因素亦影响通婚圈及其演变。托茂人根据自身人口消长与环境变化，不断调适自己的通婚圈，自清末以来有三个时期的通婚范围变化。

（一）娶进与招赘间的抉与择：人口极少阶段

今天的青海托茂人，主要是光绪二十二年留下来的几户人家繁衍而来。这几户人家分属于三个小家族或小部落，即"盖斯盖""郭皮亥""麻叶亥"[①]。当时留下的托娃、托茂三哥、者哥等为"盖斯盖"，其中托

---

① 笔者在新疆调查时发现，新疆托茂社会，除这三个部落之外，还有阿润占布、巴克西两个部落。

茂三哥与者哥为堂兄弟，者哥是托娃（女性）的小叔子。由拉和六十九等为"郭皮亥"，新乡老、大汗七哥、大帐（女性）等属于"麻叶亥"。托茂人有同骨系即小家族（部落）内严禁血缘通婚的传统。

在托茂人口极少时，族群内部通婚肯定是不现实的，与同部落的蒙古人或邻近的回民通婚是情理使然。应该说，当时托茂人与外群体的通婚是有秩序或带有理性的。虽然个体有差异，有感性因素，但总体上托茂人在娶进与招赘之间作了巧妙的安排。在托茂男性择偶上，即娶进的婚姻方式上，他们大多选择了与自己在生产生活方式上有共同点的蒙古女性。他们娶进蒙古女性，一是因为草原蒙古人喜食牛羊肉，与托茂人饮食基本相同；二是由于托茂人与当地蒙民在多年的邻里相处中，形成了守望相助的传统，有交友来往的亲密关系，很多蒙古牧民喜欢托茂人去宰杀的牛羊肉，双方在饮食禁忌和生产生活上没有大的文化隔阂；三是草原托茂人与蒙古人传统上都是以男性为中心的社会，男性在家庭中有较多权威，故托茂人在娶进婚亲中喜与蒙古女性配偶，这样最大可能地消解了与外群体通婚对族群及其文化的冲击。比如在"盖斯盖"家族中，托娃的小叔子者哥娶进的就是蒙古女性，托娃的儿子尔由布（1901—1979年）、托茂三哥（1904—1960年）（与其堂叔托茂三哥同名称，为了区别，托茂常以大三哥、小三哥相称）都娶了蒙古女性为妻。

在托茂女性择偶上，首选还是嫁给非骨系的托茂人，如"盖斯盖"托娃的女儿海底彻（1899—1983年）嫁给了属于"麻叶亥"的大汗七哥。而在托茂人中没有适龄相配的男性时，他们选择招赘湟中上五庄等地的回民青年为婿。最初，托茂女性的婚姻没有首选回民，是考虑到回民长期从事农业生产，并不是游牧的行家里手，生产生活方式上存有差异，而之所以采取招赘回民为婿，是考虑到回民在宗教信仰上与其一致，而且招赘在草原从事畜牧业，对族群及其文化也没有大的冲击。

在青海草原，招赘是一种较为普遍的婚姻形式。在蒙古族等牧民观念中，并没有明显的重男轻女思想，女儿可以继承遗产并在结婚时分得牛羊牲畜等资产，而且对于畜牧业生产来说，招赘一个女婿入门，家庭就多增加了一个劳动力，相比女儿出嫁，招婿是一项非常经济划算的事情。民国时期的青海考察者，注意到了蒙古社会恋爱、招赘婚的情况："男女婚姻，大都自由恋爱，以手帕（蒙语称哈达）酒瓶为定礼，新妇过门后，方送聘礼，聘礼因贫富而有不同，贫者馈送牛羊，或银数十

蒙古族婚礼中的新郎、新娘

两。富者彩礼则至五六百两，或达千两。又喜招赘，赘婿多仰女家鼻息，感情稍失，虽女方另有所属，与人同居，亦不敢分辩。"[1] 喜招赘，确是事实，但是关于赘婿之劣势，或是听到的极端案例，或是从男性中心文化观之，并非公允之论。事实上，赘婿在牧区社会中，地位并不低，就如女儿在牧民家庭地位不低一样。在很长一段时间内，招赘婚都是托茂人常见的婚姻形式。招赘婚生育的孩子，不但被托茂人认同，他们也很认同托茂人。

轿车、摄像机、民族服饰、红喜字，在现代性的背景下，各种文化在婚礼中展演

---

[1] 孙瀚文：《青海民族概观》，《西北论衡》1937年第4、5期。

（二）姑表婚为主的族内婚的取向：人口繁衍到一定程度时

历史上许多族群尤其一些人口数量较少的群体，为了避免被异群体同化，总是非常注意群体的自守问题。他们不但在文化传统上，小心翼翼地注意免受异族文化的侵染与侵蚀，而且在族群繁衍、血缘血统方面，亦格外注意，避免其他民族的渗透，为达此目的，这些群体喜欢"在适宜的婚姻中设置外层界限"[①]，保持群体特征。等到光绪二十一年后，托茂人繁衍到第三代时，即以托娃的孙子辈起，托茂人口已有三四十户了，这为他们进行内部通婚创造了条件。

现今的托茂老人大多是光绪二十一年湟河事变后的第三代人，在他们的观念中，姑表婚是最好的婚姻形式，而且他们本身就是姑表婚的践行者。托茂人的这种姑表婚具有明显的"婚姻对流"现象，例如"盖斯盖"的A户从"郭皮亥"或"麻叶亥"B户娶进女子时，也将A户的女子嫁到B户家中，如果A户有两三个女儿，往往存在至少两个女儿嫁给B户兄弟的情况。所以托茂人都是亲戚，存在着盘根错节的亲属关系网。在田野调查中，每当人们向我介绍某人时，通常先说他（她）的名字，然后缀上一句"我的××亲戚"。

相对于娶进蒙古女性和招赘回民男性而言，托茂人的姑表对流式婚姻不仅让他们的婚姻成本更低，还能增强他们之间的联系和认同感。当然必须指出的是，姑表婚只是托茂人口增多后的一种主要婚姻取向，并不是托茂人婚姻的全部，在以姑表婚为主的情况下娶进蒙古女性和招赘回民男性的婚姻还大量存在，而且开始随着社会交往圈的扩大，托茂人娶进回民女性的婚姻案例时有发生。

（三）向回民婚亲的一边倒：迁徙分散后

1958年10月，由于国防建设的需要，原本在海晏哈勒景地区聚居的托茂人几经迁徙，最后散居在海北各地。这些散居的托茂人在国家人口统计时，时而按蒙古族统计时而按回族统计，直到2000年人口统计时绝大部分按回族统计，但还有少部分托茂人按蒙古族统计。新中国成立后，民

[①] ［美］F. 普洛格、D. G. 贝茨：《文化演进与人类行为》，辽宁人民出版社1988年版，第424页。

族实体的识别政策对托茂人这一边缘性的群体的影响也是显而易见的。在回回、回民、回族混用的语境下，他们常被主流社会视为回民，在"回民=回族"的公式下，他们的多重身份趋于单一。虽然在迁徙分散的初期，托茂内部还在乐此不疲地看守着姑表婚，但是由于路途、代价、成本等因素，尤其是改革开放后的一代，受现代思想和婚姻观念洗礼，不再认为姑表婚是一种好的婚姻形式之后，托茂人无论是婚姻制度还是族群认同迅速地导向了回族靠近。现在托茂人家家都有回族亲戚，而与蒙古族通婚联姻的案例越来越少。回族的婚姻文化大量入主托茂人社区，托茂人的婚姻礼仪发生了根本变迁。

二 托茂人的婚姻礼仪及文化交融

人类社会中不同族群，因为环境、生态、文化、经济等各种因素作用，会生成不同的婚俗特征。仪式研究专家范热内普言："我要提醒，婚姻总是有其经济层面，尽管其重要性有所不同，且其经济行为的性质与礼仪特质交织在一起。"① 从社会学意义上讲，传统的婚姻是将一陌生人聚合到一群体内②，神圣仪式往往相伴其中。

（一）托茂人的传统婚姻礼仪

与青海蒙古青年男女多自由恋爱不同，传统的托茂人的婚姻主要是由父母或长辈包办的。包办的婚姻，男方家庭处于明显的主动地位。等到儿子到了结婚的年龄，父母就会开始注意与儿子相配的适龄姑娘，甚至在儿子较小时父母就开始为儿子物色姑娘了。

一般情况下，父母看中姑娘后会先告诉儿子，如果儿子没有见过，他们会让儿子以"找丢失了的羊"等为借口，到女方帐房中去见见姑娘。如果儿子相中，父母就开始邀请德高望重的老人去女方家提亲。提亲时，媒人会提20个馍饼和两桶酸奶以及一块布料。媒人到女方家说明来意，如若女方父母中意这门亲事，就会将媒人提来的酸奶打开，盛上一碗给媒

---

① [法]阿诺尔德·范热内普：《过度礼仪》，张举文译，商务印书馆2010年版，第89页。
② [法]阿诺尔德·范热内普：《过度礼仪》，张举文译，商务印书馆2010年版，第104页。

人食用，那么这门亲事就算定下来了。过上一段时间后，男方父母及青年会邀请媒人前往女方家，双方家人互相见面，并商量有关婚姻的事，如是程序顺利就算完成了定亲仪式。婚礼大概在定亲的一年或两年后举行，在定亲到结婚这段时间，男方家要常去女方家嘘寒问暖，特别是女方家有困难时要给予帮助。

婚礼在牧区社会是一项大事，分散居住、平日忙碌的亲戚朋友，大都期待在这样的日子相聚、畅聊和饮食大餐。当然，因为要准备餐饮等婚前事务，一家之力无法完成，邻居亲戚朋友等便主动前来互助互济。在婚礼举行的五六天前，男女双方家里便开始热闹起来，帐房多了起来，主要是远近亲友自带而来。婚礼当天，新郎穿着崭新的礼服，在伴郎的陪同下，随着众人组成的迎亲队伍，骑着骏马，带着枣子、核桃、糖等礼品于早晨出发。迎亲队伍在临近女方家不远处下马，步行到女方家。男方伴娘要拿上给新娘准备的全身新衣，负责给新娘换上。

进了新娘家帐房后，媒人会领着新郎及娶亲众人给岳父母和新娘家族中的长辈行问候礼，然后到帐房入座。入座后，一番寒暄客套，便进入婚礼最重要的一项仪式，做证婚仪式（尼卡合）。此时，男方要把准备好的一只整羊（肉）送给女方。证婚仪式时，主婚人阿訇被邀请坐在帐房的上座，新郎则对面而坐，新娘不会出现在此帐房，而是在隔间帐房中聆听，因此阿訇念诵证婚词时声音一定要洪亮清楚，以便使隔邻帐房里的新娘听到。最后，阿訇征询男女双方是否愿意结合婚配时，新郎、新娘的代答者回答"愿意"（盖比勒土），那么这桩婚事便成立并会等到得到社群认可。证婚仪式结束后，主婚人便将放在桌子上的红枣和核桃从帐房门口向帐房外的人群撒去，帐房外参加婚礼和看热闹的众人及小孩们你推我搡，争抢这象征爱情和幸福的红枣和核桃，场面热闹非凡。

此仪式结束后，男方一行离开。换好新衣的新娘头顶红纱巾，由兄长搀扶骑上迎娶的骏马。当地蒙古人有迎娶的马最好是白马之讲究，托茂人只求马匹俊美。因为新娘头戴红纱，视力模糊，因此需要一个八九岁的男孩，一般为新娘的弟弟或侄子，在新娘身后抱扶住，以免路途中摔倒。随后，女方送亲的伴娘骑马在前，牵着新娘的马，其他送亲的人骑马在后，向新郎家进发。行至离新郎家约一千米时，新郎一方会派两个女性骑马而来，换掉从新娘家戴上的红纱巾，自此新娘的上上下下的穿戴都是新郎家的了，其社会角色发生了变化，这个仪式象征她从此加入了新郎家。

等换好红纱巾之后，男方家一般会派八九个骑术高超、精悍利索的男女青年，前来送亲队伍前，道声问候便转身就跑。送亲队伍中准备好的男女青年，则立即策马急追，直取对方头顶上的皮帽或礼帽，此时，男方的人马不再谦让，反退为进，反抢对方帽子。这就是托茂人婚礼中的"叼帽子"习俗。从中可以看出，传统的托茂人服饰是蒙古式的，而且宗教信仰限制并不严格，女性的帽子也可互相"叼夺"，并不把头发当"羞体"。而与之不同的是，当地蒙古人在婚礼"叼帽子"习俗中，一般不叼女性的帽子，认为"叼"了女性的帽子这一年都很霉气。托茂人无霉气之说，而且叼帽子的双方青年男女中未婚的较多，正是"不打不相识"的机会，所以你争我抢，男女互抢，人喧马叫，非常热闹。

叼帽子活动，在新娘到达男方帐房前时基本完毕，此时，或是女方伴娘，或是女方指定的送亲人，取出备好的核桃、红枣之类隐喻早生贵子、美满幸福的干果，在男方帐房门前抛撒，参加婚礼的青年男女、老老少少又是争抢热闹一番。之后，男方长者将帐房前预备好的几小桶略加牛奶、糌粑的清水向送亲者洒去，衣沾湿水者视之为吉庆。民国的青海考察者记载蒙古婚礼时亦是如此："至期，新郎迎新妇至男家，亲友辈争以牛奶糌粑清水等洒于新娘新妇之身，饮酒歌舞乐极一时。"① 此后，女方一人拿出一块红布送给男方长者，男方长者将红布撕成碎片扔掉，象征旧与新的交接转化。新娘的兄长则将新娘从马上扶下，由伴娘引到新房。2005年7月再乃哈老人（女，1946年生）对笔者说："过去新房的布置与蒙古族基本相同，新房内并不像现在的年青人结婚要贴'红喜字'，当时如果新郎家条件好，就在父母的蒙古包边搭建一个新的蒙古包，条件不好的，只置（办）一个帐房就行。"

待新娘进入新婚帐房后，接亲的男方则在旁边原有的蒙古包前列成不规则的队，向送亲的队伍齐道问候，送亲的回应后，即被请入帐房就座。在饭菜美食上来的空当，参加"叼帽子"的骑手们，随即要求"赎帽子"。被叼去帽子的人，用争抢来的核桃、红枣换回被叼去的帽子。谁叼的帽子越多，谁就得到的核桃、红枣等越多，相应他（她）的骑术、精干等技能就会得到称赞和认可。如果一方总体上叼得的帽子越多，那么此方就会为自己的人强马壮感到光彩。

---

① 韩宝善：《青海一瞥》，《新亚细亚》1931年第6期。

第七章 绸缪束薪：托茂人的婚姻、家庭与生死观

就在青年男女"赎帽子"期间，宴席的第一道饮食已上好。松子开老人（1937年生）说："1958年以前的时候，宴席上除了不上酒以外，托茂人的宴席基本与蒙古相同，第一道饭就是泡馍馍茶。"馍馍茶就是将馍馍揉碎，放在小碗里，然后倒上滚热的熬茶，边食边饮，能消除送亲途中的寒气，所以这一道宴席叫"打冷"。

"打冷"完毕，接下来的是"摆针线"的程序。"摆针线"时一般会在两个蒙古包或帐房中间搭一条绳子，把双方父母给两个新人送陪的东西摆在绳上或放在周围。新娘的母亲在摆好陪嫁品前要进行演说式的"说针线"。所说的一般内容为，男方在这次婚礼中馈送了多少东西，我们家陪了多少嫁妆，双方父母为了新人幸福已经尽了力，希望新人和和睦睦，尤其要对女儿说，既然成了男方家的人，新郎的父母就是你的父母，你们好好孝顺他们。通常也对公公婆婆说，我的女儿还小，不是很懂事，好多家务活儿做得不好，你们要多指教多宽待云云。

摆完"针线"后，参加婚礼的众人被请入宴席帐房。倒上奶茶，然后端上牛羊肉手抓、砂糖米饭、水油饼、肉肠、面肠等重要的待客食物。众人边饮边食，等九分饱时，最后一道菜是每人一小碗水饺（扁食），作宴席的压轴美餐。饱饭喝足也聊了个畅快，宴席方告结束。宴席结束后，除送亲的伴娘留下外，女方其他人一概返回。这时一般已是夕阳西下，女方伴娘带着新郎进入新房，新郎将新娘的红盖头取下来，一起吃完"初床饭"。邻居、朋友、亲戚们便来到蒙古包帐房闹洞房，新郎新娘一般会给闹洞房的人一些核桃、红枣、糖果之类。

新婚第二天，新郎与新娘要回到娘家住上一晚。因为结婚那天丈人岳父没有参加婚礼，所以女婿要邀请丈人去"看家"和认亲家，新娘父亲此行也有慰问和观察女儿是否幸福之意在里面。待丈人与新人来到男方家，男方家将男亲家好吃好喝款待后，新娘父亲告别女儿返回己家。在之后的七八天内，新娘不用干包括做饭在内的任何活儿，直到"下炕"。"下炕"即是在结婚的十天左右，新娘要给公婆做上一顿好饭菜，亲自端到公婆面前，算是对公婆的孝敬，自此开始承担起家庭正常生产生活的义务。

在新娘"下炕"的四五天后，新郎又要与新娘一起回到娘家，两新人要到直系亲戚家一家一家地"认亲"，被认的亲戚一般要送给新人一对碗（禁忌有裂口的）。认完亲戚后，新郎一般会独自一人赶回，而新娘则

在娘家住上半个月后方回到婆家，至此整个婚姻全程结束。

（二）现今托茂人的婚姻礼仪

20世纪80年代以来，因为与回族人通婚越来越多，以及现代性的弥漫，托茂人的婚姻礼仪逐渐褪去了草原蒙古特色，接近祁连等地农区回族人的婚姻礼仪。民国时期，回族人的婚礼在青海考察者眼中是这样的："回族之婚式，颇近古礼，用纳彩问名，请期诸方式。订婚时，先有媒人介绍，允亲后，则送茶数包为定礼，聘礼多用布匹、脂粉、纸花等物，结婚时，并请阿訇念经，婚礼亦颇简单。"[①] 如今，这种婚礼方式，既有继承，有发展。

"问宝"与"占宝"是现今托茂人婚礼前期的重要工作。一般在男方家看中一家姑娘后（现今已有部分男女已不再由父母包办，虽然日常与异性交际的机会不多，但在仅有的生产过程或几次交道中他们也会喜欢上对方，然后告知父母），就请亲友中的一位长辈携带茯茶、砂糖等四包礼和两件衣料去女家提亲，俗称"问宝"或"送说茶"。女方家如若同意这门亲事，一般会留下礼物，不同意则会当场退还礼物。有时女方家无法当场回话，双方就商定延期回答，男方定亲心切而久等无信时，会再次请人携带礼物上门催问，此项程序叫"送催包"。

待女方家同意后，男方就要准备"送茶宝"或"下占茶"。送茶宝时，女婿、男方媒人、父亲、哥哥、舅舅等长辈男性，拿着八宝茶、肉方、衣料和一些女性化妆品以及千元现金送到女方家。女方回敬以鞋、绣花袜子等全身衣服给未来女婿，这叫"回盘子"。

"送茶宝"后，男方一般要求女方在下一个星期五"回果子"，如果女方按期回礼，表示这门亲事已定，"宝"就占下了。"回果子"时女方回送干果（核桃、红枣等）一盘、湿果（将蕨麻、杏仁、核桃仁等煮熟，拌上果脯、冰糖粉粒、蜂蜜）两盘，又叫"倒果子茶"。男方将果盘打开，让贵重客人尝尝。然后把送来的果盘分成小包，分送给儿子的舅舅、姑父、大伯等各家亲戚分享，客观上将儿子已经确定终身大事的信息告诉他们。在订婚到结婚前一段时间里，每逢节日时，男方家则要到女方拜访、送礼，女方家则要送时新果子回礼。

---

① 孙瀚文：《青海民族概观》，《西北论衡》1937年第4、5期。

在举行婚礼前的半个月内，还有一个主要的仪式就是订彩礼（聘礼）。此时，男女方两家的媒人便开始在两家之间来来往往忙活了。他们要在两方之间回旋和商定彩礼的数字、衣料的多少、金银首饰的克数等相关的一些事情。顺便还要商定结婚的日子，讨论娶亲的车辆数目。20世纪90年代之后的一段时间，桑塔纳等牌子的小轿车在海北风靡一时，但托茂社会及当地其他族群，一般忌讳接亲的车是"桑塔纳"等牌子，因为在汉字里，"桑"与"丧"同音，故忌之。从中可管中窥豹，汉文化或主流文化对当下托茂人文化的渗透，以及托茂人对现代主流文化的适应与认同。"巡洋舰""三菱"等牌子的车，较为上档次，很受民众青睐。如今，随着更高档汽车在牧区的出现，奥迪、宝马等品牌的车，则成娶亲的首选。

婚礼一般在冬季的定居点举行仪式，一是这个时节正是牲畜膘肥体壮之时，二是因为经过秋季出售一些牛羊以及羊毛，经济上较为宽裕，三是在冬窝子的固定房屋便于接待来客，四是在冬圈居住时间相对较长，有充裕的时间来筹备。2010年之后，随着托茂人从事其他行业者日众，不再将结婚时间固定在冬季这个时间段，而是根据自己及婚姻另一方家庭的需要而确定结婚佳日。

现在托茂人喜欢将婚礼选在农历的双日，尤其逢"六""八"和星期五乃为吉日良辰。婚礼当天一早，新郎、新郎的父亲、阿舅、叔伯等亲戚在媒人的带领下，大盘子里端上核桃、红枣、肉方、大米等礼物，驱车去女方家举行婚礼的证婚仪式，主客按规矩在大炕上就座后，跪坐在上座的主婚人阿訇向新人询问是否愿意婚配，得到新人的确定答复后，便是在众人见证下完成这一重要仪式。之后，经过撒核桃、枣儿等之吉庆祝福活动，所有参与者便开始享用宴席。随着经济的富裕、众多品种蔬菜在牧区的普及，以及其他美食的引进，现今的宴席是很丰富的。

席散客走，女方各位长辈、兄嫂等直系亲戚组成送亲队伍，坐着娶亲的车辆驶向男方家。车辆到达男方家时，向送亲的人泼清水的习俗被部分家庭的鞭炮爆竹所取代，而新娘在人们的呼唤簇拥下头盖红巾进入洞房。现今的托茂人的新房里也开始贴红喜字了。新郎、新娘不再穿蒙古服，新郎也一般穿起西装皮鞋，新娘也是现代的衣饰裹身，而且有人开始佩戴写有"新郎""新娘"的红胸花。在婚礼过程中有了当地回汉群众戏耍公婆的恶作剧节目。在结婚的第二天，新郎新娘一大早起床沐浴后，新郎在伴郎的陪同下去女家向岳父岳母及有关长辈问候，娘家则以饺子等美食款待女婿，表示婚姻圆满成功。新娘则由人陪伴走出洞房，向公婆及所有婆家长辈行问候礼，受礼的人都会给新娘一定的"见面礼"。

在新婚后一周左右，新娘的婆婆、嫂子、大小姑等一些直系亲属女性带着新娘去娘家回门，俗称"瞧冬月"。"瞧冬月"在最早的时候，是西宁、海北地区回族有身孕的青年妇女在快要生孩子的两三个月前到娘家吃住一个月的习俗，后来把这一习俗挪移到婚姻习俗中来。"瞧冬月"的一行来到娘家后会受到娘家的热情欢迎，一顿宴席款待后，婆家诸女性返回，新娘要留在娘家住上几天。

托茂婚房中桃心与"囍"字

大概过上10天左右后，新娘的母亲、嫂子、姐妹等近亲女性带着新娘把新娘送回婆家，俗称"送冬月"。相应，新娘的娘家一行将会受到婆家的热情接待。一顿丰盛的宴席款待之后，双方女性就漫无边际地喝茶聊聊家常，下午时分，娘家人要离开的时候，一般新娘开始了她在婆家的家务劳作，俗称"下厨房"。下厨房时婆婆要将新娘领到厨房，一般人家要给新娘用牛奶洗手，据说经过牛奶洗手的新娘以后在做家务时就不会打碎家里的碗碟。讲究的婆婆还专门要把衣服（或围裙）下襟给新娘擦手，据说媳妇以后做起活来就很麻利。新媳妇就和面给婆家、娘家众亲戚做一顿长面，旨在展示茶饭手艺。如果面做得到位，那么婆家高兴，娘家也脸上有光，大家都高高兴兴。

2010年之后，托茂人婚后程序日益简化。变迁是永恒的，20世纪30年代以来，托茂人的婚姻礼仪发生了三次较大的变化，此中不仅有习俗的变化，也有社会的变化，还有经济的变化，当然，生活节奏和时间观亦发生了变化。

三　托茂人的家庭、性别与经济

马克思认为："每日都在重新生产自己生命的人们开始生产另外一些人，即增殖。这就是夫妻之间的关系，父母和子女之间的关系，也就是家庭。"[1] 家庭是构成人类社会的最小的单位，一般情况下，家庭成员共同居住在一起，共同进行生产和消费，也就是说，家庭是以经济分工为基础而形成的，其经济职能要求家庭必须能维持家庭成员的生计，在可能的情况下，家庭还要力求扩大收入、积累财富。涂尔干也指出，家首先是经济共同体，无此即无"亲缘关系"[2]。人类学的民族志研究显示：中国的家庭确实是经济实体，经济在家庭组织中具有重要地位[3]。费孝通先生认为："拥有财产的群体中，家是一个基本群体。它是生产和消费的基本社会单位，因此它便成为群体所有权的基础。"[4] 笔者想说的是，托茂人的情况可以为这种论述提供经验材料。

（一）牧民的家

在现代化的背景下，家庭人口规模不断缩小，家庭结构正在向核心化方向发展，即每个家庭中只由一对夫妇和未婚子女构成，这一趋势也许是世界范围的，但在牧区，小家庭不只是当下的现象，而几近乎传统。在牧区，草场较为辽阔，牧民居住相对分散，家庭作为社会构成和劳动生产的基本单位，具有特别重要的意义。传统游牧社会家庭规模与农业社会追求"子孙满堂"不同，并不追求越大越多越好，而是以小家庭为主，这是受

---

[1]《马克思恩格斯全集》第3卷，人民出版社1972年版，第2页。
[2] [法]涂尔干：《职业伦理与公民道德》，渠东、付德根译，上海人民出版社2006年版，第130页。
[3] [美]阎云翔：《私人生活的变革：一个中国村庄里的爱情、家庭与亲密关系》，龚小夏译，上海书店2006年版。
[4] 费孝通：《江村经济——中国农民的生活》，商务印书馆2012年版，第66页。

生产生活方式直接影响的①。传统游牧生产生活方式的最大特点是逐水草而动，需要随季节不断迁居，流动性较大，小家庭规模对于搬迁生活较为便利。此外，家庭人口多则需要较多基本生活资料，畜牧生产的不稳定性难以持续提供大量食物，当遇到天灾时，小规模家庭易于度过困难。另外，子女成家另过还可以避免产生过多的家庭矛盾②。

当然，除了生态环境和适应策略外，我们也看到牧区的体制改革对牧民的家庭结构、家庭规模、代际关系也有着十分重要的影响。譬如，20世纪80年代经济体制改革以后，牧区就发生了深刻的社会变迁。1984年包畜到户后，托茂人的放牧范围也就以家庭为单位，基本固定在牧业队之内，而且根据牧民草场划分和承包政策的长期不变，1984年新成家的小家庭草场，由新人双方父母家庭负责解决，现在通常的做法是牧民家庭内部进行资源再分配。

家庭作为组成社会的细胞，其结构的变化能够体现出整个社会的变化。20世纪80年代初期，"草畜双承包责任制"后，牧民家庭开始成为牧业生产的基本单位，家庭的经济功能得到比较充分的体现。家长统一安排家庭一年的生产生活，家庭内部实行分工合作。牧民的亲属关系，在家庭经营的过程中进一步得到强化。在财产的分配上，子女结婚后一般分开另过，父母要分给部分财产③。对普通牧民来说，在历史上并未形成类似于汉族农民那样浓厚的家族意识。随着家庭承包和定牧定居，牧民逐渐强化了土地观念和财产继承观念，随着家族形态的完备和家庭经济的出现，家族意识也逐渐形成④。

哈则热家曾是野牛沟乡少有的大家庭，也是20世纪80年代以来牧民家庭变化情况的一个有意思案例，从中可管窥托茂人家庭的现代状况。哈则热，女，1938年生，丈夫2004年去世。哈则热夫妇一生共生育9个子女，其中8个儿子、1个女儿。1984年牲畜承包时，哈则热家人口数为13口。1991年次子韩光明独立分户，1993年四子韩光荣分家立户，1994

---

① 刘俊哲等：《藏族道德》，民族出版社2003年版，第198页。
② 刘源：《文化生存与生态保护——以长江源头塘乡为例》，博士学位论文，中央民族大学，2004年。
③ 马戎：《体制变革、人口流动与文化融合——一个草原牧业社区的历史变迁》，潘乃谷、马戎主编：《社区研究与社会发展》，天津人民出版社1996年版，第566页。
④ 王俊敏、白银宝：《牧民家庭及其经济》，《内蒙古师范大学学报》1995年第1期。

家族：家庭的扩大形式

年长子韩光辉分家立户，1998年三子韩光英分家立户，2003年六子韩光云分家立户。不计次子等分家立户人口，2004年哈则热家人口数仍高达19人，2005年，五子韩光青、七子韩光华、八子韩光军分家立户，至此，哈则热一家由一户析为九户。人口最多的一户是老五韩光青，家有5口人，哈则热老人就和五子韩光青生活在一起，老人之所以与韩光青生活在一起，除韩光青夫妇孝顺贤惠之外，主要的原因是韩光青的家庭经济条件在兄弟们中是最好的；人口最少的一户是老八韩光军家，是3口人的核心家庭。

虽然当下韩光青兄弟们都已分家单过，但是每户劳动力的强弱和男女劳动力的比例并不是均匀的，因此弟兄间常常在某些生产环节进行联合。例如：老三韩光英与老六韩光云就联合起来共同放牧、剪毛等，当然，这也主要跟他们的定居点在一起有关；老五韩光青和老大韩光辉一起搞牛羊育肥和牛羊收购经济生产，起初韩光青先进行牛羊育肥的探索，随着韩光青生意的发展，就需要一定的人手扩大再生产，而韩光辉的参加，一方面可满足人手的不足将生意做大，另一方面可以将老大韩光辉的经济生产带动起来。

王俊敏、白银宝在《牧民家庭及其经济》一文中对内蒙古牧区研究后发现，牧民家庭经济是草原畜牧业经济与畜草双承包责任以及家庭小区相结合的新生事物。"家庭小区"的形成，意味着牧民家庭经济正式成为独立完整的经济实体，或者说，标志着牧民家庭经济的诞生。而雇工是伴随家庭经济和家庭小区而出现并与之相适应的。由于畜牧业生产没有北方农业的所谓"农闲"季节，牧民需终年整日忙碌；由于家庭经济不同于传统的单纯草原畜牧业经济，而是以牧为主多种经营的生态经济，并逐渐走向市场和商品经济；由于牧民家庭规模和结构主要是核心家庭和主干家庭，而不是扩大家庭；由于雇工在牧区有历史传统，现行政策又允许适当雇工，如此种种，使雇工很快成为家庭小区的普遍现象①。

始于20世纪90年代的雇工②现象，在青海牧区包括托茂牧民社会都不再是新鲜事，这一方面跟牧民家庭缺乏劳动力有关，另一方面也跟牧民潜在的弃牧倾向有关。比如在祁连县野牛沟乡大泉村，买素木一家就雇有一个长期牧工，买素木说，因为他家的孩子在县城上学，所以其妻就得到县城照顾孩子的生活，而且他们马上要到城里买房子，因此可能要长期雇工了。现今牧民家庭雇工多为邻近农区的回族、汉族农民，也有当地破产的牧民。雇工的出现，是托茂牧民家庭结构变化的一个重要社会现象，它涉及相关社会问题，后文再论，此不赘述。

（二）性别、家庭与经济

在青海牧区，女性在经济生产中扮演着非常重要的角色，在家庭经济中亦是举足轻重，然而很多牧区经济研究忽略了性别视角。有趣的是，民国时期不少西北考察者注意到了牧区女性，之所以如此，或许是因为她们与内地农区或城市女性相比，表现出较鲜明的特色。譬如，出身福建莆田名门的爱国女青年林鹏侠，是中国最早的一批女飞行员，她在考察行记《西北行》中说："青海妇女一如陕甘，装饰朴素，不施脂粉，虽大家闺秀，亦皆布衣布鞋，毫无骄奢习气。近年新文化输入，缠足之风稍杀，剪发渐多，于烟酒赌博，戒之甚严，几无敢犯者。盖此间妇女同胞尚能循古礼重妇德也。青省号称闭塞，而其妇女反能保其天真，不沦于腐化，诚足为吾女界中他山之石也。"③

林鹏侠还从女性主义视角，对牧区蒙藏妇女之勤劳能干、活泼坚毅进行了比较性的叙述："蒙番妇女身体强健而魁梧，且皆精骑射，喜操作，尚节俭，活泼而勇敢。……番民妇女之强健，虽在怀孕之期，而操作如

---

① 王俊敏、白银宝：《牧民家庭及其经济》，《内蒙古师范大学学报》1995年第1期。
② 牧区雇工并非改革开放以后才有的现象，在新中国成立之前，牧区就有雇工的传统。
③ 林鹏侠：《西北行》，甘肃人民出版社2002年版，第90页。

第七章 绸缪束薪：托茂人的婚姻、家庭与生死观

故，不以为意。往往于山野牧畜时临产，同时或逢母羊产羔，均一同取而置诸怀，返帐，儿犊分置地上，若无其事然。……番民男子则适与内地相反，终日守在帐内，无所事事，惟吸淡巴菰、闻鼻烟、扪虱而谈及作缝纫、抚小儿等轻便事。一切劳苦操作，皆妇女任之，一家之经济权，皆妇女掌之，妇女成为社会之中心地位，凌于男子而上。"①

无独有偶，其他西北考察者如作为记者的陈赓雅记载道："全族男女操作，所采分工制，与各族大异，尤与汉族男主外、女主内之情形相反，大概妇女勤耕种，任畜牧，甚至游牧迁徙时，亦妇女驰骑先趋，从事搭帐篷、筑土灶等事。男子除为喇嘛寺僧外，所有缝纫、剪裁、洗衣、领孩、捻羊毛线或织牛毛帐幕等，皆为男子分内之事，否则仅久坐灶旁，喝茶、闲话及吸鼻烟，一若劳苦事务，专为妇女天职。"② 魏崇阳在《西北巡礼》中说："女子幼时，即习制酪取奶牧羊等事，至夫家或赘婿后，渐问家事，母老，乃总理家政，凡出纳应酬及在家贸易等事，莫不取决于妇人，男人则仅出外买卖或牧羊放牛而已。唯蒙古族女权则不及藏族发达。"③

托茂女人，也是格外的能干。2005年7月，我第一次跟着买素木大哥从门源县抵达野牛沟他家的夏窝子时，其妻韩秀珍正在观察一只受了伤的羊的尾巴。询问后才得知，就在前一夜的凌晨时分，睡觉中的她听到一阵羊群骚动声，知是来了狼，赶紧披上衣服，拿上手电筒，冲出去的她，看到一匹狼正咬住一只羊的尾巴往羊群外拽。而草原狼见到冲门而出的牧人和刺眼的手电光芒，弃羊逃之夭夭了。听着韩秀珍给其夫平淡地讲述这一经过，旁边的我暗暗惊奇草原女性的勇气，一个35岁的妇女身边只有10岁女儿相伴，可以于半夜在空旷的草原勇于直面灰狼，看起来富有女性柔的她究竟蕴含着怎么样的能量啊？

在传统的托茂人生产生活中，男性一般承担放牧、剪羊毛，与社会、政府以及"二道贩子"接触等工作，女性则多从事挤牛奶、打酥油、剪羊毛、做饭、制作和收集牛粪饼等工作。牧业生产的工作量要比我们想象的大得多，草原女性为畜牧业生产生活付出的更多。她们既要负责家务的一切，还要跟男性一起应对一些紧急情况。家庭生产生活几乎离不开她

---

① 林鹏侠：《西北行》，甘肃人民出版社2002年版，第112—113页。
② 陈赓雅：《西北视察记》，甘肃人民出版社2002年版，第144页。
③ 魏崇阳：《西北巡礼》，《新亚细亚》1934年第5期。

们，一些通常是男性承担的工作，女性可以暂时替代，因此男性一般会有短暂的时间外出、串串亲戚家等，女性则不然，除非有长女长大能够替代。她们伺候父母，抚养孩子，日复一日，重复着同样的劳作程序：挤牛奶、打酥油、做曲拉、磨糌粑、捡牛粪等。

在传统饮食结构为主的社会里，托茂妇女每三四天还要磨一次糌粑，磨糌粑就是将青稞炒熟磨成面粉。现今随着牧民饮食结构中糌粑等传统食物比重的减少，磨糌粑的周期变为一两个月一次。另外，以往传统的木桶打酥油方式，不但耗时而且劳动强度大。以前打酥油时，先将鲜奶倒入近半人高的酥油桶，不停地上下打动，直到酥油分离出来浮于表面。在夏秋季，通常分三次打成，即晚上打一阵，第二天黎明前再打一阵，第二天上午打第三次。冬季常一次打成。此项劳动很是费时费力。

改革开放后，牛奶分离机进入牧区后，为托茂牧民所认识和接受，现今大多数家庭购置了这种生产设备，劳动强度因此减轻了。在从前，一般到了挤奶季节里，韩秀珍家的鲜奶是每天必须加工的，而现在是间隔数日才集中加工一次。韩秀珍大姐说，这并不是因为挤奶量较从前少了，而是制作的时间少了。另外，清理牛圈、整理牛粪这项辛苦的工作，因为煤炭等现代燃料逐渐成为托茂牧民取暖、做饭的主要燃料，因此对牛粪的依赖有所减少，相关的劳动量也就有所减轻。当然，在这些方面工作减少的同时，其他新出现的劳动亦在增多，无论过去，还是现在，托茂妇女都是家庭经济生产的主力。

传统：打制酥油的"saosao"与"lala"

现代：牛奶分离机

（三）案例中的托茂人家庭经济

20世纪80年代的改革开放，以及牧区市场经济的实行，集体经济随之解体，家庭经济确立，牧民家庭成为相对独立的经济实体。下面我们可以从两个家庭经济的发展案例，来观察托茂人或草原牧民在市场经济下的生产、家畜结构、人口、经营等情况。

个案1：哈则热家，祁连县野牛沟乡大泉村，2008年2月调查。

哈则热家是祁连牧区人口数最多的家庭之一，哈则热夫妇共生育9个子女，其中8个儿子、1个女儿。1984年草原承包时，哈则热家人口数为13口，承包冬季草场5682亩，人均437亩，承包羊468只、牛85头、马1匹。1991年次子韩光明独立分户，1993年四子韩光荣分家立户，1994年长子韩光辉分家立户，1998年三子韩光英分家立户，2003年六子韩光云分家立户。不计次子等分家立户人口，2004年哈则热家人口数仍高达19人，是祁连县人口最多的牧户，其家牲畜羊发展到1459只、牛173头、马7匹。2004年出售羊320只，每只羊均价320元，收入合计73600元；出售牛25头，每头牛均价870元，合计21750元，加上羊毛等其他收入总收入合计102350元，人均毛收入5387元。

2004年，哈则热丈夫韩宝林老人去世。2005年，五子韩光青、七子韩光华、八子韩光军、女儿韩麦燕分家立户，至此，哈则热一家由一户析为九户。其中最少的一户分得的冬季草场只有87.4亩，相当于内地的1

分农地，在如此少的草场面积上发展畜牧业是无法发家致富的。如今已有 4 户将自己的牲畜和草场承包给自己的兄弟或他人，在畜牧业之外寻找出路。其中长子韩光辉从 2005 年起开始搞牛羊育肥，四子韩光荣在祁连县城租住民房做建筑民工，五子韩光青在牛羊育肥之外，一边经商一边跑运输，八子韩光军中学毕业后两年结婚，在门源岳父家学习汽车驾驶，拟在获取执照后营运出租车。

个案 2：韩占龙家，祁连县默勒镇多隆村，2008 年 12 月调查记录，2017 年 7 月补充新情况。

1984 年牲畜承包时，韩占龙家人口数为 7 口，承包夏季草场 1540 亩，人均 220 亩，承包羊 245 只、牛 63 头、马 1 匹。1998 年长子韩德敏独立分户。不计长子家人口，2000 年韩占龙家人口数变动为 8 人，羊发展到 1300 只、牛 170 头、马 7 匹。2000 年出售羊 240 只，每只羊均价 220 元，收入合计 52800 元；出售牛 35 头，每头牛均价 720 元，合计 25200 元，总收入合计 78000 元，人均毛收入 9750 元。2000 年秋季，次子和三子分家析产。2004 年，韩占龙家人口数为 3 口，有羊 248 只、牛 20 头、马 0 匹，当年出售羊 100 只，每只羊均价为 118 元，合计 11800 元，出售牛 11 头，每头牛的均价为 600 元，合计 6600 元，加上羊毛等其他收入 1800 元，年总收入约 20200 元，人均收入 6733 元。2004 年冬季，小女出嫁，韩占龙老两口为了养老和方便孙子们上学，专门在门源县城购置一块地皮，盖了一栋双层楼房，共计 12 间，二楼自用，一楼出租。2008 年房租一年收入 8600 元，是两老人的基本养老花销。

长子韩德敏一家五口 1998 年单立门户后，分得草场 440 亩、羊 200 只、牛 30 头、马 1 匹。到 2000 年时，韩德敏家羊发展到 860 只、牛 93 头、马 1 匹。当年出售羊 91 只，每只羊的均价为 210 元，出售牛 12 头，每头牛均价 600 元，羊毛等其他收入 2000 元，总收入合计 28310 元，人均收入 5662 元。到了 2008 年，韩德敏家的羊发展到 1160 只、牛 61 头、马 3 匹，当年出售羊 310 只、牛 15 头，羊的均价为 420 元，牛均价为 1350 元，加上羊毛等其他收入 6000 元，年度总收入 156450 元，人均达 31290 元。不难看出，养殖量和出售只数的增加以及牛羊价格的上涨，使韩德敏在 2008 年度经济收入增加较大，这一年韩德敏购买了一辆 8 万元的皮卡车，给长子成家花去 5 万元。

不幸的是，2014 年我们调研中得知，韩德敏自 2004 年查出脑癌，在西宁做了开颅手术，2006年8月、2009年11月、2011年8月，病情复发，在西安西京医院手术花费50多万；德敏妻法图麦2010年因胰腺炎、心脏病，住院治疗花去近10万元，总共60多万的花费，让德敏家花光了积蓄，并欠下债。2012年11月，德敏病情复发，几乎倾家荡产的他无力支付医疗费用，只好在托茂爱心人士马贵龙和亲戚朋友捐助下完成第5次治疗，手术后归家不久去世。其草场由长子韩鹏继承，次子韩斌大学毕业后于2013年在祁连国土局上班，近年家庭经济得以恢复。

韩占龙次子和三子韩德毓、韩德阜于2000年分别从父亲处分得200只羊、30头牛、1匹马，随着计划生育政策的实施，韩德毓夫妇生育了两个女儿，韩德阜夫妇生育了一个孩子。韩德毓具有中专学历，1996—2004年在多隆煤矿当会计，2004年西部矿业公司兼并多隆煤场后失业[①]，现在也未将主要经济生产放在畜牧业上，而是在其他行业谋生。2017年7月，我们见到韩德毓时，他已在祁连县卓尔山风景区工作，并在县城有了自己的楼房。韩德阜夫妻二人于青海医学院毕业后，在祁连央隆乡卫生院工作。2008年时，韩德毓和韩德阜两户的牛羊都缩减到羊50只、牛6头，并交由大哥韩德敏代为经营，他们已从畜牧业生产脱离出来。

四 托茂人的生育、葬礼及文化涵化

人类学研究表明，人从一年龄阶段进入另一年龄阶段，从一种社会角色进入另一种角色，通常是将人的生物性事件如降生、成年、结婚、死亡等与人类的文化尽力统一起来。可以说，世界上每个族群都会为文化成员在经历这些人生关口之时举行一定的仪式，这些仪式就叫通过仪式。通过仪式（the rites of passage），又称生命仪礼，为荷兰学者阿诺德·范·盖内普（Arnold Van Gennep）所主张，其理论模式之普遍性，已广为学界肯定。盖内普在其名著《通过礼仪》中指出：人从出生到死亡之间的种种阶段，会产生很多不同的发展过渡情形。这种过渡阶段，也都是社群关系及互动必须作若干调整的时机。通过仪式就是使用一再重复的礼仪模

[①] 据韩德毓说，西部矿业在兼并多隆煤矿时，只收购了煤场，原煤矿职工全部未予聘用。原多隆煤矿有职工321人，其中托茂人39人。2004年时这些失业的煤矿工人，大多因为以前是工人而没有承包到草场和牲畜，所以现多以打工为生。

式，将社会地位以及角色转换的信息，确实地通知社区中所有相关的成员，以便彼此能据以调整重组其间之互动关系，重新界定互相的权利义务；也使通过者本身得以借机调整其身心状况，以便顺利肩负起新身份的责任，表现出适当的行为，以符合该文化情境的需求。①

幸福生活：马福海父子俩（2008）

（一）托茂人的出生及其礼仪

戴维·科尔泽认为："没有仪式和象征符号，就没有民族。"② "作为重复举行的、神圣化的社会活动，集体仪式的基本功能在于给最重要的价值以象征式的肯定。"③ "仪式是个人与集体在文化概念与社会互动上紧密交缠的场域，透过仪式我们得以更贴近社会文化繁衍（reproduce）及创制（produce）的内容、机制、过程及动力。"④ 草原畜牧业的生产生活，不确定性伴其一生，牧民善于应对变化。在托茂人看来，生育如生草变绿，是自然而然的，他们少有重男轻女的思想，生男生女都是人生喜事，

---

① Van Gennep, A., *The Rite of Passage*, Chicago：University of Chicago press, 1960.

② David Kertzer, *Ritual, Politics and Power*, New Haven：Yale University Press, 1988, p.179.

③ ［美］戴安娜·克兰主编：《文化社会学——浮现中的理论视野》，南京大学出版社 2006 年版，第 28 页。

④ 翁玲玲：《从外人到自己人：通过仪式的转换性意义》，《广西民族学院学报》2004 年第 6 期。

他们淡然从容地看待怀孕和生育。据老人回忆说，在过去，托茂妇女怀孕后，一如往常参加劳动、操持家务，做着平常一样的生产生活直至生产期即临。与农业社会相比，在怀孕期间托茂妇女也少有禁忌。

骑着儿童自行车的托茂孩童

迁徙游牧的生产习惯和牧民分散居住的环境使然，过去托茂孕妇生产时习惯于在家生孩子，而接生的任务也主要由婆婆或长辈妇女完成，在遇到无人在身旁等情况时，托茂妇女会自我独个完成生产。因为小家庭模式，家里劳力有限，托茂老年妇女说以前他们不"坐月子"，也不知道生产后要"坐月子"，她们一般生下孩子后，休息一半天，就开始在帐房内进行力所能及的劳动，如做饭、做曲拉、酸奶等。而在几天后，就可以与往常一样劳作了。再乃拜老人说："1958年从海晏县哈勒景向托勒牧场迁移的路上，我（身孕）刚够时间。当时正好是晚上，天下着雪，我家掌柜的和我赶忙在雪地上搭了个帐篷，不一会儿在帐篷里生下了大儿子伊不拉黑麦。迁徙工作组的人因为我养了娃娃就给我一匹马，第二天早上我就骑着马抱着孩子跟着众人走了。"

在过去，等孩子出生一个月后，托茂社会一般有"认外家"的习俗，即产妇把孩子抱上到娘家去转上一圈。娘家当然要做好吃好喝的款待几天，以示慰问。孩子的母亲让众娘家人看看婴儿，娘家人会给一些衣服钱物之类，意即给孩子认了"外家"。假如产妇娘家路途遥远，那么此习俗则能免则免。如若有好的邻居，知道产妇娘家太远不能前去"认外家"，就会主动到产妇家来主动邀请母子到他家"认外家"，并款待一番。之后直至孩子周岁，托茂社会再就很少有庆祝活动。

在海晏时，也即1958年之前，托茂孩子成长到一岁时，有一个重要的仪式——剃发。当时，托茂人和当地蒙古人中有一个特殊习俗，就是孩子出生之后一年之内不准剪发，直到一周岁时，父母方才设宴邀请亲朋好友，举行较隆重的剪发仪式。听老人说，在以前，如果谁家要举行剪发仪式，要提前几个月准备。到了孩子生日那天，黎明时全家就开始忙碌起来，先是把帐房内外打扫干净，而后给孩子更换崭新的长袍和小花鞋。当一轮红日升起时，客人会陆续到来。草原牧民有"去发礼仪不过中午"一说，就是前来贺喜的所有人，必须在中午之前到齐，并集体给孩子去发。众人剪发时，还讲究一把剪刀多人使用，讲究的还要在剪刀上缠红绸带。剪发时，孩子的母亲抱着孩子，父亲拿一个盛头发的盘子等物品，在贺喜的人群中转一圈让每个人都动刀剪发，剃发的首席贵宾是孩子的爷爷或姥爷，或者是接生婆，其他人只是象征地剪一下。一般会给孩子前额部位留"马鬃"。

当仪式完毕时，要把剪下来的孩子的头发揉成一团儿，每个人都蘸上酥油揉一遍，多人揉过后，头发就变成一颗毛球，然后用线钉住，线上串上硬币、珠子，还有过去避邪用的箭头、海螺、银铃等物，这一来，它就变成了"避邪链"。"避邪链"不能扔，把它挂在屋里或缝在孩子衣服后背，这样孩子跑起来在他背后响起一串脆响。剃发之后，要举行隆重的宴席，这个宴席也是过去托茂人来到人世间首次举行的最隆重的宴席。周岁生日后，托茂人一般不再举行生日宴或任何形式的生日庆祝活动。

20世纪80年代后，托茂人的生育习俗发生了较大变迁，一方面随着经济条件的发展，牧民有了较好的物质条件；另一方面，随着与农区回族通婚的频率越来越高，很多回族的或者说是农业社会的一些习俗渗透进来，而一些传统牧业社会的生育习俗，自1958年开始就处于不断地变化和消失中。现今，托茂妇女，当然很多本身是因通婚而来的回族妇女，怀孕后，尤其是一般到快临产的几个月就不再从事太重的活儿。现今，有的家庭还禁忌孕妇晚上外出，因为在农业社会看来，晚上外出可能会撞上"不干净"的东西，对孕妇和胎儿不利。另外，与农业社会不同，在过去托茂产妇生了孩子后一般不回避来人。而今，一般在婴儿诞生时，产房除了接生婆外，一般连自己的丈夫也不得随意入内，门帘上要挂一个红绸或红布条条，提醒外人免进。而且，现今已习惯"坐月子"的托茂社会，产妇在"坐月子"期间会有自己的产房，禁忌陌生的外人进入。

值得一提的是，随着现代医疗设施在牧区的建立和完善，以及牧民经济收入的增加和生育安全意识的增强，现今的牧区乡镇都设有了卫生院，很多牧民都有了机动车辆，为牧民在医院生产提供了条件，如若出现孕妇难产的情况，牧民一般还会去县医院生产。医院生产，对托茂牧民甚至对当地的农民来说，也是一个重要的社会变迁。

现今，待孩子满月后，托茂人不再有"认外家"的习惯，而是在自己的家举行满月礼，也叫贺满月。这种由"外"到"内"的变化之文化现象背后，是亲属网络以及社会关系和地位的变迁。过去孩子满周岁才剃发的习俗，现今已提前到满月这一天。剃发也主要由孩子的奶奶来完成，如若奶奶不会剃发则可请其他会理发的人来做。现今，一般将剃下的小孩头发，丸成一个小球，用线和纱布网住，连在小孩的枕头上，据说有壮胆、吉利等功效。在贺满月时，也要做饭菜、设宴席，款待亲朋好友和孩子的舅舅、外爷（姥爷）、外奶（姥姥）等亲戚以及左邻右舍。

调查中，有托茂老人告诉笔者，现今有的托茂人还在孩子满一百天时，还会举行"百日礼"，孩子一岁时，虽然不再专门剃发，但会"抓周"。在举行抓周礼时，一般会在桌子上摆上钢笔、书本和一些玩具等，尔后，由母亲或父亲把小孩抱到桌子前，让小孩任意抓。据说，孩子最先抓到的东西会象征孩子以后的前途。老人认为，现今的满周年礼已没有过去那么隆重，不过现在有一些托茂人开始给自己的孩子过生日，听说县城和西宁的亲戚就有人给孩子过生日。

（二）托茂人的丧葬礼仪及其文化涵化

"不同的社会与文化如何面对死亡，一直是人类学者的兴趣所在，因为它反映了人类对一些本体论问题的执著思考。人类以形式多样的葬礼来体现人生在不同环境里的终极价值。"[①] 与托茂人和当地蒙古人在衣食等传统文化习俗上的相近不同，在丧葬礼仪上，托茂人与同部落的蒙古人明显属于两个不同的文化世界。

蒙元时代的蒙古人，盛行土葬，但不堆坟冢，不做纪念无碑刻等。大概到清朝始，青海蒙古族的丧葬习俗受藏传佛教的影响日益增大，人死后，家属速去寺庙报丧，请喇嘛念经，为死者祈祷超度，确定送葬时辰，

---

① 范可：《魂归何处》，《读书》2007年第1期。

并且分天葬、火葬、土葬等形式。天葬，一般是在人死后，将尸体用白布裹上置于荒野，任野禽野兽啄食，如果尸体在3天内被吃掉，则认为是吉祥事；否则，便认为不吉祥，认为死者生前可能有罪过，要请喇嘛念经，为死者忏悔并求佛开恩，以便使尸体早日被吃掉。为招来野兽，还常把酥油、羊油涂在尸体上。正如1937年孙瀚文观察："蒙古族居于青海者……丧葬仪式，则于人死后，弃尸至山野地带，弃于无人之处，任鸟兽攫食，食尽之，谓之得道，否则，议为死者有罪招谴。"① 火葬，是先堆起一堆柴禾，将死者盘腿坐在柴堆上，并为尸体盖上白布，活佛喇嘛念经以后，点火焚烧。土葬，主要是农区人的葬礼方式，海北牧区并不多见。1931年韩宝善观察说："葬法有三。一曰天葬：置死尸于山头或树梢任犬狼鹰鹞残食，隔宿而尽，家人大悦，不然，则不快，一位死者生前作恶之所致也。乃更收其残骨，裹以糌粑，诱鹰犬来食，待尽而后止。此葬法蒙古族行之者多。二曰火葬：置尸干柴上，煨以柏香及糌粑而焚之。藏族人行之者多。三曰水葬：抛尸于河，任鱼虾食之，为蒙藏二族所最忌恨之葬法也。"②

　　托茂人的葬礼仪式则受回族的影响较大，土葬是唯一的丧葬形式，其坟墓也是集中的，现今托茂人还在很好地保护着三处托茂坟园遗址——湟中大寺沟、三湾、拉宁托茂坟。由于特殊的历史地理原因，托茂人的葬礼有着明显的族群特色。托茂人讲究速葬，埋送亡人以越快越好，如头天去世，第二天就送葬。有"葬不择时日"的原则。另外，与蒙古人不同，托茂人一般建置有自己的公墓，要求在大的集体坟园中埋葬，不愿单独置坟。

　　在1958年托茂人迁徙之前，因为流动放牧的原因，托茂人并没有在自己放牧的草原上置建托茂坟园，而是在邻近的联系比较紧密的从事农业生产的湟中上五庄地区，与当地回族共用集体坟园或置建托茂人自己的坟园。有人亡故后，其家人会立马找来两头牦牛或两匹马，在之中间搭好担架，将亡人置在其上，星夜赶赴几十里或百里外的坟园，送亡人的队伍一般由会念经的两三位老人在最前边走边念诵经文，之后一个人牵着送亡人的牛（马），其后跟的是所有参加送亡人的众人。这也就使得托茂人的葬

---

① 孙瀚文：《青海民族概观》，《西北论衡》1937年第4、5期。
② 韩宝善：《青海一瞥》，《新亚细亚》1931年第6期。

礼，出现"速葬之不速葬"的现象。

1958年托茂人被政府有计划地迁徙后，分散海北四处的托茂人仍有着牛马担架送亡人的惯例，当然因为距湟中上五庄太远，托茂人会选择在附近的回族坟园中埋送亡人。20世纪80年代以后，草原上出现了机动车后，开始用车来替代牛马。1990—2000年期间，分散各地的托茂人各自置建了自己的坟地，野牛沟等地托茂人便开始在当地的坟地上埋送亡人了。

托茂人认为人是造物主用土造的，"从土来，又回原成土"是最好的归宿，这也是托茂人实行落土归根之土葬的原因。托茂人的坟坑与当地的回族是一致的，即先挖坟坑深2米，长1.5米，宽1米左右。在坟坑底部西边挖一个偏洞洞口，一般长1米，洞高0.6米左右，洞内长1.5米左右，上圆下平。北端为亡人削一个土枕。殡礼完毕，由6人负责把"埋体"放入坑内，进而置于偏洞中，按"头北脚南"方向放好，再用土坯砌好偏洞口，后用土开始填坟坑，在众人的念经声中，葬礼结束。

托茂人有纪念亡人的习俗，从埋葬之夜算起的第四天举行念经追悼亡人，在七天过"头七"，第十四天进行"念下土"。"念下土"较为隆重，要宰杀牛羊，宴请四邻好朋。之后要过周年和十周年，进行一系列的追悼仪式。另外，在亡者葬后的一个月内，亡者男性亲属要每日上坟进行祈祷。即使坟地离自己的放牧区较远，托茂人也会在附近的村落找到住处进行追念，此后每逢节庆日子，托茂人就会去坟园追念，为亡人祈祷悔罪。虽然，当下托茂社会，"牛马担架百里送亡人"的历史习惯不再，但托茂人常忙中抽闲力所能及地到湟中大寺沟、三湾、拉宁等托茂老坟园去上坟，追念亡人。慎终追远，中国传统文化及习俗等，已是融入托茂人的社会生活中。

第八章

历史宿命：牧民的定居及托茂人的语言与姓名

从农业社会的角度观之，托茂人的经济文化等，依然是不同的、有特色的，呈现出明显的非农业特征，然而从托茂人或牧业社会的自身感受来说，牧民的文化发生了"天翻地覆"的巨变，虽然对于草原牧业社会来说，变是永恒的，是一种常态，但"定居"的实现，不仅改变了"逐水草而居"之牧民的固有印象，牧民的衣食住行及日常文化都发生了根本性的变迁。

一 牧民定居与牧区的聚落化、城镇化

（一）定居：畜牧的历史宿命和新起点

居住及其方式是反映文化和环境关系的一个重要面向，文化成员在其生存范围内的自然分布构成了该社群的居住类型。人类学家奥特拜因将居住类型划分为游牧型和半游牧型、散居式家园型、小村庄和联合村庄型、城市和集镇型四类。其中，渔猎采集业和畜牧业偏向于游牧型或半游牧型居住文化，园林业和农业则倾向于家园型和村庄型[1]。在游牧时代，蒙古包、毡房等代表了游牧文化的居住特点，一家一户以游牧为主，彼此间相距数里，居住格局甚为分散，在集约化的、现代化的畜牧业成型或建立以前，此种方式被认为是人—畜—草三者间和谐相处的有利方式[2]。

---

[1] [美] 凯西·F. 奥特拜因：《比较文化分析》，河南人民出版社1990年版，第66—68页。

[2] 麻国庆：《人文因素与草原生态——内蒙锡盟白音锡勒牧场的研究》，见潘乃谷、周星主编《多民族地区：资源、贫困与发展》，天津人民出版社1995年版，第46页。

第八章 历史宿命：牧民的定居及托茂人的语言与姓名

任何一个社群对居住方式的选择，都是他们对自然环境和不断变化的社会环境适应的结果，在一定程度上体现了自然规律，包含有独特的文化资源。就游牧时代而言，牲畜逐水草而生，牧民逐水草而居，在长期的游牧实践中，牧民不断总结生产经验，形成了较为固定的生活起居习俗。游牧时代积淀下来的居住习俗、畜群管理与技术以及牧场水草区划的惯制等，至今仍为牧业经济习俗中的主要内容，对牧民的畜牧业生产生活发挥着较大影响。

然而，诸如以上种种都可能成为人们对游牧时代怀旧的理由，成为疲惫于现代生活的人们对游牧生产生活的遐思，也会成为一些研究者对游牧的赞慕和对定居的针砭，甚至全然不顾牧民的感受，不顾牧民对他/她所在城市的向往、对他/她文化娱乐方式的向往、对他/她所拥有的生产生活的向往，将自己置身传统审美和文化保护之地而忽略了历史的发展规律，而不愿承认：定居，乃畜牧业发展的历史宿命，无论在国外还是在国内。

虽然中国牧区大规模的定居是在 20 世纪 80 年代政府组织下进行的，但定居的历史趋势却早已出现。出身于蒙古草原的阿拉腾博士认为，从生产性质上说，游牧由于其不能独立于农业而生存的性质，使得其内部存在着定居化的潜势[1]。从更大的时空观察，就全球范围内讲，资本主义工业革命的发生和民族国家的兴起，便吹响了游牧终结的历史号角，游牧的范围在历史的演进中越来越小。具体到青海蒙古及畜牧业群体，自雍正三年编旗后，"各旗各有疆界，土地不得兼并，越界则触犯刑章。户籍有严密之厘定，人民不得随便转移。离旗为私逃，重者则处死刑。向日人民自由选择领袖，自由放牧之习惯，乃不复存在矣"[2]。

民国时期，西北考察者得到如是观察景象和结论："各族之牧区皆有一定，而区内帐房，随时令迁徙。夏季水草茂盛，畜产繁殖，且在羊毛制酥酪等工作紧张之时，全族集帐于牧区中心水草丰茂，能供给全族牧畜两月牧草之环境中，努力于全年衣食之制造。此时以食用之举行，王公旗族会议之召集，喇嘛祈祷赛神之鄂博，莫不于此时兴高采烈，乘机活动，迄附近草稀至不能继续维持其牲畜营养时，由喇嘛卜吉，王公施令，帐幕遂应之向四围新草原移动矣。工作日以消闲，环境日以荒凉，如此步步扩

---

[1] 阿拉腾：《文化变迁：一个嘎查的故事》，民族出版社 2006 年版，第 84 页。
[2] 吴均：《青海蒙族户数今昔之比较》，《和平日报》1948 年 7 月 25 日。

散，至冬季则各帐幕有于牧区边际，天涯地角，相距甚远，然此时与邻族帐幕，反较接近，又造成各族间发生关系之机缘矣。此种举棋不定之流动生活，为今日县政建设之绝大困难，而教育之设施，尤不能不有适应此特殊生活之方式。"① 此中，不但记载了青海草原的移牧情况，而且表征了现代知识分子眼中这种"不定生活方式"与现代社会建设的冲突。

20世纪三四十年代之后，青海蒙古部落草场面积继续萎缩，等到人民公社时期，随着牧业生产队的成立，牧民的畜牧范围进一步缩小。20世纪80年代，草畜承包制度实施以后，草原被划分为类似网格的固定单元，草场分配给每个牧户。传统的牧民开始转变成和"小农"相似的"小牧"了。有学者认为，牧区草场和牲畜逐渐包产到户，真正意义上的"游牧"走向了终结，草场划分政策，进一步限定了牧民的草场使用权，把牧民们分别固定在诸多面积不等的"私有地"中。放牧方式从历史上的"逐水草而居"逐步走向"定居轮牧"②。定居放牧，随之而来的是定居生活。

就托茂牧民来说，他们较早的定居倾向事件可追溯到1954年，因为这一年托茂人在海晏地区本部落所在的草原上破天荒地盖了一座固定清真寺，规模是三间土木结构的平房。一些老年牧民，为履行宗教功课不再移牧，定居在清真寺周围。不过，给青海海北地区所有牧民留下深刻定居痕迹的时间是1958年。因为这一年，畜牧业生产合作社和人民公社在草原先后成立，原本分散的牧民被集合在集体组织里，生产生活发生巨变。

一位老牧民回忆说："当时人们全部在食堂吃饭，在食堂吃过后就不能在家里烧火。干部说这是'帐篷改造'。那个时候还经常开会，开会的时候，一些会跳秧歌的人一边跳一边唱着说，'1958年，吃饭不要钱，共产主义快快来''牧区帐房街道化，乡村住宅城镇化'，唱的都是当时的口号。"在公社体制之前，青海海北草原上牧民基本上没有房子，所有牧民都住蒙古包或者牦牛帐房。公社和生产大队正式成立以后，公社和大队部都建造了土坯房办公场所。让托茂老人记忆深刻的是，1958年从金银滩草原搬迁到托勒牧场后，牧场场部及并排安置的帐房给人以街道的感觉。"牧区帐房街道化，乡村住宅城镇化"，在1958年到1984年的20余

---

① 青一：《筹办中央蒙藏学校青海分校计议》，《新青海》1934年第3、4期。
② 王婧：《国家、市场与牧民生计转变：草原生态问题的阐释》，《天府新论》2012年第5期。

年大都是作为口号存在，直到草畜承包制实施后真正实现。

冬季草场上的定居点正炊烟袅袅（2008）

青海牧区牧民大规模定居和大量建房是在 20 世纪 80 年代。从 1984 年开始，随着牲畜、草场的承包，过去的公用牧地和牲畜被分配到个人手里。这样一来，牧民就不得不改变牧草资源的分布方式，将牧草地用围栏等形式隔离开来，形成一个个的个人领域。"早期畜牧者过着逐水草而牧、避风雪而居的游牧生活，不可能形成社区。但牧业生产的条件和方式并非一成不变，牧业也需要而且能够定居，于是，'畜牧业＋定居＝牧区社区'这个公式也能成立"[1]。就青海牧区而言，定居的牧民，严格地说，只是家庭中的部分成员，如老人、孩子，还有一部分牧民仅在某个季节（一般为冬春季）可以居住在定居点中，其余时间必须随牧群奔走。即便如此，牧民在冬圈定居点兴建房屋的热情正方兴未艾。

仅从生产角度来看，游牧在特定的自然生态环境中是最合理的。但若从生活角度说时似乎定居要比游牧更合理。20 世纪 80 年代的畜牧业经济体制改革，使牧民的收入进入历史上最好的增长时期，随着牧民经济收入和生活水平的不断提高，有需求并有能力拨出相当的资金用于建造住房。建造住房本来是要作生活上的改善，然而却彻底改变了畜牧业生计活动的方式。与牧区经济体制改革一样，定居也是牧区千百年来的重要社会文化变迁之一，定居成为牧区畜牧业发展的新起点。

---

[1] 色音：《巴尔虎蒙古部生产及生活方式的变迁——呼伦贝尔盟新巴尔虎右旗社会调查》，潘乃谷、马戎：《社区研究与社会发展》，天津人民出版社 1996 年版，第 621 页。

定居是现代畜牧业发展的必须，定居的结果必然导致收获努力的不断加大。随着定居的实现，一些家畜收容设施必然会与定居观念一起从农业地区传播进来，从而引起传统的改变。同时，随着定居化的深入，人口得到增加，为了养活增加的人口，家畜头数也就相应地得到增加。为了进一步增加家畜头数，牧民不仅在牧草地、饲料种植等建设方面加大力度，对家畜收容设施这一家畜管理的核心部分也进行了大规模的建设，定居促进了棚圈、围网和饲草饲料基地配套建设的发展。随着定居的实现，有了固定的冬圈草地和良好的棚圈，有了充足的饲草储备，牧民抵御自然灾害的能力也大大提高。

随着牧民定居和轮牧的实现，牧民从实际生活的体验中认识到定居的便利和好处。定居减轻了牧民举家搬迁之辛苦、消耗，定居的生活相对稳定，在这种生活环境中，牧民便会产生了进一步改善生活条件的强烈愿望。同时，社会的发展又使这些愿望有了付诸实施的物质条件，牧区牧民也只有定居后才可能解决通水、通电等现代生活设施问题。其实，自牧民修建永久性砖木结构或土木结构的房屋伊始，组合家具、沙发、席梦思床、铁皮烤箱等较现代化的日用品便与牧民相继入住，先富起来的一些牧民还带头装上了太阳能发电机、装上了电灯、看上了电视，随后，各种耐用消费品开始进入牧民家庭，人们原先依靠手工制作的日常生活用具被各种从市场购买的家庭耐用消费品所取代。

（二）变迁：从蒙古包到"全封闭"

托茂人传统的民居是蒙古包。"蒙古包"，顾名思义跟蒙古人紧密相关，从词源上来看，并非自称，蒙古语中将自己居住的毡帐名为"格日"，意为"家"或"屋"。相关研究者称，"蒙古包"一谓，源于17世纪崛起的满洲人，在满语里，"家""屋"为"BOO"，是故蒙古人的家屋就被称为"蒙古博""蒙古包"[①]，随着清朝的鼎盛和满洲人的影响力，这种称谓被广泛接受。从文化传承上讲，蒙古包继承了古代北方游牧民族的居住文化和形态，如历史文献中的"穹庐""穹闾""毡帐"等。

历史上，这种便于移动的"家屋"，牵扯到很多畜牧业群体，如"北

---

① 巴·布和朝鲁：《蒙古包文化》，内蒙古人民出版社2003年版，第2页；郭玉桥：《细说蒙古包》，东方出版社2010年版，第2页。

夷"——《史记·天官书》："北夷之气如群畜穹闾，南夷之气类舟船幡旗"；如匈奴——《史记·匈奴列传》："汉使曰：匈奴父子乃同穹庐而卧"；如乌桓——《后汉书·乌桓鲜卑列传》："乌桓者，本东胡也。……随水草放牧，居无常处。以穹庐为舍，东开向日"；如鲜卑——《南齐书·列传第四十》："鲜卑慕容廆庶兄吐谷浑为氐王。在益州西北，亘数千里……多畜，逐水草，无城郭。后稍为宫屋，而人民犹以毡庐百子帐为行屋"；如契丹——《旧五代史·外国列传一》："契丹者……十八日晡时，有大星落于穹庐之前，若迸火而散，德光见之，西望而唾"；等等。

文献中的"穹庐"等，具体长什么样，宋朝之前鲜有记载，宋朝时程大昌的历史笔记《演繁露》："唐人在婚礼中，多用'百子帐'，盖其制本出塞外，特穹庐、拂庐之具体而微耳者。卷柳为圈，以相连锁，可张可阖。"徐霆补注彭大雅所著的《黑鞑事略》记载："穹庐有两样：燕京之制，用柳木为骨，正如南方罥罳，可以卷舒，面前开门，上如伞骨，顶开一窍，谓之天窗，皆以毡为衣，马上可载。草地之制，以柳木织成硬圈，径用毡挽定，不可卷舒，车上载行，水草尽，则移，初无定日。"此中，不但记载了穹庐的主要材料和形制，也说明早期主要安置在篷车上，之后发展成在地上搭建，必要时拆卸下来，分解成若干部分，驮在牲畜身上或装在车上的房子①。

在历史的发展进程中，蒙古包的样式也在不断变迁，譬如就蒙古包的高度，现代的蒙古包比古式蒙古包几乎矮了一半，如今哈萨克人的毡房倒保留了较多古式蒙古包的特征②。在青海牧区，藏人的传统家屋是牦牛帐房，蒙古人和托茂人是蒙古包，直到1958年此形式发生变迁。民国考察者林鹏侠在《西北行》中记载说："蒙人所著住者，曰蒙古包，与番人帐房殊异。包形圆，大小不一，法以木制架二三节，接处能旋转，其拆处开合，便于迁移也。架外覆以厚毡，包顶放一圆口，为天窗，既可采光，又可出烟。中设圆灶，灶后供佛像，灶左右亦分男女，与番帐相似。夏凉而冬暖，较番帐为舒适。"③

2005年7月，野牛沟松子开老人和塔色老人（蒙古族）共同回忆说，

---

① 巴·布和朝鲁：《蒙古包文化》，内蒙古人民出版社2003年版，第7页；于学斌：《蒙古包和古代穹庐的关系辨析》，《中国边疆史地研究》2021年第1期。
② 巴·布和朝鲁：《蒙古包文化》，内蒙古人民出版社2003年版，第9页。
③ 林鹏侠：《西北行》，甘肃人民出版社2002年版，第103页。

为非遗申报租借来的蒙古包（2019）

在1958年他们迁徙以前，他们居住的是蒙古包。蒙古包外形就像一个矮胖的蘑菇，蒙古包四周是用5—6块"特日麻"①相互交错围成，一般在南或东南面建有一个带木框架的门，高在1.2—1.4米之间，蒙古包顶部的结构很像是一把撑开的雨伞，从中心圆盘铰链处伸出来的几十根木棍搭在四周"特日麻"木棍上端，用细马鬃绳扣住，借助一圈"特日麻"把顶部撑起来。四周的外面用毡子、毛皮等覆盖固定，再用宽马鬃绳系紧即可。通常情况下，蒙古包顶部中心的圆盘是敞开的，烟囱可以从这里伸出蒙古包外。

松子开和塔色至今熟稔搭建蒙古包的知识，他们说，蒙古包搭建的地点最好是距离水草近的地方，其次还要在背风处，夏季要设在高坡通风之处，避免潮湿；冬季要选择山湾洼地和向阳之处，寒气不易袭人。蒙古包便于游牧生活方式，牧民借此避风雨，御寒暑，生儿育女，在此中经营一生。蒙古包是适应游牧经济而出现的一种独特的具有鲜明民族风格的建筑，搭拆容易，搬运方便。牧民随季节变化的游牧生产生活需要不断地拆包和搭包，在托茂老人记忆中，过去搭包、拆包的工作妇女们通常都可以完成。

1958年，海晏地区平叛"反封建"斗争的扩大化，金银滩草原一带的牧民被要求火速搬迁到祁连县、刚察县等地。"那是1958年秋10月20日，我记得很清楚。晚上来的通知，早晨就要走。蒙古包扔下了，锅头上煮的肉和熬的奶茶扔下了。……一户只准赶自己的三头牛，一顶帐篷一驮马上就走。""到了阴历的九月，上面就让我们往祁连县搬。一家只

---

① 特日麻，青海蒙古语，是用皮条铰链连接的两组交叉的木棍，立起来后高低可以调节。

给了三头牦牛,一点点行李驮上就走。别的啥都不让拿。狗拴在蒙古包前,蒙古包扎在那里,就么扔下走了。""一户人家只给三头驮牛驮东西。帐篷、蒙古包没有办法驮。黑帐篷只能驮半片,蒙古包根本没有办法驮,我们蒙古人住的是蒙古包呵。只驮一点路上吃的,再啥也驮不上。""那么多人从老家只带回两座蒙古包,场部要设办公室,就用这两座蒙古包当了办公室。"①

松子开等老人说,当时两三头牦牛只能驮全家的被褥和最紧要的生活用具,甚至有的人家孩子太小,分出一头驮孩子了。蒙古包因面积较大、体积较重,搬迁工作组工作人员不让拿而丢弃,到了托勒牧场之后,牦牛帐房逐渐成为托茂等牧民的主要居住形式,蒙古包从此走到历史尽头。

牦牛帐房,在青海原本是牧区藏民的主要居住用房,故文献多称"番帐"。如林鹏侠记载:"番帐,两牛毛线织成疋头,缝为量大幅,约四丈见方,中开有缝约尺许,以为通气出烟之用。四角支以木柱,维以皮绳。四周离地尺许,用盛物皮袋马鞍等堵塞。中设一长灶,前置铁锅,后为粪仓。此长灶划帐房为左右二部,左部为男子卧所,女则居其右。"② 陈赓雅如是观察:"大多数之游牧藏民,则住帐篷。帐篷以牛毛织成,中撑一柱,并开天窗,四角及边缘,绳系大铁钉,深插土中,四周离地一二尺,塞以装物之皮囊,冬日以牛粪,弥补其罅缝。迎门开一土灶,并置粪仓于后。"③

托茂人将牦牛帐房俗称为"黑帐篷",因其制料牦牛毛为黑色,故又称"黑帐房",藏语为"纳合仓"。黑帐房是由牦牛身上的毛根最粗的那部分毛剪下来捻成的粗褐子,拼缝成面积20—40平方米不等的毛毯。帐房内部用两根木杆支撑,帐顶分上下两层用十余条粗绳用力向四周拉,粗绳牢牢地固定在帐房四周的木橛子上,为防止冷风或雨水浸入帐房,房内底部四周用石头和草坯砌成高为30—40厘米的矮墙。在帐房正中的两个柱之间,传统上有一座狭长的土灶,现今大多数从外地购买的铁火炉。一般帐篷内无床铺和桌椅,只在地面铺上毯子、毡或羊皮。帐房的中间留有一个长方形的空间来透气,烟筒就从中支出。牦牛帐篷的特点是质料结

---

① 铁穆尔:《库库淖尔以北》,《西湖》2007年第6期。《库库卓尔以北》一文对当年海晏县牧民迁往祁连一事有详细的描述,此文有较高的口述史价值。
② 林鹏侠:《西北行》,甘肃人民出版社2002年版,第103页。
③ 陈赓雅:《西北视察记》,甘肃人民出版社2002年版,第144页。

因色黑而又名为"黑帐房"的牦牛帐房（2005）

实、不易漏水、防寒性较好，面积和体积都比蒙古包轻小，易于搬迁。

当然，就整个青海蒙古来说，部分青海蒙古人自晚清时，就开始用牦牛帐房替代蒙古包了，正如瑞典考古学者斯文·赫定1896年在靠近西藏的柴达木地区观察到的一户蒙古人之黑帐房及其藏式生活方式："这位老太婆穿着羊皮袍，腰带，靴子，额上围着一块东西。她把头发分成两个辫子。她那十八岁的小子穿着同样的衣服，却有三个辫子。黑毡幕由两根直杆子撑着，用绳绷得胀胀的。内部的陈设极尽光怪陆离之能事：罐子，木勺，羹匙，打猎家伙，皮衣、生皮，用牦牛肉灌得羊肚，大块的野牛肉。在帐幕的后面的一双木箱上放着两双小菩萨像和一些拜神的器物。"[①]

对托茂人来说，与"黑帐房"相应的还有一种"白帐房"。口述史资料显示，祁连托茂人使用白帐房始于1960年。"1960年，好多人都没有帐篷，冬天大家都集中在食堂里。食堂撤了后，没有帐篷的人没有办法，场里给了一个白布帐篷，冬天夏天都在破白布帐篷里。"[②] 现今作为一种附属居房，白帐房在托茂等牧民居家中较为常用。当然现在的白帐房是搭建成"人"字形镶以黑边的白帆布的小帐房，相较过去在形式上现代得多。现今，白帐房一般搭建在主帐房一侧，用于小孩居住或充当库房使用，也因为小巧轻便，常用于跟群放牧或临时外出之用。

现今，托茂等牧民夏秋圈的主要居住方式都是"活动帐房"，活动帐

---

① ［瑞典］斯文·赫定：《亚洲腹地旅行记》，开明书店1946年版，第245—246页。

② 铁穆尔：《库库淖尔以北》，《西湖》2007年第6期。

牧民身后的"白活动"

房因其多以白色为主,而被海北地区的牧民俗称为"白活动"。活动帐房是20世纪90年代引入祁连牧区的,从"活动"两字来看,带有明显的现代话语的痕迹。其"现代"的表现内容就是其骨架由多根钢管搭拼组织而成。较"黑帐房"来说,搭建更加容易,搬迁更方便,外部样式相对美观,内部帆布印有彩色的花纹,而且是工厂集中生产,价格便宜。而"黑帐房"之人工制作需要大量的精力,其成本较高。当下,一系列因素促成了"黑帐房"逐渐淡出的趋势。当然,也不排除,随着牧民对自己族群文化的自觉意识的增高以及非物质文化遗产热,"黑帐房"复兴的可能不可排除。

另外,从2003年开始祁连县的托茂人夏季牧场出现了一种主要用草坯砌垒而成的帐房,当地人称之为"茅庵"。其建造方法是:将草皮上划成15厘米长5厘米高的正方形草坯,砌垒成前高后低的四面土墙,前墙留有一门,在上压盖上塑料帆布即可。因其制作简单、成本极低,在当地也受到青睐。因为牧场的固定,有一些牧民开始考虑在夏圈建造房屋,"茅庵"也许就是其初露的端倪。但夏圈建造房屋不会成为一种普遍趋势,一是因为现有的夏秋圈居住用具完全可以满足牧民所需;二是因为此种方式较破坏草皮,地方环保部门趋于禁止;三是大多牧民更倾向将住房资金投入完善住房环境和室内改善上,若有更多资金他们愿意到城里购买楼房。

牦牛帐房、白帐房、活动帐房、茅庵等居住方式,在牧民定居后大多成为夏秋圈的主要居住形式。对于冬季草场而言,自20世纪80年代以来，随着牧民收入的迅速增加，牧民先后住上了土房、新式砖瓦房，甚至一些经济条件较好的牧民还住上了"全封闭"。"全封闭"原本是20世纪90年代末在青海农区流行起来的住房样式，因为这种房屋在房前加建上一个用玻璃封闭的阳台，既保暖又干净，而且还贴有瓷砖，看起来美观大方，很受牧民喜欢，所以现今成为牧区牧民在冬季草场上建造房屋所最追求的时兴样式。这与内蒙古牧区自20世纪八九十年代兴起的水泥钢混式蒙古包，有异曲同工之妙。

当下牧区时兴"全封闭"（2009）

（三）趋势：聚落化的形成与城市的诱惑

定居，对于牧区而言，是一种现代性的表征，随着定居这种变化和现代性而来的是一系列变化。在牧民系统性定居之前，马、牛等牲畜，既是生产资料，也是交通运输工具。20世纪八九十年代，摩托车作为一种现代交通工具在牧区开始普及，在托茂等牧民看来，骑着摩托车不但"洋气"，而且相对于马来说容易养活，操心较少，除了交通用途，不少牧民还用之放牧。2005年夏天，我初到祁连野牛沟时，看到牧民几乎家家都购置了摩托车。无独有偶，《农民日报》2000年9月21日以《内蒙古牧区需要大量低价位摩托车》为题，报道了摩托车在内蒙古牧区受欢迎的情况："牧民不骑马而改用骑摩托车放牧，能更迅速、更方便，使用摩托车成为解决自治区地广人稀、广大农村牧区交通不便的重要方式；摩托车成为牧区时尚高档产品，尤其一些青年农牧民新婚嫁娶，摩托车便成了时髦的嫁送彩礼。"①

随着牧区公路等基础建设的深入，卡车尤其皮卡车替代牦牛，成为牧区重要的运输工具。2000年后中巴等公共交通，在野牛沟与祁连县县城之间往返，便利了出行并缩短了牧民出行时间。2010年以后，SUV、轿车在青海牧区迅速普及，随摩托车之后成为牧民重要的出行工具。交通运输工具的变迁，以及出行时间的缩短和运输能力的增强，跟一同而来的聚落化和城镇化在祁连牧区相应相成。也即，聚落化、城镇化及现代交通运输工具互嵌在一起彼此发展促进，俨然成为20世纪80年代牧区现代化的面相。

在2005年调研时我们就看到，由于人口、交通、教育等因素的影响和作用，牧区乡村的聚落化趋势越来越明显。就拿祁连县野牛沟乡大泉村松子开一家来说，20世纪80年代承包草地时，他家以户为单位分得了冬、夏、秋圈草地，现今随着松子开老人的6个儿子慢慢长大，他必须将草地再分配给他的6个儿子②。至2005年7月松子开老人已经有两个儿子分了家，在他的院落旁建置了各自的院落，其他的几个儿子也都结婚生子，随着儿子的子女的逐渐增多和长大，他们分家并建置院落已经是迟早的事了。松子开的家院与定居之初还相距较远的邻居院落，正逐渐连成一片。

与定居、城镇化相互相促最紧密的还属教育。关于牧区尤其青海牧区的教育，民国的现代知识分子曾深深忧虑并感无力。1934年青一在《筹办中央蒙藏学校青海分校的计议》一文中对教育在边疆建设、蒙藏地区开发方面的重要意义："蒙藏之开发，边疆之建设，为今日兴国之大计，此任何人所不能否认者。然开发之端，着手之道，必先发展教育，培养青年，提高人民程度，以为政治经济文化推进之基本。"③ 但是，在考察中他对在牧区开展现代教育之艰难深感无力："此种举棋不定之流动生活，为今日县政建设之绝大困难，而教育之设施，尤不能不有适应此特殊生活

---

① 商立今：《内蒙古牧区需要大量低价位摩托车》，《农民日报》2000年9月21日。

② 在祁连县，家庭承包责任制实施后，自1984年7月1日以后出生的人口不再分给牲畜和草场，家庭里去世的也不收回，也就是牧民所说的"生的不分，死的不取"。如此使得，原来以户为单位的家庭，随着儿女成家立业，其草场和牲畜就只能在家庭内再分配，包括1984年7月后出生人口的草场和牲畜，也只能从原来的家庭的再分配中获得。

③ 青一：《筹办中央蒙藏学校青海分校的计议》，《新青海》1934年第3、4期。

草原定居的聚落化趋势（2005）

之方式。"① 魏崇阳亦称："散居黄河以南各县及海上蒙藏同胞，不知国语，鲜与内地往来，故亦不知内情，在各县者虽经营农业，而在海上及各县边远之区，完全从事畜牧，何论自动求学，即就地设学，亦所不愿。故非采取留学办法，强迫入学不可。"②

事实表明，20世纪八九十年代的定居，对牧区的教育普及提供了便利，同时，牧民对教育的重视又促进了聚落化、城镇化。2005年7月，我们刚到野牛沟田野工作时，野牛沟乡所在地围绕乡镇府、供电所、小学等机构，一些牧民在公路两边盖上了混凝土房屋和简单院落，不少牧民在乡镇府所在地并没有土地，而是通过购置地皮建造房屋的，他们表示如此行动主要是便于子女上学。如果孩子住在自家草场，冬季还好，从家到学校也就10到30千米的距离，夏秋季，有的家庭离高达八九十千米，不但家长接送不便，而且很多时候孩子并不能准时到校。在学校附近建房筑院，也使得需要照看孙辈上学的老年人基本定居下来，除了寒暑假，他们基本不去草场从事牧业生产了。

随着野牛沟牧民对孩子教育的越来越重视，为减少路途、方便孩子吃饭，很多牧民除在冬圈建有自己的定居点之外，还在乡政府所在地修置了自己的院落。托茂老人哈则热说，1994年她家搬到乡上时，只有乡政府

---

① 青一：《筹办中央蒙藏学校青海分校的计议》，《新青海》1934年第3、4期。
② 魏崇阳：《西北巡礼》，《新亚细亚》1934年第5期。

和学校等几个单位，几乎没有牧民居住，2000年人们纷纷到乡上盖了房子，与她家隔墙而居的邻居2004年时才从村子里搬下来。这种趋势还在继续，各种新式房屋正在修建。许多牧民在跟我交谈时表示，到乡上居住，可以让子女接受好的教育，让老人享受清福，吃住较好、看病方便，水、电、路等各方面条件比村子里好。

牧民从移牧到定居，不仅涉及教育上学的问题，它还涉及消费需求、文化娱乐、医疗条件等一系列与牧民实际利益相关的问题。事实上，定居乡镇的牧民也是从出行、消费、商业等考虑的，比如将自己的定居点建在公路旁边，便于搭乘汽车，又如乡镇通了电，而通电让追求新意的牧民购买的现代家用电器有用武之地，还有牧民顺道开起了商店、餐馆、招待所、摩托修理铺等。2005年时，野牛沟乡初显城镇化，不过穿境的湟源—嘉峪关公路还是沙土路。2008年时，由于该地区的石棉和煤矿等资源的发现和开采，致使过境车辆、流动人口大量增加，旅店、饭馆、汽车维修铺、蔬菜水果店、浴室等商业店铺已鳞次栉比地立于公路两旁。等2014年7月，我再到野牛沟乡时，看到新修的柏油路、整洁的街道和翻建的政府机关和商店等，此地俨然成为一个人气很旺的牧区小乡镇。

在此进程中，国家的在场，推动了牧区的村落化、乡镇化和城镇化，2008年初，祁连县政府提出了牧区新型村落化综合建设战略，其主要举措就是实施集中居住工程，以村为单位进行规划建设，设立中心带，以现代住宅建设为重点，科学合理地布局村委会办公室、村党员活动室、村卫生室、村文化活动室、村小学、商业网点、村办企业等，并引导牧户有计划地向中心带搬迁居住，最终构成现代住宅、各类公益服务和第三产业于一体的新型村落。计划4年内在村镇建成现代生活区11个，在县城修建居民小区2个，到2010年，力争村落化达到40%以上[①]。

在越来越多的牧民到乡镇政府驻地或向公路沿线聚居的同时，有较多的牧民还选择了移居县城或其他城市。牧区牧民对城市的向往已从最初的电视中走出，弥漫在现实生活中，城市的诱惑对象，也不再限于在城市上过学的青少年，而是扩大到老年和中年等各个年龄段。2008年春季我第二次到祁连县，就有关问题专门设计了问卷，以户为单位调查了32位托

---

① 杜文林、马福明：《祁连：新型村落化破解新牧区建设难题》，《祁连山报》2008年2月20日。

2005年7月正在兴起的草原乡镇野牛沟

茂人：男性29人，女性3位；20—30岁的有8位，31—40岁者8位，41—50岁者10位，51岁以上者6位。他们对城市的态度见表2、表3。

表2　　　　　　　　　　对城市的向往情况

年龄	家里有人在城里生活	想到城里去生活	如果有条件，想不想到城里购房
20—30岁	0户	7位	8位
31—40岁	2户	6位	8位
41—50岁	4户	10位	10位
>51岁	2户	5位	5位

表3　　　　　　　托茂牧民眼里的城市好处（多选）

年龄	孩子上学好	老人能享福	做礼拜方便	买东西方便	舒服、干净
20—30岁	6位	5位	0位	8位	8位
31—40岁	8位	8位	2位	7位	8位
41—50岁	7位	10位	8位	5位	4位
>51岁	3位	2位	6位	0位	1位

总体上说，城镇或城市的市场经济活跃，一般都是一个地区的集贸中心，居民购物方便，现代生活设施齐全。同时城镇或城市也是一个地区的文化教育和行政中心，居民的发展空间较大。而且城镇和城市一般坐落在交通方便、海拔较低、水源较好的河谷谷地，是草原上更适合老人生活的

地方。因此，牧民对城市产生向往，也出于情理之中。这种向往，或许古就有之，但过去只有王爷等少数人能实现。"青海蒙古各旗王爷，自19世纪以来，有许多人不常住在本旗放牧的地区，而是住在丹噶尔、西宁等地。他们在城里买了房，有专门的王府。"①

对如今年轻的托茂牧民，尤其是在县城上过学的年轻一代来说，他们对进城表现出浓厚的兴趣。在我们设计的问卷中，因为以户为单位所以没有将20岁以下的牧民的情况反映出来，但我们的访谈资料可以弥补此方面的不足。年轻一代之所以憧憬城里的生活，更多地是为了追求更加便利和现代的生活。对于接受过现代学校教育的青少年牧民来说，他们大多对城里的生活有一定的经验。因而，对他们来说，在牧村永远居住下去是一件困难的事情。在跟我们的交谈中，他们毫不掩饰他们对城市生活的向往，虽然目前他们大多没有能力在城里购房，但他们一有时间便会去城里转转。这也引起一些中老年牧民的怨言，一位牧民给我抱怨说："我就想不清楚，现在的年轻娃娃为啥三天两头的往城里跑？"

关于年轻牧民的进城，从长远来说，对牧民的城市化，以及对当地人口压力的减轻无疑能起到重要作用。2009年之前，祁连牧民进城呈现出两种态势。一是"有本事""有能力"的人进了城。二是一部分人由于牧村经济条件差、生存环境恶劣，基本生存需求得不到保障，进而到城镇谋生。2008年2月，我来到38岁韩光荣租住的两间小屋里，老实憨厚的韩光荣在祁连县城的建筑工地上打工，一月平均能挣七八百块，并不能达到理想生活的水平。我们问他为什么在2005年放弃牧业而进城打工。这位不善言辞的托茂牧民支支吾吾地说："反正城里好呗"。在祁连县，与韩光荣一样移居县城的牧民人数并不少，虽然他们在经济生活上没有太多改善，但还是作了定居城里的选择。

2005年调研中我看到，对城市生活充满向往并有一定经济能力的牧民，大多已开始采取行动，通过各种渠道纷纷移居城里。有的牧民选择在县城买了一块地皮，自己建造住房，如祁连县默勒镇多隆村的韩占龙于2003年在门源县县城就建有自己的一套二层楼房，在自家住的同时，还有一些商品铺面租给他人。2008年春季，野牛沟的买素木告诉我，他家已作好移居城市的准备，他打听到海北州政府所在地西海镇前一段时间有

---

① 南文渊：《可可淖尔蒙古走向边缘的历史》，辽宁民族出版社2007年版，第273页。

一个新的住宅小区的楼房即将开盘，他想到那儿去买一套房子，因为孩子在那里会得到更好的学校教育。

在牧区城镇化进程中，国家是一个有力的推动者。2009年4月，青海省全面启动游牧民定居工程。2009年6月，祁连县成立了游牧民定居工程领导小组办公室，开展祁连县游牧民进城定居基础设施配套工程，等2010年年底建成祁连县游牧民定居小区，集中安置游牧民370户，其中县新城区定居点200户、县老城区定居点一40户、县老城区定居点二130户，帮助野牛沟乡、默勒镇、峨堡镇、央隆乡、阿柔乡等乡镇的牧民进城定居。

与城镇化等相应的是牧民的人口从乡村到城市的流动，这一进程自2000年左右开始，之后逐年增加。据祁连县有关部门统计，截至2007年，祁连县移居的牧户达613户，占全县总牧户数7915户的12.9%，其中举家移居者占移居总数的70%。移居户中因子女上学的有117户，经商的271户，其他225户。野牛沟乡是全县牧户移居最多的乡，141户移居户中有20余户到西宁居住。2005年时，祁连县城不过两条街道，三层楼以上的建筑不过七八栋，2017年时县城建筑面积扩大十余倍，各种大厦楼房林立，商业文化街道数处，现代住宅小区数十个，其中游牧民定居小区、游牧民安居园5个，俨然成为海北州人口最多的城镇之一。

二　托茂人的姓氏名讳及其文化意蕴

姓名是一种语言现象，更是一种文化现象。姓名，可能是学界和托茂人都不大重视的一个事项，而恰恰此中能较多反映托茂人的文化特性和牧区社会变迁。

（一）姓名文化、社会意义和历史过程

人的命名本身是一种文化行为和文化现象。姓名系统不是一个孤立的存在物，它与族群的历史、文化、心理密切相关，是族群文化的镜像。人类的姓名是建立在实践和认知基础上的分类系统，既是社会、文化和历史的产物，也直接或间接地参与了社会、文化和历史的生产和再生产。在特定的历史条件和文化背景中，姓名的功能及其相关活动对社会和文化产生

着重要影响①。

在社会人类学传统中,西方学者莫斯、列维·布留尔、列维·斯特劳斯、格尔茨等对姓名与分类的关系都有涉猎,我国社会人类学学者中,纳日碧力戈对姓名有专论和系统性研究。在社会人类学学者看来,姓名不仅区分个人,还把个人划分为群体。莫斯指出,氏族社会把人们分门别类地归入固定的姓名世界,就像戏剧里的面具,姓名关系到具体的仪式性义务②。列维·斯特劳斯指出,人名有两种极端类型:在一种情况下,名字规定被命名的个人属于一个预定类别;在另一种情况下,个人通过命名可以自由创造,借助被命名者表达自己的主观性。不过,从本质上说,命名者在为被命名者归类,同时也为自己归类③。阐释人类学大师克利福德·格尔茨认为,姓名是一套明确的、有界线的术语体系,是得到某一文化中人们普遍承认并有规律的应用标签,是"定义人的符号规则"④。

格尔茨在摩洛哥和印度尼西亚进行了长期的田野工作,对"名号"的意义及相关的经济作用进行了很有深度的探讨。在摩洛哥西南部的柏柏人中,名号可以来自出生或所在的地方,名号也可以源自职业,或源自归属的宗教社团,或源自圣裔的身份,总之,一个人的名号特征可以很灵活。在印度尼西亚巴厘社会,名号主要分为六类:个人名、排行名、亲属称谓、从子名、地位称号、公号。婴儿在出生后的第 105 天获得个人名,终生拥有,但不大公开使用;胎儿不管生死,都会自动得到排行名:Wayan 是老大,Njoman 是老二,Made 或 Nengah 是老三,Ktut 是老四,从老五开始再次使用 Wayan,周而复始;亲属称谓属于"夏威夷式",分类标准为辈分,兄弟姐妹及堂表兄弟姐妹被归入一类,使用同样的称谓;多数巴厘人用从子名互称,夫妇的头胎一经命名,他们就被称为"某某爹""某某娘",等他们的长孙或长孙女被命名,他们又成为了"某某爷""某某奶";地位称号是继承性的,可赢得象征性的尊敬,并无特殊作用;公号属于公众领域的人,和种姓有关⑤。

---

① 纳日碧力戈:《姓名》,中央民族大学出版社 2000 年版,第 1 页。

② Gabriele vom Bruck and Barbara Bodenhorn, *The Anthropology of Names and Naming*, Cambridge: Cambridge University Press, 2006, p. 8.

③ [法]列维·斯特劳斯:《野性的思维》,李幼蒸译,商务印书馆 1987 年版,第 205 页。

④ [美]克利福德·格尔茨:《文化的解释》,韩莉译,译林出版社 1999 年版,第 434 页。

⑤ 纳日碧力戈、左振廷、毛颖辉:《姓名的人类学研究》,《民俗研究》2014 年第 4 期。

中国的姓名文化源远流长，在历史早期就形成了礼仪及其规范。譬如，在古人身上一般有名、字、号三种文化符号。周朝礼制，讲究人幼年时有名，成人后称字，50岁以后以"伯""仲"相称，尊贵者死后还有谥号——《礼记·檀弓上》："幼名，冠字，五十以伯仲，死谥，周道也。"关于蒙古人的姓名形式，传统上要么被认为"有名无姓"，要么是以部族名为姓、但习惯上称名的情况。相关的讨论显示，蒙古人的命名、称号等有自己的特点，不同于汉姓汉名，也不能简单以汉姓汉名度之①。当然，在元代之后，留据内地蒙古人大都取了汉姓汉名，如明人丘浚所言："国初平定，凡蒙古色目人散处诸州者，多已更姓易名，杂处民间，如一二稊稗生于丘垄禾稻之中，久之，固已相忘相化，而亦不易以别识之也。"②

正如丘浚观察到的，作为色目人之一的回回人的名氏华化，主要是在明朝之后大范围开始的。不过，在元朝，回回历史人物中已有不少改名换姓者，如著名诗人丁鹤年就是其中代表。关于丁鹤年，明朝杨士奇在《东里文集》就说："丁鹤年其先西域人，西域人多名丁，既入中国，因以为姓。"杨志玖考证说，丁鹤年曾祖名叫阿老丁，祖父名叫苫思丁，父亲名叫职马禄丁，他姓丁，实际上是保留前三代名末之丁，表示不忘本。这样的取姓法很常见，如赛（典赤）、纳（速剌丁）、马（哈木）、海（达尔）、萨（都剌）等③。

有元一代，不仅在内地，即使在高丽，回回人用汉姓汉名者，据喜蕾考证，张舜龙、闵甫等回回贵族，以蒙元统治者代理人进入高丽，并成为高丽政治舞台上具有特殊影响力的重要人物，权势炙手可热，显赫一时。高丽王国的历史文献对之非常重视，《高丽史》中专列有《张舜龙传》，其记载说："张舜龙，本回回人，初名三哥。父卿事元世祖，为必阇赤。舜龙以齐国公主怯怜口来，授郎将……改今姓名。"其取名源于高丽忠烈王三年"赐公主怯怜口等姓名。忽剌歹为印侯，三哥为张舜龙、车忽歹

---

① 乌兰：《蒙古族的姓名》，《内蒙古社会科学》1984年第1期；蔡志纯：《略论蒙古人的姓名》，《内蒙古民族师院学报》1989年第4期；周思成：《古代蒙古人的命名习俗二题——兼谈蒙古姓名研究的"社会—历史取径"》，《隋唐辽宋金元史论丛》2019年第1期。

② （明）丘浚：《大学衍义补》，海口书局1931年版，第105页。

③ 杨志玖：《元代回族史稿》，南开大学出版社2003年版。

为车信，职皆将军。"①

如上等，喜蕾在《从高丽文献看元代的回回人》一文中得出结论：回回人在与中国汉族文化融合的过程中，放弃原有的命名习惯，取中国式的姓名，是回回人实现中土化的特征之一②。有明一代，内地回回人普遍使用汉姓，汉姓之来源五花八门，如元代张舜龙者亦多，如明朝初期，瓦剌使臣回回皮尔马黑麻入附，官至一品，多次衔命出使西域、瓦剌各地，不辱王命，被御赐姓"马"，名"克顺"③。历史不断发展，到了清代中后期，青海边地丹葛尔之蒙回、缠回亦改汉姓，取名字首字如"马""拜"等姓，也有以职业来取姓的，如丹葛尔的花姓，本为缠回，因在丹葛尔城的东门外养花牛为生，后来就因花牛得姓④。

（二）托茂人的姓名及"找姓运动"

历史文献中，第一位被记载的托茂人是"驼毛茶根"，出现于光绪二十二年的官方奏折中，"茶根"可以肯定不是汉名，是蒙古名还是经名，托茂人大多说不清。韩占龙猜测，很可能是经名"哈格"（Ishaq）。而我的原同事斯琴博士认为，有可能是"查干"，查干是白色的意思，蒙古人名中常用。时间往前推，《清实录世宗雍正皇帝》卷十三雍正元年十一月丁亥条："抚远大将军年羹尧折奏：西宁北川上北塔、下北塔二处蒙古回子占地数百里，丁众粮裕，素怀异志，臣令千总马忠孝前往下北塔将所有三十村，回目锡拉墨尔根等俱已招抚。马忠孝等又带兵往剿上北塔贼众，擒获头目阿布多、吴园厄尔克喀等，即行正法，其余回人俱已招抚。"其中提到的蒙回头目，锡拉墨尔根、阿布多、吴园厄尔克喀，既有蒙古名，又有经名，还有经名蒙古名混用者。

托茂人记忆中最早的几位先祖，是光绪二十二年留据青海的几位，他们的名字是：由拉（男），托娃（女），新乡老（男），托茂三哥（男），者哥（男），大帐（女），嘎七（男），大汗七哥（男），唐古特舍尔巴（男）等。其中由拉、嘎七、者哥、舍尔巴等是明显的伊斯兰教经名，托

---

① [古朝鲜] 郑麟趾：《高丽史节要》，韩国东国文化社1961年版。
② 喜蕾：《从高丽文献看元代回回人》，《内蒙古大学学报》2006年第4期。
③ 和龚：《明朝与瓦剌"贡赐"贸易中的回回》，《内蒙古社会科学》1987年第5期。
④ 马在渊：《哦，他们：湟水上游一个苏菲道团的古代史》，内部印，2019年，第111页。

娃听起来不像经名,但据韩占龙讲,他曾问过他奶奶托娃,他奶奶说,她本名叫法图麦(常用经名,伊斯兰教先知穆罕默德的女儿就用此名),托娃是阿大阿妈(父母)的亲昵叫法。可以确定在光绪二十一年前,托茂人就已经在用经名命名了,之后也是如此,如由拉之子叫"舍巴",托娃之子叫"尔尤布",者哥之子叫"尔斯么"等。而事实上,历史上很多著名的蒙古族穆斯林一经信仰伊斯兰教后,大都取了经名。

当然,新乡老、托茂三哥、大汗七哥等名字明显不是经名,而是接近名号似的俗称。我们在调查中注意到,在1958年以前,无姓的托茂人中的部分人的名字有一个特点,即在名字前常缀以"托茂"之定冠,含带有姓的功能。如托茂三哥、托茂尔布杜、托茂阿嘎等。这些名前缀有"托茂"称呼的人,一般都是托茂人中的精英或权威人物,因为他们与外族群和异地的人接触较多,这种称呼更多是外族群的人的他称,久而久之就成了自称。另外,唐古特舍尔巴,应该属于"唐古特"部落而非托茂族群,显而易见,舍尔巴因为蒙古穆斯林的身份,而被吸收到托茂族群当中。

关于托茂公部落的蒙古人之姓名,王树中说:"托茂公旗旗民,信仰藏传佛教部分贵族姓博尔吉特,但多不用。其余人习惯在名前冠以'公'字,比如公三智布,现在有人以'贡'或'龚'为姓。托茂人则在名前冠以'托茂'二字,如托茂母海买、托茂胡赛尼等。'公'和'托茂'起到了区别姓氏的作用。"① 王树中的蒙古名为"博·贡博策仁"。姓名总是随着社会历史的发展变化而发展变化,当然社会发展的历史也包括姓名发展的历史②。如今,海晏、祁连一带的蒙古人,除了一部分仍用蒙古名外,还有用藏式名字者,不少人蒙古人既有汉姓汉名也有蒙古名,还有的采用的是民族名加汉语名的双名制。蒙古族学者纳日碧力戈认为,少数族群的双名制和多名制,反映了族群互动、文化接触、语言交融的社会和历史背景。总的来说,双名制或者多名制的使用,主要与适应环境、方便交际有关;在不同的场合使用不同的名字,以达到社会操作和使用的目的③。

当下的托茂人,在取经名的同时,还起"学名"(又叫官名),在取

---

① 王树中:《"托茂人"考略》(未发表草稿)。
② 纳日碧力戈:《姓名》,中央民族大学出版社2000年版,第167页。
③ 纳日碧力戈:《姓名》,中央民族大学出版社2000年版,第170页。

第八章 历史宿命：牧民的定居及托茂人的语言与姓名

尔斯玛，不足一岁，他爷爷请笔者为其取学名（2005）

名上与当地回族人已基本一致，家里平时日常用经名，正式场合用学名。如今托茂人普遍有了姓，他们的姓氏主要有：马、韩、杨、丁、李、曹等。在新中国成立之前，有很少一部分托茂人是有姓氏的，他们主要是托茂人招赘"中原人"（过去托茂人管回民叫中原人）当女婿后，生的子女跟父亲自带了姓，如托茂尔布杜，叫丁生福，因为他父亲是回族，本姓丁。而大多数无姓的托茂人有姓的过程并不这样便捷，而是在经历了"找姓运动"以后才获致的。下面是韩、马、杨三姓的来历。

韩姓来历，讲述人，韩占龙，1945年生，未上学但会识汉字，当过村干部。

1958年，我们还住在海晏地区，当地政府要作人口统计，调查统计工作的人多是内地来青海的，因为他们对我们托茂人的经名不熟，感觉写起来不方便，所以要叫我们想办法找个姓，起个"官名"，加上当时又搞"破四旧""立四新"，运动工作组说我们托茂人的经名是牛鬼蛇神。我哥等家人想呀想，也找到了好多姓，像马、王、杨一些。但是我们总觉着不好。一家子人思来想去，记起了一件事。我有个叔叔名叫尔斯玛，他曾在邻近县的一个姓韩的大地主家打过"长工"。由于勤快能干，所以韩掌柜很欣赏，让他当了"二拿"，也就是二拿事、二掌柜的。因为我叔叔尔斯玛一直没有姓，所以韩掌柜给他赐了"韩姓"。我叔叔63岁去世，韩家给他的"韩姓"他从来没有用过，也没有起韩姓的官名，但当时我们需要姓，所以我们改了当时使用的马姓，姓韩了。当家的几位给家族内部大小都起了韩姓名字，我哥叫韩占麟，我叫韩占龙，我弟叫韩占凤。

杨姓来历，讲述人，杨青寿，1937年生，不识汉字。

在"面上运动"① 时，运动工作组的人，说我们托茂人是回民，回民都有姓名，人家蒙、藏民可以没有"姓"，但你们是回民，必须有"姓"，过几天再过来看我们有没有姓。我跟我哥想来想去，想我们一直以来都是挡（牧）羊的，就姓杨吧。过了几天工作组的人来问，我们说有"姓"，姓杨。工作组的人笑着说，对嘛，你们就是有"姓"嘛，那你的名字是什么？我哥说，没起呢，你给我起个。工作组的人就给我哥起名杨青福（有青海福顺的意思——笔者注）。我一听我哥叫杨青福，我就告诉工作组的人说我叫杨青寿。他们给我大儿子伊布拉黑麦起名叫杨国军，二儿子伊斯哈格起名叫杨国清，三儿子胡赛尼起名杨国明，四儿子伊斯玛依起名杨国忠。

马姓来历，讲述人，开开子，1927年生，不识汉字。

当时工作组的人来了以后，要统计人口，我说我叫开开子，工作组说这不行，问我姓什么，我说我们家没有"姓"，你们工作组的人给起个"姓"，工作组的人说，你们是回民，"十回九马"嘛，你们就姓马，你的大儿子就叫马鸿伟，二儿子叫马鸿武，三儿子叫马鸿成。从那以后我们家就姓马了。我因为岁数已大，就没有取名字，还叫开开子。

实际上，开开子与韩占龙原为本家，开开子是韩占龙的隔代堂叔，开开子的父亲"大托茂三哥"是韩占龙父亲托茂三哥的亲堂叔。因此，在当下青海托茂社会存在着一种有趣的情况，即同属一家族的人可能拥有两种或两种以上的姓氏。托茂人姓氏名讳的演变，我们可以将之视为现代化或主流化的必然。在多数民族或者主体民族事实上的优势文化背景下，少

---

① 托茂老人说，"破四旧""立四新"运动在青海海北地区分"面上运动"和"点上运动"两次进行。

数民族或者弱势族群，不仅需要在政治、经济、教育、科学等方面与前者认同，而且还在以姓名为代表的个人指称符号上，也要与之沟通①。就实用性来看，托茂人的汉姓官名在孩子上学、户口登记等现代信息社会的各项活动中很方便实际，但也使得他们的族群文化特征有所减弱。从三个案例中，我们也可以看到，其实在此之前汉文化或汉文化的一些观念，在托茂人意识中已有印痕，他们选择麟、龙、凤、福、寿等取名，就是例证。

三 托茂人语言的变迁及国家通用语言文字的普及

语言是一种历史文化现象，凝聚着一个族群的历史文化结晶，保存着一个族群的集体记忆。语言学家萨丕尔曾说，语言的内容，不用说，是和文化有密切关系的。语言的词汇多多少少忠实地反映出它所服务的文化，从某种意义上说，语言史和文化史沿着平行的路线前进，是完全正确的②。人类学者把语言不仅视作是一种交际工具、一种思维模式，最重要的是将其视作一种文化实践，也就是把语言视作一种行为形式（form of action）③。

（一）蒙古人、托茂人的语言变迁

托茂现在语用什么语言，是蒙古语还是藏语？对托茂人感兴趣的学者和普通人大都会问这些问题，正如他们常常跟我询问托茂人到底有多少人一样。与托茂精英及托茂人文化研究协会，曾用几十年孜孜以求人口数据相比较，托茂人倒是对语言不是很关心，这与学者或外界截然相反，学界或外界一般会将语言作为一项重要的文化来衡量托茂群体的独特性，蒙古族学者对此兴趣甚浓。在青海抑或新疆，蒙古人和托茂人的语言，随着时间发展不断变迁。

青海蒙古人，因为来源多样，不同来源的蒙古人语用不同的蒙古语方

---

① 纳日碧力戈：《姓名》，中央民族大学出版社2000年版，第168页。
② [美]萨丕尔：《语言论——言语研究导论》，陆卓元译，商务印书馆2000年版，第196页。
③ 马京：《人类学背景下的语言和言语研究——论语言人类学的研究视野》，《思想战线》2003年第1期。

言。但明末清初以来，主要以西蒙古为主，且卫拉特和硕特蒙古在政治等方面占有绝对优势，是故青海蒙古人主要使用阿尔泰语系蒙古语族蒙古语支的卫拉特方言。在文字上，卫拉特蒙古高僧咱雅班第达（1599—1662）创制的托忒蒙古文，由于与卫拉特口语接近，因此很快在卫拉特蒙古诸部中得到推广和使用。到康熙朝中期，托忒蒙古文字已经在青海蒙古贵族中得以推广和应用，其与清朝间往来的公文、信函都是用托忒蒙古文行文的①。

自雍正初年起，青海蒙古不断走向衰败，而藏人不断崛起复振，等嘉道时青海蒙古尤其黄河以南蒙古人的番化已成为一种比较普遍的现象，从语言文字方面来看，黄河南四旗所属蒙古族逐渐放弃了本民族语言文字而全部转用藏语藏文。关于清末青海蒙古人使用蒙古语言文字的式微，不少学者进行了关注，如陈柏萍、张科等②。相关研究显示，19世纪前，祁连、海晏、共和等地的蒙古人基本上还在用母语进行交流，不过，王爷、僧人等已开始使用藏语③。然而到了清末，河南等地的蒙古人中只懂藏语、不会蒙古语者比比皆是。

1901年，俄国探险家崔比科夫在柴达木盆地的茶卡地区看到："像所有普通青海蒙古人一样，受到唐古特人的强烈影响……从外貌上看纯粹是个唐古特人，也讲唐古特语，进一步交谈后才发现他是蒙古人，但他的母语很差，以至于不能交谈"④。至民国时期，西北考察者对此记载颇多，如荆玄生言："自清雍正以后，青海的一大半蒙族，日趋贫弱之途，人口也随之大减，在都兰、湟源、门源三县境内的各旗，有几部分还能保持着原来的语言风尚；在同德县黄河南，及共和县境内的各旗，现在完全被番族同化了，除老年人外，三四十岁以下的人，大部分都不会说蒙古语"⑤。

李自发亦言，青海湖南同德县、共和县和青海湖北海晏县、祁连县、

---

① 陈柏萍、张科：《清代及民国时期青海蒙古族语言文化涵化之探析》，《青藏高原论坛》2017年第3期。

② 陈柏萍、张科：《清代及民国时期青海蒙古族语言文化涵化之探析》，《青藏高原论坛》2017年第3期。

③ 南文渊：《可可淖尔蒙古走向边缘的历史》，辽宁民族出版社2007年版，第617页。

④ ［俄］崔比科夫：《佛教香客在圣地西藏》，王献军译，西藏人民出版社1993年版，第41页。

⑤ 荆玄生：《青海蒙古的过去与现在》，《西北论衡》1937年第11、12期。

门源县及黄河南境内的各旗蒙古，已经尽弃蒙文而用藏文，除老人外，三四十岁下的人，大部分都不会说蒙古语①。而一些散杂居地区的蒙古人"能通蒙文者，竟十不得一。"② 有学者甚至用"数典忘祖"形容这一语言文化变迁，如张其昀在《青海之民族》中言："今青海之一部分蒙人，反为番人所同化，数典忘祖，能操番语而不知蒙语。"③ 张其昀在《青海的蒙旗》的一文中说："至于其余各旗，人口逐渐减少，生活大都贫穷，生活风尚完全被藏族同化，数典忘祖，大都会操藏语而不知蒙语了，再过几年，青海蒙古恐怕自己忘记是蒙古人了。"④

托茂人及托茂公部落，在清中后期主要生活在青海湖北部从事畜牧业生产生活，长期主要使用的语言为蒙古语。听过笔者调查录音的一位蒙古族语言学者说，青海托茂人说的蒙古语实际上就是厄鲁特（卫拉特）蒙古语的一个分支，两者差别不是很大，但语音上和东蒙古正蓝旗的察哈尔语音有接近的地方（有些辅音有腭化现象）。此中语言现象，从一个侧面说明托茂人来源的多元状况。另外，由于宗教信仰的缘故，他们历史上常与邻近从事农业生产的回民保持较紧密的来往，所以他们也会一些日常的汉语。

环境的变化往往对语言产生很大的影响。苏联思想家巴赫金认为，意义离不开现存的社会关系，创造意义的语言和文化的实践积累成为历史，成为现存社会关系得以继承的遗产，语言习惯就是在这样的过程中形成，并在传承历史意义的基础上继续创造意义⑤。1958年，是托茂人语言变迁的重要历史点，这一年聚居于海晏县哈勒景地区的托茂人由此分散开来。是年10月有司命令将这一带的蒙古族、藏族等牧民火速搬迁到托勒牧场、祁连县、刚察县等地。迁徙及分散后，人数较少的托茂人大多生活在以藏族人为主的社区内，很多人跟藏族人做邻居，如是不少托茂人学会了藏语。

另外，迁徙工作组及托勒牧场等场部工作人员，大多为非牧区的汉族同志，据老人回忆，当时工作组有工作人员不让蒙、藏等民族牧民说蒙古

---

① 李自发：《青海之蒙藏问题及其补救方针》，《西北论衡》1937年第11期。
② 周振鹤：《青海》，商务印书馆1939年版，第62页。
③ 张其昀：《青海之民族》，《西陲宣化公署月刊》1936年第3、4期。
④ 魏明章：《青海的蒙旗》，《新西北》1944年第12期。
⑤ [苏联] 巴赫金：《巴赫金全集》（1—6），河北教育出版社1998年版。

话或藏话，说这些民族语是"黑话"不能说。而且工作组语用的汉语代表一种主流文化，会说汉语是一种可以与"上面"沟通的技能，故汉语从此逐渐成为青海托茂人的主要用语。2005年时，托茂人用蒙古语交流只限定在个别老人之间，汉语已成为托茂人主要的交际和生活用语。2017年后，野牛沟一带，有蒙古人也不再说蒙古语了，已很难找到会说蒙古的托茂人了，新疆托茂人也是如此。

（二）现代适应与国家通用语言文字的普及

语言不是一种中性的沟通媒介，而是一种寄予着深厚情感的文化载体。作为文化的一个方面，语言的重要性怎么估量都不会太过分。从社会和传媒的视角看，语言是人类基础性的大众媒介，它是一种其他所有媒介都需要通过它才能说话的大众媒介。没有其他任何一种媒介像语言那样如此扎根之深，如此包蕴情感①。对于蒙古语，在当今祁连蒙古人中，不少老人虽饱含深情，但使用者越来越少，走向城市的年轻人，学习语言文字的热情不多。对于托茂人来说，更是式微。

2005年7月，田野工作时，我访谈了几位托茂人，他们的语言状况较有代表性。

> 韩生阴，男，1929年生，未上过学。他说，在1958年以前，托茂人主要说的是蒙古语（蒙话），阿奶们好好的汉话说不来，如今他也主要说汉语，蒙古语因极少用，几乎都忘了怎么说了。
>
> 松子开，男，1937年生。至今见了会说蒙古语的人无论是托茂人还是蒙古人，他习惯用蒙古语交流。他说20世纪80年代以后，先后有几位蒙古语研究者听了他的蒙古语，都认为非常地道，他为此也非常自豪。无论过去还是现今，松子开老人一直与他的蒙古族朋友保持着亲密关系，这些朋友为了照顾穆斯林朋友的饮食禁忌和便于日常来往，经常请他去宰杀牛羊，他那一口流利的蒙古语经常会获得蒙古族朋友的赞赏和认同。
>
> 再奶拜，女，1944年生。她说："我现在已不会说蒙古话了，我

---

① ［美］戴安娜·克兰:《文化社会学——浮现中的理论视野》，王小章、郑震译，南京大学出版社2006年版，第24页。

的父母（以前）说的是蒙古话，很少说汉话，我小的时候在家里也说的是蒙古话。现在（别人说）我只能听懂，而我的儿女们，最大的已40岁了，（对于蒙古语）不但不会说也听不懂了"。

哈则热，女，1938年生。据她说，从海晏哈勒景迁出时，那年她19岁。19岁以前她一直说蒙古话，迁徙后，她母亲第二年就"无常"（去世）了，阿大（父亲）在迁徙前就以"反革命罪"被抓了①，而工作组的人和托勒牧场的工人都说汉语，她就学说汉语了，蒙古话也就忘掉了，现在她已不会说一句完整的蒙古话了，只是在别人说时能听懂和勉强交谈。

易卜拉，男，1958年生，未上过学，是青海托茂人青壮年里唯一会说一口流利蒙古语的一位。在访谈他时，我跟他学了几句蒙古语，他感觉很自豪，我给他拍照后，他感叹地说："现在的年轻人，都不再学说蒙话了！"言辞之间一副怒其不争的表情。

不难想象，随着老一辈"蒙古语"老人的相继离世，青海托茂人语用蒙古语的历史也将走到尽头。现今的托茂年轻人既不会蒙古语，也没有学习蒙文的志趣。一般来说，语言是文化的核心，没有语言，文化也就没有了生存的载体。一个族群的语言植根于族群文化的土壤之中，与传统文化相伴而生，与思维方式共同成长。托茂人去蒙语的趋势和汉语化，使得其族群特征日趋淡化，在语言上已与当地汉族、回族人基本接近。

在新疆托茂人中，不再使用蒙古语的情况出现得更早，自20世纪50年代便开始。2009年我在博湖县、焉耆县调研时，当地托茂老人表示，他们老一辈说的蒙古语跟当地的蒙古人相比，比较古老，比较质朴，当地蒙古人尤其年轻人所说的蒙古语，相对精致巧妙，因为是经过学校学习或培训的现代蒙古语。20世纪50年代，民族识别后，托茂人未被识别到蒙古族中，他们对学习蒙古语的热情也就淡了很多，后来的年轻人更多忙于学习其他考试学科知识，在语言上，更多倾向于学习普通话和国家通用语言文字。当下，青海祁连等地的托茂人，也是如此，他们急切地走向外面的世界，学习普通话热情高涨。有语言学者调研显示，托茂人使用频率最

---

① 老人就此冤死，20世纪80年代得到平反。

高的普通话,次之是青海方言,然后是蒙古语、藏语①。

文化的适应首先是语言的适应,它是其他适应的前提与条件。现代化的力量,尤其是现代电子媒介在牧区的快速普及,使得牧区的语言发生着进一步的变迁。电视传播等在很大的范围内推行了标准的语言形式。牧区的托茂年轻人不再满足于说当地的汉语方言,而是有意识模仿电影、电视的语言、语音、口气,一些新的词汇也因此随之进入。电子媒介显示出前所未有的语言整合力量。正如梅洛维兹所说:"传统上锁合在一起的'地方'要素(components of 'palce')如今已被电子媒介所分离。"② 电视、电话以及无线广播中的电子信息由于允许在物理空间上相互隔离的人们彼此交流和互动,从而拉平和均衡了地方的差别③。

这个托茂少年,对着镜头说"我 KAO"

2008 年 2 月,我们在祁连县野牛沟调查时,一位 16 岁的托茂少年拿出他叔父当年的蒙古袍准备试穿给我们看时,因为衣服有些紧小一时穿不顺当,他便对着我们的照相镜头"我 KAO""我 KAO"的直喊。更令我们惊奇的很多现代词汇,在地理较为偏僻的牧区乡村落户。如在夫妻两性称谓上,有一位大方的年轻人给我们介绍他的妻子(方言汉语为媳妇、

---

① 刘莹:《托茂人语言使用研究》,《佳木斯职业学院学报》2020 年第 4 期。

② Joshua Meyrowitz, *No Sense of Place*: *the impact of electronic medie on social behavior*, New York: Oxford University Press, 1985, p.308.

③ Joshua Meyrowitz, *No Sense of Place*: *the impact of electronic medie on social behavior*, New York: Oxford University Press, 1985, p.144.

女人等）时说"我老婆"；一位老奶奶笑呵呵地告诉我说："听几个孙子说，在县城念过书的那个孙女，在手机号码（薄）上把她的尕男人叫'老公'哩"。2017年后，一些托茂年轻人喜欢上玩快手、抖音等，70多岁的马世忠对我说："你知道不，那几个人现在叫'网红'呢。"

第九章

文化变迁：托茂人的饮食、服饰及文化交融

今天吃什么饭菜、穿什么衣服？与农业社群一样，青藏高原牧民也有这样的日常之问。饮食与服饰，是人类社会最为普遍的文化事项，无论是"民以食为天"的基础性需求，还是"人靠衣服，马靠鞍"的装饰性提升，它们在社会生活和精神仪式中无处不在，人类不仅因此温饱，社会也因此形成了文化。饮食和服饰，作为"物"跟"身体"紧密相关，作为"符号"，参与了意义的生产。从人类学观之，饮食与人类的生存、生计存在着生物性与社会性的双重关系[1]，而服饰是人对身体、环境的适应和驯化，是文明的产物，也是文化的重要表征。若以高原和畜牧业定位之，托茂人的饮食和文化，很容易被理解为独特的、固定的，但事实上它是变动不居、不断演进的。

一 好吃：托茂人的饮食文化及民族间的交融

在任何人类社会中，食物的重要性可以从两个方面来看。在营养方面，食物是用来满足人体的能量和生物需要的；在社会方面，食物是用来表达和维持社会关系的。人并不是和其他动物那样胡乱吞噬食物，他们要把食物烹调得可口，他们要用食具招待客人，他们要按一定的规矩用食，他们要把食物送给别人，他们要请客人来吃饭，他们要用食物做祭品。所有这些使人体接受营养维持生命的过程受到复杂的社会因素的调节[2]。

---

[1] 彭兆荣：《论人类学视野中的饮食文化》，《美食研究》2019年第4期。
[2] ［英］雷蒙德弗斯：《人文类型》，费孝通译，华夏出版社2002年版，第35页。

（一）青藏高原牧民的饮食文化

一般而言，"人们择食，多是'靠山吃山，靠水吃水'，就地取材。"① 江帆认为："饮食是人类生存的头等大事，是人类维持生存的决定性条件，但食什么，怎么食，则在很大程度上取决于人类栖息的自然地理环境。饮食习俗就体现着人类对自然环境中的食物资源的充分调动与利用。"② 在与自然互动的过程中，人类形成了一系列适应生态环境的生活文化，而饮食文化就是其中的重要组成部分。"生活在特定地域的族群在日常饮食资源与种类的选择上，并不是随心所欲，相反，他们都是以极为有限的一部分资源作为日常生活的主要食物的。并且，世居此地的族群一般只能沿袭这种食物资源的选择，很难有其他的选择空间。"③ 相关一些研究表明，生态环境以及生计方式对食物资源及种类的控限与影响是巨大的。

然而，事实也表明，不同族群的饮食偏好，在很大程度上还受文化的影响，饮食与文化有着显而易见的紧密关系。认知此，我们才可能理解，为什么同在一个地区，一种文化中的人们偏爱的食物，在另一种文化中却成为了一种禁忌。饮食作为人们赖以生存的物质保证，是长期以来人们将自然资源转变为人类文化产品行为的结果，而且在这种转变过程中人们不可避免地要把自己的需求、价值观念和信仰融入其中，这种看似最平常不过的日常行为却饱含了各种意识的象征意味。因此，汉学家张光直在《中国文化中的饮食》（*Food in Chinese Culture*）一文中说："我的相关研究使我确信，要达到一个文化的核心的最好方法之一，就是通过它的肠胃。"④ 人类学家马文·哈里斯在《好吃：食物与文化之谜》（*Good to Eat: Riddles of Food and Culture*）一书中认为，不同文化中饮食习惯的形成是一种收益最大化过程的结果。这种收益最大化过程在不同的生态、营养条件下和不同的人文环境中发生作用后，就形成了不同文化中的不同饮

---

① 赵荣光、谢定源：《饮食文化概论》，中国轻工业出版社2006年版，第52页。
② 江帆：《生态民俗学》，黑龙江人民出版社2003年版，第160页。
③ 江帆：《生态民俗学》，黑龙江人民出版社2003年版，第161页。
④ ［美］张光直：《中国文化中的饮食——人类学与历史学的透视》，见尤金·N. 安德森《中国食物》，马孆、刘东译，江苏人民出版社2003年版，第250页。

食习惯①。

　　青海蒙古人和托茂人，传统以畜牧为生，牛羊及其奶乳，是便捷的食物来源，农业社会的蔬菜、瓜果在饮食中较少。对于青海蒙古等畜牧民族的饮食，《西陲要略》如是记载："夷不习耕作，以畜牧为业，饥食其肉，渴饮其酪，寒衣其皮，驰骋资其用，无一不取给予牲。""夏食酪浆酸乳，冬食牛羊肉。"② 至20世纪二三十年代，仍无多变化，如孙瀚文记载："蒙古族居于青海者，多以畜牧为生，逐水草而居，所居大多为帐房（即蒙古包），其服饰无论男女，初夏季外，大都着皮衣，戴尖帽帽缀红缨，冬夏不去。……日常生活，以牛羊肉及酥油牛奶等为主要食料，缺蔬菜瓜果之属。多嗜烟酒，宾客相会，多以鼻烟交换嗅之"。③

　　此中，"烟酒"当为蒙古王爷贵族所用，尤其"鼻烟"，乃域外之物。据说，早在明万历年间鼻烟由意大利利玛窦进贡而传入中国，有确切文献记载的是清康熙时，至雍正年间，使用鼻烟之风气更甚，《红楼梦》等小说、历史笔记都言及与此。之后，清代官吏，嗜好鼻烟，不可须臾离也④。在政治上，因满蒙联姻，故此风很快蔓延到蒙古人中。在蒙古社会，吸食鼻烟一时成风，此后衍生的交换鼻烟壶也成为一种传统礼仪。文献显示，过去蒙古人都设法保存两只鼻烟壶，一只在待客和结识朋友时使用，另一只在更隆重的场合使用，蒙古男子腰间常系着鼻烟壶。

　　　　男人们总是把待客用的鼻烟壶带在身边。在隆重的场合使用的那一个则留在蒙古包里，保存在专门的柜子里。当客人来到蒙古包时，主人就把待客用的一鼻烟壶拿出来，由最年长的人开始，依次递给每个客人。然后，再从第二只鼻烟壶里取出烟来招待大家。他这样做第一是表示对客人的欢迎；第二是对客人光临表示出深切的敬意和感谢。就是说，他的蒙古包在任何时候都是向客人们敞开的。交换鼻烟

---

① ［美］马文·哈里斯：《好吃：食物与文化之谜》，叶舒宪、户晓辉译，山东画报出版社2001年版。
② （清）祁韵士：《西陲要略》，同文馆，清光绪八年。
③ 孙瀚文：《青海民族概观》，《西北论衡》1937年第4、5期。
④ 杨伯达：《鼻烟壶：烙上中国印记的西洋舶来品》，《东方收藏》2011年第3期；冷东：《十三行与鼻烟、鼻烟壶的发展》，《广州社会主义学院学报》2012年第2期；常建华：《康熙朝的珐琅器礼物与皇权》，《中国史研究》2020年第3期。

壶必须是主人、客人在蒙古包里坐定之后才能进行，因为，只有这时，交谈才能从容不迫地、认真地进行，而不受干扰。交换鼻烟壶的仪式还有个不成文的规矩，首先是由在座的人中间最年轻的人招待年长的人①。

除了乳奶类、肉类食物，谷物和面类在青海蒙古传统饮食中比例较高。《西陲要略》记载新疆卫拉特蒙古吃粟粥的情况："欲粒食则因粮于回部，回人苦其抄略岁赋以粟，然仅供首豪食粥。"② 这种食粟，即吃小米的风尚，到青海后，亦保持一段时间。如清朝青海蒙古学者仲优·昂青嘉布在《先祖言教》中记载："过去主要吃小米，小米叫铁尔木音达，需求量很大，也不做酥油。后来掌握了将奶皮积存在皮袋里面，尔后，搅乳提取酥油的生产技术，糌粑也就需要了，过去糌粑叫朵马粉，不作食用。以前，大户人家才有较多的面粉，一般家庭，面粉不多。"③

随着在地化，"糌粑"逐渐成为主要饮食。糌粑乃藏语，蒙古语称之为"宝力生古力尔"，蒙藏等牧民一般汉语称为之"炒面"。"炒面"主要材料青稞，乃是青藏高原种植最早的谷类作物，是蒙古人饮食在地化的重要表征。出生在西宁、曾任民国青海省教育厅厅长的杨希尧在1931年出版的《青海风土记》中，谈到青海部分牧区蒙藏牧民的日常饮食时说："他们吃的东西，大宗是肉类，也有完全吃生肉的部落，小宗是炒面。其余的东西，就是牛乳的各种产品。"④ 关于牧民主要饮食依次为肉类、炒面、乳酪之说，事实上主要来自观感，尤其进入牧区被牧民当作客人宴请后，大都会得出这样的结论。若在青藏牧区生活较长时间，或按定量计之，牧民饮食结构中炒面最高，次之为奶及各种奶制品，再次之为肉类，然后为其他。在1950年之前的社会，非贵族王公的一般百姓，吃肉的机会更少。

总体来讲，青藏高原牧区牧民的饮食是不断丰富的，近代以来，一些

---

① 育群：《蒙古族的传统礼节——交换鼻烟壶》，《蒙古学信息》1982年第2期。
② （清）祁韵士：《西陲要略》，同文馆，清光绪八年。
③ （清）仲优·昂青嘉布：《先祖言教》，多杰仁青译，青海人民出版社2008年版，第137页。
④ 杨希尧：《青海风土记》，中国西北文献丛书编辑委员会编《中国西北文献丛书》（第一二五册），兰州古籍书店影印出版1990年版，第29页。

新的工业加工制作食品和外来食物,也被引进牧区。如挂面、罐头,甚至洋糖等。1935年陆亭林在《青海省帐幕经济与农村经济之研究》一书中论及青海牧区饮食是言:"蒙藏饮食糌粑,牛羊肉,牛奶,茶,酒为主,其他牛奶作成之食品,亦有多种。其在富有之家,尚有用洋糖,罐头,蕨麻,挂面,紫阳,香片等茶"① 与此同时,一些农业社会的食物,亦进入牧民日常饮食中,丰富着牧民的饮食结构,这与青藏高原不同民族交往、不同文化交融息息相关。在青海回族民间故事中,广泛流传的《阿贝的扁食》即是回民与蒙藏民婚姻、农业社会饮食与牧业社会饮食交流碰撞的典型案例:

> 有一对新婚夫妇,一天丈夫乙尔买来韭菜和羊肉,叫妻子阿贝做扁食招待朋友。阿贝没见过扁食,不知怎样做,她在去担水的路上恰好遇见一群羊冲到泉边吃水。几只羊羔吃不上水,跳进泉水坑,一旁的挡羊老汉连笑带说"下给扁食了!"阿贝一听原来羊羔跳进水里叫下扁食,便急忙担水回家和面捏起羊羔样子的面团来。中午丈夫与客人来了,妻子端来做好的"扁食"让客人们吃,客人们互相张望,无从下口,因为阿贝端上来的是面捏的羊羔。没有馅儿,韭菜和羊肉是另炒后端上桌的,客人只好相互张望,无处下口。羞得丈夫哭笑不得,挤出一句话:"哎呀我的胡达呀!"妻子一听接着说:"还不大,这都是羊羔。"②

(二) 托茂人的传统食物及其待客习俗

在饮食方面,托茂人的传统食物与农区农民的食物是有较大区别的,在田野调查中,我们听到下面这样一个笑话故事,可管中窥豹之。

> 不知道这是什么年代的事了,说有一个托茂人与一个"中原人"——回民交成了朋友。有一天,回民到托茂朋友家去做客,托茂朋友家给回民朋友做的是水油饼,托茂朋友将煮好的水油饼用手捏

---

① 陆亭林:《青海省帐幕经济与农村经济之研究》,成文出版社1977年版,第20667页。
② 马文海:《阿贝的扁食》,马忠、马小琴主编:《青海回族民间故事精选》,青海人民出版社2015年版,第181页。

拌成两个圆形的"玛路",把"玛路"放在面饼边沿的两个小孔上,请回民朋友吃。这位回民朋友从一头抓时,抓不稳,从另一头捏时,捏不住,搞得没法吃,失了脸面丢了人。过了一段时间,托茂人去了他的回民朋友家做客,朋友家给他做的是长面。当一碗长面端到跟前时,托茂人不知怎么吃,他的朋友就挑起长面绕脖子一圈后放到嘴里吃了,这个托茂人学着朋友的样子,用筷子绕到后脖时,筷子松了,面条掉到后脖子里了,烧的直乱跳乱叫。①

托茂人的传统食物因为宗教信仰之故而有一些饮食禁忌,除此之外,他们的食物和饮食习俗与当地的蒙古人较为一致。托茂人的传统饮食主要分为三大类:肉类食品、奶类食品和面类食品。一般而言,肉类食品、奶类食物的消耗有一定的季节性,通常在冬春季肉类的消耗量大一些,而夏秋时奶类在牧民饮食消费中的比重较高,而青稞炒面等面食类的食物,全年普遍食用,是牧民食用频次最高的食物。当然,在与青海地区其他民族的长期交流与互动中,托茂人还吸收消化并形成了一些具有自己族群特色的面食等。

牛羊肉是托茂人的主要肉类食物,具体食物种类有手把肉、肉肠、全羊席等。据托茂老人说,在过去,肉类还分新鲜肉和风干肉两种。新鲜肉即是宰杀不久的牛羊肉,风干肉则一般是在秋冬季节将宰杀的牛羊肉切成肉条风干而成,进而储存到春夏牛羊瘦弱而不宜宰杀时食用。

手把肉,又叫"手抓"。牧民喜食牛羊肉,吃时一手抓肉,一手持刀,故称手把肉。手把肉的做法是:将牛羊肉放入水中撒盐,开锅后放入调料,煮到七八分熟即可。如此做法,手把肉熟而不烂、鲜嫩可口。低海拔的地区与之相较,如西宁、兰州、银川等农业地区肉的熟度依次增高、更"熟烂"。用手把肉待客时,一般用大盘盛着,并对羊肉进行分类。手抓肉顶层是羊尾巴,羊尾巴朝客人,一般由长辈和尊贵的客人吃,这是一种极大的尊敬。托茂人认为在羊肉里羊尾巴最好,次为胸叉,再次为肋骨和羊腰油等。这些上等肉大多是脂肪含量高、比较肥壮的肉。对于非牧区人来说,这样的吃法,很容易吃出脂肪肝,吃多了很容易胖,而对于草原的牧民来说,却很少看到肥胖者。

---

① 讲述者,韩占龙,1945年生,祁连县默勒镇多隆村人,自学识字,当过村干部。

托茂人等牧民食肉时大多备有精巧锋利的刀具，用刀时，讲究刀锋朝里，忌朝外。我第一次到野牛沟吃手把肉时就很尴尬，刚开始不会一手把肉、一手用刀，之后练了练，但还是用刀手法生硬，而且刀锋朝外，朝向对坐的人。托茂人看到眼中，便和善友好地予以指正。2010年之后的调查中，我们发现，现在的托茂年轻人大多不讲究用刀了，喜欢直接用手抓着吃。

肉肠、面肠、手把肉、奶茶

肉肠、面肠、肝肠，是草原肉食中的上上品。草原上与之相关并闻名遐迩的一种肉食叫"血肠"。海北牧区的蒙藏民众非常喜欢制作和食用血肠。血肠是在宰杀牛羊后，用容器接好鲜血，搅匀去渣，和碎肉，放盐葱等调料，灌入小肠内，与牛羊肉一起煮食。因为伊斯兰教禁忌食用血液，所以血肠不会在托茂人饮食中出现。避开禁忌，托茂人喜欢制作和食用与血肠非常接近相似的肉肠、面肠和肝肠。其中肉肠的主料是牛羊的肺子，将肺子切碎后和些碎肉，放盐葱蒜香油等调料，撒些面，倒装入洗净的大肠内，用针线缝住肠口即可煮食。肝肠与之基本一致，主料为肝。面肠与肉肠、肝肠相较而言，其制作更为精心，因为肉肠和肝肠所用肠为大肠，面肠则为小米肠，在洗肠的过程中，要轻洗轻搓以免弄破。将面粉、羊肉汤、羊肚油等和拌好灌入小肠，即煮可食。面肠、肉肠、肝肠吃起来鲜美无比，回味无穷，据说它们有益气补血、滋养肝肺、强身名目等功效。

托茂人传统中有一道名菜叫全羊席，蒙古语为"卜库勒秀斯"，意为整羊肉。全羊席由羊的两个前肢、两条后腿、背和头组成。把整块羊肉煮熟后，在长方形的大木板上，按照羊俯卧的姿势把两个前肢放前，两条后腿置后，背放在四肢上，然后将羊头放在羊背上，嘴微张，叼着一片绿柏树叶，摆放在年长者或尊贵的客人面前。全羊席的简化形式吃"羊背子"，它是将羊肉由背上的第三根肋骨至尾部割为一段，再把羊肉前后腿按节割开。煮熟后，羊背子摆放在最尊贵客人面前，其余摆放在其他客人面前。全羊席是部落时代重要庆典上的食物，现今在托茂人日常生活中已很少见到。

青藏高原的牦牛、藏羊和马，给牧民提供了一定量的鲜奶，尤其夏秋季节时，鲜奶量大，一家人饮用不完，牧民便制作出种类较丰富的乳制品，成为其饮食的主要组成部分。因为羊奶量少，马奶有禁忌，是故托茂人大多选择挤牦牛奶，牦牛奶足够托茂人的奶食所需。托茂人的奶制品主要有酥油、曲拉、酸奶、奶皮饼、奶豆腐等。

酥油，是鲜奶经提炼而成的油脂，可放入茶中饮用，也可配以青稞炒面、大米、面粉等制成各种美味食品。一般情况下，打制酥油时都会附带出一些奶液，牧民就将之放上半天时间，等基本发酵后，便倒在铁锅里煮，边煮边搅拌，直至液体被蒸发，留下块状的白色固体，就是草原上著名的奶食品"曲拉"。"曲拉"既可泡入奶茶中饮食，也可以单独食用，更多的时候用来拌入糌粑中作配料。奶皮饼是由熟奶汁表层凝固的奶油制作而成，其味道鲜美、营养丰富，托茂人常用之待客或作礼品馈赠。

羊肚里的酥油：储存保质期 1 年

酸奶，是托茂人十分喜爱的奶乳饮料。一般将奶汁煮沸后，放凉到半温时加入一点"塔拉"（酥油分离后余下的稠汁）做引子，等其发酵后即可食用。酸奶主要是在夏秋季制作和食用，当然冬季也可以制作，不过发

炒面匣子：酥油、曲拉、青稞面

酵时间要长些，通常还需用毡子包起来保温。酸奶是随做随吃，放的时间越长越酸。由于酸奶消热、解渴、充饥，而被托茂人视为上等食物，既可在节庆筵席上食用，也可用它贺喜或馈礼。这也是我在调查中，最喜欢的饮食，当肥壮的牛羊肉吃的油腻时，凉凉的酸奶会让肠胃舒服无比。

我们知道，托茂人与青海蒙古人主要是从新疆一带移牧至青海草原的，他们本以游牧为生，没有农耕传统，也没有米面等食物。但在历史的发展进程中，尤其是在他们与周边民族的长期交往交流交融中，特别是在受藏、回、汉等民族饮食文化的影响下，逐渐接受并创造了一系列具有托茂特色的米面食物。这些米面食物大多是与奶乳食品结合的产物，它们本身也是牧民为适应长期游牧生活的需要，精心提炼出的高营养、高热量、高浓缩的食物，少食既可满足人体之需要。

此类食品，最有代表性的是青稞炒面，它给会书写的外来者以很大的印象，大都会记述之，如民国考察者林鹏侠言："食炒面时，其法尤趣，每人木碗中置炒面一撮，酥油一块，以茶拌之。先食茶及浮化于茶面之酥油至尽，然后沉淀于碗底之炒面泥，和酥油搓之以食。食后以舌舔碗底至净，再拉衣角拭之，藏于怀中。如客至，亦以此款之。"[①] 在托茂饮食中，炒面主要分为糌粑和豆玛两种。

糌粑，本为藏人食品，蒙古语称之为"宝力生古力尔"，俗称酥油炒面或青稞炒面，是托茂人重要的传统主食之一。事实上，牧民吃糌粑要比

---

① 林鹏侠：《西北行》，甘肃人民出版社2002年版，第104页。

吃肉频繁和日常，因为牧民一般不会在牛羊长膘时宰杀食用之。制作糌粑时，首先要将青稞用少量温水洗一遍，微干后，在生铁锅中和沙石一起炒熟，再用筛子把青稞从沙石中分离出来，然后用石磨将炒熟的青稞磨成面粉状即可。糌粑很适宜于畜牧生活，无论是在远离家乡的路上，还是在早出晚归的放牧地，每天早晨取出两撮青稞炒面和酥油、曲拉搅拌成团，就是一顿美餐。讲究的食法是：在一小碗里盛上茶水和酥油，放入炒面，用食指轻轻地将炒面按下，使之与茶水和酥油混合，开始用四手指在碗中搅拌，直至搅拌馒头状，糌粑吃法简单且耐饿，很适合放牧生活。

豆玛，蒙古语，青稞炒面的一种，是托茂等牧民喜食的传统早餐。食用的方法是，在碗底先放一些炒面（青稞炒熟后磨成的面粉），再加一定量的曲拉和酥油，将熬茶冲入碗中，用手或筷子搅拌成糊状，可用茶水反复冲饮，也可加些饼子馍馍类就着吃。"豆玛"吃起来味道鲜美，因为胆固醇含量较高，所以在很长时间内不会感觉到饿。"豆玛"与糌粑的主要区别是：一个是馒头状的，一个是糊状的；糌粑实，"豆玛"稀。炒面在青藏高原牧民饮食中极为重要，是每天必不可少的食物，甚至有时三顿饭都离不开。有学者声称，炒面于藏人如同麦面于北方人或大米于南方人，一日不食，便没有饱腹之感[①]。

油搅团，蒙古语"也各列"，藏语"新帖"，是一种酥油搅面。在烧热的锅中倒入少量茶水，加较多的新鲜牛奶和酥油，锅开后，均匀地洒上小麦面粉，用筷子或勺子搅拌，加红糖，最终搅拌成面团形，盖住锅盖，用温火慢慢烤，边烤边翻个，水干面熟，盛入碟中用手抓（传统）或用勺子（现代）食之，气味香甜可口，肥而不腻。

水油饼，蒙古语为"齐拿马勒"，是托茂人重要的待客食物之一。其做法是：将面和好，擀成圆饼状，然后在圆饼中间用手指戳几个小洞，叠上五六个放入水中煮，煮熟后，捞出后放在小碗中，加曲拉、酥油等常用奶制品，再加砂糖以增味，然后用手捏拌，使曲拉、酥油等与面和匀成面团，手抓食之。油搅团因添加有较多曲拉，吃起来坚硬有劲，须反复咀嚼，我第一次食用时，半个拳头大的水油饼，整整费时半个多小时。现在年轻人已不习惯自己用手搅拌而食，要靠年长的主妇在大盆里搅拌好，分在小碗里，用筷子食用。

---

① 杨洁琼：《饮食人类学中的糌粑及其社会文化意义》，《美食研究》2017年第2期。

糌粑

砂糖米饭

水油饼

"扁西",青海蒙古语,实是对汉语饺子俗称"扁食"的借用,西宁等农业区古称、俗称"扁食",饭店等称之为"饺子"。"扁西"是托茂人待客的重要食品。畜牧业生产生活非常繁忙，忙里抽闲做很花费时间的"扁西"，按托茂人的话来说，那可把客人最当人（尊敬）了。托茂等牧民的传统"扁西"与农业区的"扁食"还是有所不同，其馅一般是纯肉，而没有萝卜、土豆、白菜等。当然，在蔬菜购买相对容易的现如今，牧民的饺子馅儿之种类日益丰富。

肉米粥，也是托茂人比较喜欢的这一种传统食物，又称蕨麻稀饭，显而易见是大米进入牧区后的一种食物。蕨麻稀饭可在早餐中食用，亦可作为午后的副食。一般是将淘好的大米与切好的小肉丁一起放入开水锅中，放盐，加葱蒜等调料，等到肉熟米烂时，再加入早前煮好的蕨麻，熬一小会儿即好。蕨麻稀饭其实不稀，一般成粥，吃起来浓香可口，别具风味。《西藏志》载："藏番蒙古不拘贵贱，饮茶、食糌粑或肉米粥，名曰土巴汤。"[①] 此中的肉米粥，是否是托茂人之所用，不得而知，因为托茂人较普遍食用大米是在20世纪90年代之后。

砂糖米饭，蒙古语称之为"拜热斯"，也就是"八宝饭"，它是托茂社会中重要的庆典食物或待客食物。其做法是：将淘洗干净的大米放入水锅中，加盐、蕨麻、葡萄干、红枣等干果，煮熟后盛在小碗里，撒上白砂糖，浇上烧热的酥油，用勺子或筷子边拌边吃，吃到一半时可再添上砂糖或酥油，煞是可口。

在肉、乳、面之外，托茂人与其他青海畜牧民族一样喜爱喝茶，茶是他们日常生活中的必需品。托茂人的茶一般分熬茶、奶茶和酥油茶三类。把茯茶加水煮沸后，放入适量的盐，谓之熬茶或清茶。如在茶里调入鲜奶，加放一些干姜、草果等，就成了奶茶。如若在熬茶、奶茶里放入酥油，就成了酥油茶。在托茂人茶饮食俗中，还有一种称之为"面茶"的茶，它的做法是：用酥油或羊油和白面炒熟，然后冲入熬茶和鲜奶煮沸后即可饮食。茶在托茂人饮食结构中，虽然不为"饱食"之用，却须臾不可少之。

托茂人待客极为热情，不管来人何时到达，进了托茂人的定居点或帐房，一般不会被问吃过没有，而首先是热情的让座，然后来一杯青海特色的熬茶，一杯熬茶之后，换上奶茶，再端上饼馍让客人吃喝。如果来客拘谨或客气，他们会双手拿上两块饼馍躬腰递至来客手中。不一会儿他们的

---

① 吴丰培整理：《西藏志》，西藏研究编辑部1982年版，第27页。

豆玛

油搅团

扁西

妇女就会出现在炉灶旁边，为客人生火做饭。

　　主人与客人一边聊天，还一边看茶，时时为客人添茶水，在这种好客的场景中,客人一般会情不自禁地喝上一杯又一杯。茶浓情切之时,托茂妇女已将饭菜悄然做好。做好的饭菜会由家中的小辈男性端至饭桌旁,腰部前躬,双臂平行前伸至来客面前,其形其状是标准的献哈达式的。这时,长辈男性会将食物一手递上,一手作客气的邀请状,浑然之间那种草原礼仪或蒙古遗风昭显无遗。

在托茂人热忱的待客礼仪中,一般忌讳客人在主人热情的礼让中不吃不喝。这样主人会自责自家的饭菜不好,没使客人动食欲,或者觉得客人太贵气,不给主人面子,也就冷漠下来。反之,来客喝得越多吃得越多,主人会十分高兴,即使茶饱饭足之后,放下刀筷,主人也会一再为你拿起刀筷双手递上,请你再吃一些,直到客人实在吃不下时,主人的让客礼仪方可告罢。

(三)现代生活中的食物适应与变迁

2008年2月,我与韩占龙等来到了海晏县托勒乡的赛丽买家,未等坐定,主人便端上了热腾腾的奶茶,一会儿新鲜的香蕉、苹果和柑橘也摆上了炕桌。女主人一边忙着招呼我们,一边忙着准备晚餐。当然,这在我们之后的调查中也常碰到。随着社会经济条件的改善以及现代交通的发展,托茂牧民的日常饮食结构发生了巨大变迁:百姓餐桌,由简单走向丰富,不仅有了蔬菜,还有了水果;食物更加多样,饮食习惯也悄然改变。

当下,托茂等牧民的食品消费结构正在发生明显的变化。蔬菜,在托茂传统食谱中被认为是"草"的兄弟,而现在很多牧民都把以前归为"草"的蔬菜作为不可或缺的食物。调查中牧民说,他们喜爱的蔬菜有土豆、萝卜、白菜、青椒、西红柿等。记得在2005年夏天,我在走访一牧户时,主人端上了手抓肉和肉肠,并炒了两个菜,但还是热情地让我们多吃肉,开玩笑说:"多吃肉,肉是人吃的;菜就是草嘛,是牲口吃的嘛。"之后他又告诉我们说,其实米面、蔬菜已成为他们生活中不可缺少的重要食品。

托茂人饮食蔬菜的习惯,大概始于20世纪50年代,此时进入牧区的内地工作人员,将海晏、祁连当地的黄蘑菇做成美菜,给牧民不小的启示,而后公社化的"集体食堂",给托茂人等牧民的饮食方式带来冲击。马占海老人回忆说,在1958年之前,他们的饮食以酥油、炒面、煮肉为主,不大会炒菜,托茂人从公社化吃食堂开始,其饮食习惯发生了一些变化。当然，农业地区的蔬菜、水果进入托茂人的餐桌，使之饮食结构巨变，是在 20 世纪八九十年代。

托茂人的餐桌日益丰富、多样（2008）

2008 年春天在野牛沟乡，一位老年牧民给我说："我们托茂人，在吃的方面，有的（吃法）没变，有的变了。比如，我们现在吃的还主要是馍馍、奶茶酥油、曲拉、酸奶、牛羊肉等，还有一些招待尊贵客人的吃的，像烤全羊、水油饼、扁西等。不过，现在和回、汉民打交道和来往的多了，炒菜、水果也就吃的越来越多了，尤其到了夏天，老的、小的都把那西瓜爱吃得很。"另一位已在乡镇定居的牧民说："以前我们牧民基本上只吃酥油、糌粑和牛羊肉，很少吃米面和蔬菜，也不会做。自从搬到乡上后，吃饭的习惯也变了，我们也开始炒菜、做面食，生活习惯基本上与回、汉民差不多。"

自 1998 年开始，野牛沟乡自有了第一家水果蔬菜铺子以来，至 2014 年 7 月时野牛沟乡已有 4 家水果蔬菜商店。开水果蔬菜店的托茂人马桂梅告诉我："刚开水果蔬菜铺子的时候，生意并没有现在好，现在人都越来越喜欢吃蔬菜了，买水果的人也越来越多，今年香蕉和橘子就卖得砝码（很好）。现在我们这儿 4 个卖水果蔬菜的生意都好呗。"在牧区农村，因为交通等缘故，水果的价格较高，但是调查中，很多牧民告诉我，他们觉着水果很好吃，在家里来客人或者举行庆典活动时，水果价格再高也会买上一些。

另外，随着饮食蔬菜意识的增强，牧民开始学会采集草原上的野生菜，比如 2008 年在海晏县马福海家，就享受了两顿主人特意做的菜——鹿角菜，它就是本地的特色野菜之一。马福海说，鹿角菜在县城的大饭店里，一盘卖七八十呢。而在祁连县，牧民对祁连八宝之一——黄蘑菇也越来越兴趣浓厚，很多牧民现今一有时间便去草场上采集些天生蘑菇，跟牛羊肉一起炒着吃。而最初到草原采集蘑菇的是农区的农民，他们将采集的蘑菇出售给县城的人，县城的人或将之消费，或包装后销往内地大中城市。现今，在祁连牧区，已有牧民以此营生。

当下，托茂人婚礼庆典上的食物变迁也许是规模化的典型。2008 年 3 月，我到祁连县野牛沟乡大泉村的松子开家，松子开的小儿子杨国辉的婚礼在阳光明媚的早晨举行。与杨国辉喜结连理的是县城八宝镇的一位回族女孩，在婚礼的宴席上我们看到，现今托茂人婚礼的宴席食物种类主要是农区的，而且形式是流水席，即一盘菜一盘菜的往上端，吃完一盘撤下一盘。以前祁连牧区很少吃的鸡与鱼，也上了餐桌，粉条、蘑菇、萝卜等也位列其中。其中一位托茂牧民说："瞧，这个菜是羊筋做成的，以前我们牧民是不吃羊筋的，一般都扔掉了，现在却成了宴席上的上等菜，呵呵。"对我来说，比这更令我们惊奇的是，2010 年左右时托茂牧民的餐桌上或饮料构成上，已有了果汁的位置，可乐也受到了牧民的青睐，与中年牧民喝红瓶的非常可乐、可口可乐不同，青少年更喜欢蓝瓶的百事可乐。

野生菜受到追捧：祁连黄蘑菇、海晏鹿角菜

2008 年 2 月，在祁连县就有关饮食消费与结构的问题，我做了 32 户托茂牧民的问卷调查，问卷数据显示（详见表 4）：托茂牧民购买水果蔬菜的平均月消费在 110 元左右，这笔花费在内地农村也能达到中等水平。在托茂牧民的主食构成中，青稞炒面不再占据主要地位，面食和大米成了村民的主要选择，这与有关部门统计数据说现今牧区米面和蔬菜的消费量有逐年增多的趋势相符。实地调查中，一个年轻的三口小家庭的青稞炒面的年消费量为 0 斤，这说明他们已不再吃糌粑等传统食物。调查数据显示，托茂人的茯茶年消耗量为户均 86.40 元，这说明托茂等牧民爱喝茶的习惯依然保存。

表 4　　　　　　　　2008 年托茂牧民的饮食消费与结构

消费项目（户）	均值	最大值	最小值
水果蔬菜月消费（元）	110.20	310.00	40.00
肉类食物月消费量（斤）	56.40	100.00	30.00
乳类食物月消费量（斤）	15.20	20.00	10.00
青稞炒面年消费量（斤）	110.00	260.00	0
面粉年消费量（斤）	310.00	450.00	150.00
大米年消费量（斤）	240.00	380.00	120.00
茯茶年消费（元）	86.40	130.00	60.00

　　从总体上来说，托茂人传统饮食在保持与发展中趋于式微，老年人大都在习惯中延续着传统食物，而年轻人尤其一些在城里上过学或正在上学的这些人，对传统食物的兴趣越来越小，对现代食物却越来越青睐。2008 年 2 月的田野访谈中，一位年轻人直言不讳地对我们说，在所有饭菜里他最爱吃炒菜。一位在县城上学六年高中毕业的女孩则表示，牛肉拉面是她的最爱。2010 年之后住到祁连县县城的牧民，与城镇化相伴，其饮食结构中，面食和米饭炒菜等比例越来越高，面片、面条、馒头、花卷、各种炒菜等，成为日常饮食。一些居住生活在城镇里的托茂人，通过自媒体和网络，学会了制作凉皮、蛋挞、烤面包等。

　　牧区传统食物，如水油饼、油搅团等，几乎在饮食中消失了，很多家庭一年难得吃一次。关于炒面糌粑，2014 年 7 月，我在野牛沟买素木家访谈时，买素木告诉我们，如今牧区的娃娃大都不吃糌粑了，他的女儿今年 15 岁了，已经不吃了。他的儿子韩琦在 7 岁时就一直在门源县城的外婆家上学，现今 10 岁了也不再吃糌粑。当我们问韩琦为什么不爱吃糌粑时，他童稚而认真地说："我吃一点糌粑，就胃酸得很。"当然，也有部分人为了传统的延续，喜欢让自己的孩子吃糌粑等传统食物。调研中，一位牧民说："我每天都让儿子吃一点糌粑，这样可以让他长得更强壮。"

　　不仅是食物品种的增多或减少，托茂人传统食物的原材也有了较大变化。酥油，这个在牧民传统食物具有决定性地位的原材，无论是糌粑、豆玛、水油饼、油搅团、酥油茶等食物不可或缺的成分,如今不少托茂家庭都不再自我生产了。这一方面跟不少牧民进入城镇,从事其他行业有关;另一方面跟部分牧民离开畜牧业,或将草场转包他人,或请他人代为放牧,不再直接从事畜牧生产有关。正是由于不少牧民及托茂人不再自家制作酥油、曲拉等,因此祁连等牧区出现了专门出售酥油的从业人员。连锁互促,这些不再自家制作酥油的托茂人,饮食传统食物的频次越来越少,饮食频次减少,更减少了自我生产酥油等原材的动力。

比饮食结构变化更大的是,蒙古人、托茂人的餐具形式。据清人祁士韵在《西陲要略》记载,和硕特蒙古人"用匕而不用箸"[1],也就是说,他们更多用羹匙汤勺(匕),不用筷子(箸)。前文所述"中原人"邀请托茂人朋友吃长面的故事,除了说明托茂人食用小麦面粉较少外,也凸显了其筷功的不足。和硕特蒙古移居青海后,因为糌粑、水油饼等食物日益增多,所以用手进食颇多。由于糌粑炒面多用碗盛之,故木碗一直是一个重要的餐具。民国文人李尘烛称其:碗初用时,用所系腰带拭之,再在羊粪中打一个滚,然后再用腰带拭之,食毕用舌舔之,用完后藏与怀中[2]。随着蒙古、托茂人对炒菜的青睐,各种碟子、盘子进入其橱桌,尤其米饭、饺子、面条、蔬菜在饮食结构中比例越来越高,筷子超过刀具、勺子及用手,成为当下托茂人、蒙古人等日常饮食中最重要的取食工具。托茂人等已然融入"筷子文化圈"。

二　好穿:托茂人的服饰及多民族文化交融

托茂人的服饰,曾因独特,引起人们的兴趣和学者的关注。薛文波在一篇学术论文中说:"此部分蒙古回回今日仍在,其经济生活与其他回回隔绝,一如蒙古,但伊斯兰信仰不变……我在青海时,曾见此部分人,服装蒙古式,其不同者,男则戴黑、白平顶小帽,女则戴黑色或白色盖头,与回回之阿訇仍有往来。"[3] 这篇论文发表于1983年,此中的托茂人服饰,不知说的是20世纪四五十年代的情况,还是1980年的情况,作者未

---

[1] (清)祁韵士:《西陲要略》,同文馆,清光绪八年。
[2] 李尘烛:《西北历程》,甘肃人民出版社2003年版,第40页。
[3] 薛文波:《我国西北地区何以穆斯林居多》,《甘肃民族研究》1983年第3期。

做交代。不过，2010 年之后的旅行者、自媒体从业者往往以"头戴回族白顶帽，脚蹬蒙古族长靴"来凸显托茂人的群体特征。

（一）青海蒙古人的服饰及历史过程

人类的服饰，从表面上看，似乎是由于人们的好恶而选择决定。其实，透过现象我们可以发现，服饰蕴含着深刻的社会文化因素。有学者认为，一个群体的服饰是自然条件、人文背景、传统观念、意识形态等综合作用力的结果，它的作用不仅仅停留在蔽体保暖等功能之上，还承载着一个民族的历史、文化、习俗、审美等诸多因素①。

青海蒙古人，来源多样，内部自身多元，虽无文献记载，想来应未必一致。不过，在清雍正之前，是基本保持自身特色的。乾隆时期获得进士身份的祁韵士，在嘉庆年间遣戍伊犁，编写了《西陲要略》，其中对卫拉特蒙古服饰有记述，可作清初青海蒙古服饰的参考："冠无冬夏之别，但以毛质厚薄为差，白毡为里，外饰以皮，贵者饰以毡或染紫绿色，其顶高，其檐平，谓之哈尔帮，略如内地暖帽，而缀缨止及其帽之半。妇女冠与男子同，带以丝为之，端垂流苏，其长委地。妇人辫发双垂，约发用红帛，在辫之腰帛间，缀以好珠瑟瑟之属，望若繁星。呼袍为拉布锡克，台吉以锦缎为之，饰以绣，宰桑则丝绣磋植为主，贱者多用绿色。御冬无棉，以驼毛为絮，名库棚，亦有只衣羊皮者。皆右衽平袖，四周连纫。男子衣不镶边，妇人衣用棉绣，两肩两袖及交襟续衽处，镶以金花，其民妇则以染色皮镶之。台吉靴以红香牛皮为主，中嵌鹿皮，刺以文绣宰桑用红香牛皮，不嵌不绣民人曳皮履，或黑或黄，无敢用红者。"②

清朝中后期，青海蒙古人的服饰逐步在地化，逐步向藏人服饰靠近并趋同，甚至引起朝廷官员警惕和禁止。自雍正初年罗卜藏丹津被镇压，盟旗制度推行，经济贫困和社会凋敝，在番强蒙弱的趋势下，有学者认为，此时青海蒙古人的民族服饰和语言文字发生藏化③。从服饰上看，蒙古人穿着藏式服装在嘉道时期已成为一种比较普遍的现象。有鉴于此，嘉庆九年（1804 年），奉命到青海"查办番案"的理藩院侍郎贡楚克扎布就奏

---

① 周莹：《民族服饰的人类学研究文献综述》，《南京艺术学院学报》2012 年第 2 期。
② （清）祁韵士：《西陲要略》，同文馆，清光绪八年。
③ 杜长顺：《清代青海盟旗制度与蒙古族社会的衰败》，《青海社会科学》2003 年第 3 期。

请朝廷出台政策使"蒙古不准穿用番子服色"①，嘉庆十二年（1807年）陕甘总督长公龄会同宁夏将军兴公奎奏为筹议《西宁善后章程》如此言："至蒙古服色本与番子迥殊。今蒙古率皆穿戴番子衣帽，毫无区别，以致易于淆混，往往蒙古带领番子抢掠者实无从辨其真伪。"② 道光二年（1822年），时任陕甘总督的长龄和西宁办事大臣松廷亦言："查蒙古衣帽本有旧制，向与番子不同。此次奴才等带兵出口，见蒙古衣帽率皆照依番子式样制造"③，奏请朝廷予以禁止。

民国时期的西北考察者，对于青海蒙古人的服饰多有观察和记载，如孙瀚文言："蒙古族居于青海者，多以畜牧为生，逐水草而居，所居大多为帐房，其服饰无论男女，初夏季外，大都着皮衣，戴尖帽帽缀红缨，冬夏不去。……女子穿长领皮衣，更以琥珀、玛瑙、银、铜质之装饰品，佩于颜前或背后，颇与藏人之装饰相似。"④ 由于青海蒙藏文化习俗的接近性，因此很多学者时常将两者放在一起叙述。当然，在强调相同类似的同时，大都会指出其不同之处，如下：

> 蒙、番男女衣服，四季皆皮，富者挂绸或布面，普通者光皮板耳。男子服为圆领，袍长襟及地，袖与膝齐，宽博无纽扣，时将前后襟提高至膝，以长带束腰，胸前隆起如口袋，所有杂物均怀其中，等于一大皮包。……番人之帽，为羔羊所制，上尖下大。蒙人则圆顶之毡帽。均着长筒皮筒。……衣服喜用红黄蓝紫各色。外出必带帽。贵族之妇女，衣必绸缎，镶以宽大花边，帽则以白细毛镶之。衣袖较普通者长而宽，袖口亦镶以细白羊毛。内着衬衣，冬则羔皮，夏则褐衫单衫。……蒙妇发均左右分为二大辫，置胸前，各缀以珊瑚珍珠玛瑙等饰品以为美观，喜戴耳环、毛镯、指戒，皆极粗笨。蒙人衣服最考究者，尚为清代制服。⑤
>
> 蒙藏两族之衣服，以及佩用饰物，大致相同，惟帽式各异，蒙人

---

① （清）长白文孚：《青海事宜节略》，青海人民出版社1993年版，第20页。
② （清）那彦成：《那彦成青海奏议》，宋挺生校注，青海人民出版社1997年版，第68页。
③ 哲仓·才让编：《清代青海蒙古族档案史料辑编》，青海人民出版社1994年版，第74页。
④ 孙瀚文：《青海民族概观》，《西北论衡》1937年第4、5期。
⑤ 林鹏侠：《西北行》，甘肃人民出版社2002年版，第103—104页。

系圆顶毡帽，镶以金边，藏人则系上尖下大致皮帽。蒙妇发辫，置于胸前，藏妇则置于后，此蒙藏之分别也。无论蒙藏，男则多着短裤，妇女均不着裤，其余大领皮衣各一袭，皮靴各一双，即尽其衣服之设备矣。①

作为畜牧业群体，古代的蒙古人，顺应自然，在服饰上大多就地取材，如祁韵士在《西陲要略》所言："不习耕作，以畜牧为业，饥食其肉，渴饮其酪，寒衣其皮，驰骋资其用，无一不取给予牲。"② 无论帽子、袍子，还是靴子，大都来自牛羊之皮，或是其他狩猎所获动物之皮。随着与外界的交流互动，布料之衣，在日常衣着中日益增多。尤其在皮毛贸易中，牧民将牧区生产的皮毛输出到农业地区和城镇，农业地区和城镇的布料也在互通有无中进入牧区，正如研究近代西北皮毛贸易者指出的"普通牧民其衣着基本上是外衣以皮，多产自藏地，但内衣小衫多为布衣，必求之于市场。"③

（二）托茂人的传统服饰及其与蒙藏民的文化交融

在新中国成立以前，托茂人自认为当时他们的服饰特征主要是蒙古式的。作为一种外显式的文化符号，关注者对其服饰较多兴趣，曾任海北藏族自治州人大委员会主任的王忠海，专门访谈过几位托茂老人。据居住在祁连县的托茂老人赛丽麦回忆，她年轻时穿的是蒙古式衣服，夏天穿长袍，冬天穿皮袍或棉袍。她们穿的靴子分为长靴和短靴两种式样。在马占海的记忆中，他父母穿的衣服、脖子上戴的装饰品及脚上穿的靴子与蒙古族一样，母亲冬天穿皮袄，夏天穿长袍，唯一不同的是母亲头戴盖头，父亲戴礼帽。据韩生阴回忆，1958年迁移到托勒牧场，他们仍以牧业生产为主，穿的大皮袄、靴子，戴的皮帽子，阿奶也同样的穿戴，基本是蒙古人的打扮④。

托茂人及蒙古人王忠海等所言的服装蒙古式，确切地说，是受藏服影响的青海蒙古式。前文已述，蒙古族进入青海牧区后，在与藏族民众长期

---

① 陆亭林：《青海省帐幕经济与农村经济之研究》，成文出版社1977年版，第20663页。
② （清）祁韵士：《西陲要略》，同文馆，清光绪八年。
③ 胡铁球：《近代西北皮毛贸易与社会变迁》，《近代史研究》2007年第4期。
④ 王忠海：《我所知道的托茂人》，《海北文史资料》第13辑。

的历史交往中深受其影响,生产、生活等方面受藏文化涵化的痕迹非常明显。为适应青藏高原高寒环境和流动不居的畜牧业生活,具有较强御寒作用又便于骑射的长袍、坎肩、皮帽、皮靴就成为牧民的首选服饰。

托茂等牧民的传统服装,与当地蒙古人一致,男女老师以长袍为主,因材质可分为布制和皮制两种,统称蒙古袍。蒙古袍除袖口呈马蹄形外,其他式样与藏袍基本相同。关于藏袍的作用,有学者已指出,它以大襟袍服为主,袖长腰肥,厚重保暖,胸前宽大的地方可以放日常所用的东西,方便实用。天热或劳作时将袖子系在腰间,袒露右臂或双臂,夜晚睡觉解开腰带可当铺盖。由于牧区生活流动性的特点,不便于携带过多的东西,皮袍便具有多种功能,可谓一衣多用。[①] 青藏高原的蒙古袍,在作用上可谓与此一致。

长皮袍,是以羊皮、羊羔皮为材制作的大襟长跑,主要分两种:一种是光板不挂面子,较质朴;另一种是以绸缎或棉布为其面。除此之外,还有不挂面子而只镶边饰的皮袍。长皮袍因为保暖,是为冬令服装,可日穿夜盖。夹袍,是一种用棉布、平绒或绸缎为料做成的袍衣,这种袍子比较宽大,长袖高领,右开襟,袖口和衣襟多镶花边,为夏秋季服装。总体而言,青海的蒙古袍,不同于普遍流行于蒙古地区的蒙古袍,与当地藏式皮袄基本相似。

在过去,托茂人和蒙古人男女都穿衬衣。衬衣多用棉布或绸子做成,男子的衬衣多为红、黄、白等色,女子则喜爱红、绿、白等色。妇女的衬衣有的还镶花边。牧民男子终年均穿单裤或夹裤,一般都是宽档、大裤脚,便于乘骑和席地而坐。除穿布裤子外,还有一种只有两裤筒而无裤腰的皮套裤,用带系于内裤带上。也有纯用皮子做成的皮裤。皮套裤或皮裤多用来在寒冷季节穿的,它们的特点是既暖和又轻便。由于牧民男女均身着袍衣,所以一般都系有腰带。带子一般用棉布、绸缎做成,色泽主要有红、绿、蓝等。节庆时日,妇女们还有系好几条彩色腰带的习俗。

以前托茂人喜欢穿"满三楞"长筒马靴,脚绑马巾;女性则喜欢穿蒙古语称为"奥次"的短腰皮鞋。与皮袍主要的材料羊皮不同,靴子主要用牛皮制成。除了皮制靴子之外,托茂人和蒙古族牧民的靴子样式还有香牛皮靴、在靴帮靴腰上绣有花纹图案的大绒靴、毡靴等,式样与藏靴大

[①] 艾丽曼:《青海河南蒙古文化变迁研究》,博士学位论文,厦门大学,2009年。

2008 年身穿民族服饰的蒙古妇女（海晏县托勒乡）

致相同。传统托茂人的脚饰基本上也就止于此了，他们没有中国农业社会喜欢小脚女性的审美习惯，青海托茂人历史至今一直未有缠足裹脚的案例，不过新疆的托茂人就不一样了，受身边回民的影响，不少新疆托茂妇女民国时期裹起了小脚，直至新中国成立后缠足不再。

"在所有服饰中，蒙古人最珍惜和尊重帽子。所以，遇到紧要关头，总会听到'没有时间捡起帽子'等言语。对蒙古人来说，帽子代表着人气、人格以及尊严。"[1] 托茂人亦有此传统，且帽子种类也不少，一般冬季有用羊羔皮或狐狸皮缝制的皮帽，织锦边、四周有耳檐的"四片瓦"毡帽等；夏、秋季男女均戴用白羔皮或精致的毛毡做成的嘛叭形高筒状"扎拉帽"，男帽高约 20 厘米，女帽高约 30 厘米，白布为面，红布为里，黑丝绒镶边，顶部有一直径约为 4.5 厘米的圆形平顶，其周边用红续做穗子，长约 20—30 厘米[2]。还有，男女都喜欢昵绒礼帽。

与现在的服饰相较而言，传统的托茂人妇女与蒙古族妇女都非常讲究头饰，未婚和已婚妇女的服饰亦有一定的区别——"未婚蓄辫两条，垂于左右，饰以珍珠、珊瑚、耳珥大环。若已嫁，发唯一辫，首戴珊瑚、银板，别于处女"[3]。在通常情况下，已婚妇女的佩戴辫套，发型从额顶分

---

[1] 扎西东珠：《海晏托茂公旗历史踪影》，青海民族出版社 2018 年版，第 24 页。
[2] 乐天：《蒙古族服饰文化》，《青海民族研究》1995 年第 2 期。
[3] 王昱：《青海方志资料类编》，青海人民出版社 1987 年版，第 1322 页。

开将梳成双辫的头发装入其内,垂于胸前,用腰带连同长袍系于腰间,辫套下端长约 15 厘米的彩色穗子,与袍襟等齐,长及脚面。辫套多是以黑平绒为面子、红布为里衬,下口边沿用宽约 5—8 厘米的织锦缎镶成,两条辫套组成一幅,每条辫套上缀有长方形的镌以精制花纹图案的银牌,或用各种彩色丝线绣成的花布牌或块。另外,颈项间佩有用玛瑙、珊瑚、绿松石及腊白等串制的项链,腕上有银、铜或象牙、玉石及赛璐珞质的手镯,指上有镶着珊瑚、玛瑙及绿松石等各种形式的戒指①。

穿上长袍等拍照(2009)

除了托茂人的记忆及相关文献,托茂公家的蒙古人及其他部落蒙古人,就托茂传统服饰的记忆,与托茂人的大体一致。王忠海有自己的切身经历:"上世纪 70 年代前,海晏地区的托茂人除宗教信仰不同外,其饮食、居住、服饰及语言完全与蒙古族相同。我是海晏县中北旗(哈尔盖贝斯旗)人,1965 年我到省城西宁上学前,我所在的托勒乡永丰村,记得托茂人在居住、语言、服饰、饮食等生活习惯方面和蒙古族没有什么区别。"

(三)托茂人服饰的现代适应及礼仪服装的展演

20 世纪四五十年代,尤其是 1954 年托茂人在海晏县的部落草场上修建了一座土木结构的固定清真寺后,他们在头饰上有了新变化。据松子开

---

① 乐天:《蒙古族服饰文化》,《青海民族研究》1995 年第 2 期。

老人回忆说，当时清真寺里的阿訇是从西宁聘请来的，回族阿訇还带来了几个经生，也有托茂人送自己的孩子到清真寺当经生的。阿訇与满拉一般都头戴白帽，身着"准白"①，一般人照穿蒙古服饰，阿訇对托茂人的传统服饰抱有包容的态度，"阿訇说托茂人是回民中的一个少数，不知是哪个民族来的，本来就不一样，蒙古服饰可以照穿着，但女的头发在教门上说是'羞体'，是不能外露的，年纪大的阿奶最好把头发遮盖起来。从此，好多阿奶开始戴上了盖头。"

"盖头"，是中国汉地传统女性头饰的一种，起源于宋代。北宋学者高承在《事物纪原》中说："永徽之后用帷帽，后又戴皂罗，方五尺，亦谓之幞头，今日盖头。"② 南宋文人周辉之《清波杂志》记载："士大夫于马上披凉衫，妇女步通衢，以方幅紫罗障蔽半身。俗谓之'盖头'。盖唐帷帽之制也。"③ 此中，不仅是"盖头"一词的最早出处，也交代了盖头的大概样式，还指出其源起于唐代女子的帷帽。

虽然，"盖头"与帷帽有确切的渊源关系，但是与唐代开放的风尚不同，宋代女子的盖头更多是作为"礼"范畴内的首服④。司马光在《居家杂仪》言："妇女有故身出，必拥蔽其面（盖头）。男子夜行以烛。男仆非有缮修，及有大故，不入中门。入中门，妇人必避之。不可避，亦必以袖遮其面。"在这一点上，穆斯林妇女的"盖头"与之很是接近，是故可能形态并不一致但名之为"盖头"的原因。

回到前文，自 20 世纪四五十年代大多成婚的托茂女性开始佩戴帽子和盖头，除头部外，其他服饰基本未变。当然，男性也开始在一些有涉宗教活动的场合将礼帽或狐皮帽换成白帽，如他们去清真寺时，一般都头戴白帽，而回到家后又重新戴上礼帽或狐皮帽。如王忠海所言："1976 年我在托勒乡下乡一年，凡接触的托茂人中 50 多岁以上的人仍然讲的是蒙古语，年轻人都能听懂蒙古语，住的还是蒙古包，服饰、饮食都没有大的变

---

① 准白，阿拉伯语音译，意即"袍子""长大衣"，是中国穆斯林教职人员和老人喜爱的服装。准白一般选用黑、白、灰等颜色的棉布、化纤布或毛料制作，有单、夹、棉、皮四种。其款式近似现代的长大衣，但领子一般都是制服领口。
② （宋）高承：《事物纪原》卷三，中华书局 1989 年版，第 139 页。
③ （宋）周辉：《清波杂志》卷二，秦克校点．上海古籍出版社 2007 年版，第 5030 页。
④ 张彬：《宋代女子首服"盖头"考释》，《装饰》2020 年第 6 期。

化，只是一些年长的妇女戴着黑盖头。"①

当然，这种女性戴盖头、着蒙服，男性戴白帽、着长袍的服装，一经开创便成为托茂人的重要外显符号，甚至成为一种重要的身份表征，如出生于托茂公家的王树中在《"托茂人"考略》中说："托茂人……服饰与蒙古相同。男子穿长袖大襟长袍，束腰带，穿皮靴，戴礼帽或皮帽，夏季为白色或黑色顶帽。妇女穿长袍，梳双辫前垂，套辫套，束腰带，辫套上绣花卉图案或饰以银牌，戴尘顶扎拉帽。从上世纪中叶起上年纪的妇女戴盖头。凡是见到身穿蒙古族妇女服装，头戴盖头者，一定是托茂妇女。"②

1958 年是托茂人及海晏、祁连等地各民族服饰发生大变迁的年份。1958 年六七月，海晏县进行宗教制度民主改革，"人民公社化""破四旧、立四新""文化大革命"等各种形式的运动随之而来，使得包括托茂人在内的牧区牧民的服饰发生了历史性的变迁。我在调查中听老牧民回忆说，当时运动工作组将藏民、蒙民、托茂等民族服饰要么以"有白银辫牌是富人的东西"，要么以"这种服饰是旧时代的东西"全部没收，而将他们迁往祁连的托勒牧场后发给了清一色的蓝布衣服（牧场工人服）。托茂人的白帽、盖头亦被视为"四旧"和"落后"纷纷摘下。老人回忆说："当时干部们天天宣传的是'揭掉盖头辫子化，不戴顶帽分头化，脱掉皮褂棉布化，不烧牛粪卫生化，回藏汉蒙通婚大众化，牧区帐房街道化，乡村住宅城镇化。'"

1978 年经拨乱反正后，中国的社会发展和民众的生产生活重新走上了正轨。对托茂等牧民来说，20 世纪 80 年代，可以这样定性，它是一个旧时代的终结和一个新时代的开始，与新中国成立的意义可相提并论。青海海北牧区牧民服饰也从同质性很强的历史中走出，藏蒙等民族部分人穿起了自己的传统民族服饰，托茂人也大多恢复了原着装。祁连县野牛沟乡大泉村村支书马海林 2005 年 7 月告诉我说，在 1980 年左右的时候，身着传统蒙古服饰、头戴盖头的姐姐再力麦曾去了一趟西宁，当时引起了西宁城人的好奇，很多人都议论着说这是哪个民族，是藏民、蒙民还是回民？然而这种现象只是短暂的昙花一现，20 世纪 50 年代至 70 年代，整整 20 年的时间的行政统一管制对藏、蒙、托茂等牧民群体的影响很大，加上改

---

① 王忠海：《我所知道的托茂人》，《海北文史资料》第 13 辑。
② 王树中：《"托茂人"考略》（未发表草稿）。

革开放后现代社会提供了更"文明、先进、流行"的衣服样式，全民着装民族服饰的历史一去不复返了。

自1978年经济体制改革以来，随着牧民收入的提高以及小商品市场的逐渐繁荣，为牧民改善自己的衣着服饰创造了条件，服装不仅数量增加，而且质量也有提高。各种化纤、棉织品、毛织品、服装、皮鞋、皮靴、旅游鞋等都成为日常用品。当下除一些老年人外，青年牧民穿民族服装的越来越少，而是越来越热衷于牛仔服、夹克、长裤、T恤等衣服，很多牧民冬天穿起了鸭绒防寒衣，用针织、裁绒、毛线棉帽代替了皮帽。

2005年秋季，我在祁连牧区作第一次田野调查时就看到，当地的男性中青年，无论蒙古族、藏族、裕固族、撒拉族还是土族、汉族、回族等牧民，他们有的戴着有沿的黄帽，有的戴着鸭舌帽，有的梳着分头，他们或是穿上休闲夹克，或是脚蹬现代的运动鞋，从着装和形象上已很难一眼分清是哪个民族。2008年春季当我再次到祁连牧区时，当地中青年服饰的现代和时尚程度令人暗自吃惊，在青海省省城西宁时兴的蓝色呢子风衣，在这里也受到了很多年轻人的青睐。

无独有偶，其他蒙藏地区，如青海省黄南藏族自治州河南蒙古族自治县赛尔龙乡，相关研究显示，自改革开放以后，由于现代化，当地人逐渐接受现代服装。"在牧场中人们外面穿着藏袍，里面穿着现代的衬衣、羊毛衫等，下身穿着牛仔裤，而在定居点人们大部分穿着现代服装，如西装、西裤、牛仔裤、羽绒服、夹克衫、格式衬衫、羊毛衫、运动服、运动鞋、皮靴、高跟鞋等。在帽子选择上，也不再仅仅是传统的礼帽，而是选择更为漂亮、款式更多的凉帽，与汉族地区无异。"[①]

以上变化，从王忠海这样一个蒙古族视角来看："如今服饰发生了很大变化，现在托茂人的服饰除与回族一样戴白帽外，大部分的服饰文化完全汉化，以着汉装为主。"[②] 对于很多托茂人来说，在头饰上，妇女戴着盖头，老年男性则头顶白帽，其他服饰则身着装现代成衣制品，感觉自己在日常服饰上与当地回族、撒拉族等趋同，故韩占龙等老人常言"我们现在跟回族人穿的一样"。无论王忠海所言的服饰文化的"汉化"，还是韩占龙等所说的"跟回族人一样"，都忽略了当地汉族、回族人的服饰变

---

① 王兰：《赛尔龙蒙古族文化变迁研究》，博士学位论文，兰州大学，2014年。
② 王忠海：《我所知道的托茂人》，《海北文史资料》第13辑。

化，其实这两个民族，在当地，与藏族、蒙古族、托茂人，几乎同时穿上现代服饰。在服饰上，他们几乎同时面对现代化。

面对现代化并非完全被动的适应，祁连、海晏等地的托茂人、蒙古人，都做出了回应。这种回应，名义上是恢复传统服饰文化，实质上表征了他们对自身服饰的族群想象。服饰文化的浪潮的涌动，与人文观念的变化紧密维系在一起，它反映着人们新的消费观念和文化审美。20世纪80年代以来，一些蒙古族知识分子率先在结婚盛典、民族节日等场合穿起了蒙古族服装。"这在一定程度上发扬光大了民族传统的显性文化，同时也是利用蒙古袍来表明自己旳民族身份。"[1]

与此相同，虽然托茂人反应较慢，但还是与蒙古人做出同样的反应。为了显示与回族人服饰的不同，凸显自己的特色，2010年之后的托茂人在向外界展示时，常常头戴白帽、盖头、纱巾，身着青海蒙藏长袍。无论2014年7月《走进托茂人》纪录片的开拍盛会，还是2018年9月托茂文化研究协会成立，在一些重要场合他们都努力向外界展示自己的服饰特征。

不过，有意思的是，他们与蒙古人，包括托茂公部落蒙古人，对服饰象征的追寻不同。青海蒙古人着装的蒙古服装，不再是20世纪80年代之前藏式等蒙古长袍，而是以内蒙古的现代蒙古族服饰为标准，凸显自己的"蒙古性"。而托茂人，却选择了藏式的蒙古长袍为标准。这种选择不但成本低而且便捷，年老的托茂人拿出之前的长袍即可，中青年则在祁连、海晏等"民族服装店"购买即可。这些"民族服装店"，是当地藏族人为应对现代性的产物，里面主要是藏族服饰，也有藏式蒙古服饰。

为何托茂人在塑造自己群体服饰文化符号时，没有向蒙古人做出一样的选择呢？韩占龙等老人面对我提出的问题说，现今蒙古族的蒙古服饰并不符合"传统"，并拿出一些文史资料中的人物图片，指出这些图片中的蒙古人的服饰与现今的蒙古服饰的不同，以说明托茂人的蒙藏长袍更符合"历史"。青海蒙古人和托茂人的服饰在长段历史中一直在变，因为20世纪50至70年代的服饰，一些托茂老人不但经历过，而且还有图片佐证，因此对托茂人来说已经足够。

每有学者、记者等到韩占龙家，除了一些文献资料，韩先生还会拿出

---

[1] 王兰：《赛尔龙蒙古族文化变迁研究》，博士学位论文，兰州大学，2014年。

一些老照片，其中一幅照片上面写有"托茂族，一九五六年西宁留影"，其中图片人物是一位头带盖头、身着辫牌蒙古长袍的青年妇女。事实上，这位托茂妇女的盖头，并非原有，而是20世纪90年代时，韩占龙让照相馆工作人员弄上去的。虽然这样难得的照片，在照相时间1956年和地点在西宁都是对的，但遗憾的是妇女并没有盖头，并不符合托茂人对群体服饰符号的想象。而一经改造的照片，却颇符合托茂人对历史的记忆，兼具蒙古、回回等族群特色，也就成为托茂人族群服饰的"标准"。

赵卫东在研究了云南大理的"白回"群体的服饰后认为，"服饰作为一个族群外显的文化符号，它是维系族群认同和认异的有效手段和方式。"① 这种说法，在青海蒙古人和托茂人身上，也是成立的。总的来看，面对现代性，无论是蒙古人追求的"蒙古性"，还是托茂人追寻的特色之"真实性"，都是对自我族群符号和服饰文化的自觉和再造，这种创造，也许他人未必认为"真实"，但他们确是笃信的。

2014年7月，祁连县文史资料委员会在野牛沟开拍《走进托茂人》纪录片时，不但托茂公部落的一些蒙古族出于情谊专门参加了，另外托茂人专门为此集资举办草原赛马会，祁连、海晏等地的不少藏族、蒙古族、汉族、回族等也来参加赛马、摔跤等项目以及看热闹。在人群中，看着身着蒙藏长袍的托茂人，几位藏族老人窃窃私语："我们的长袍，我们藏族人脱下不穿了，托茂回回却穿上了！"

此时正值盛夏，几位老人大都并没有身穿藏袍，而是身着现如今日常的现代服装。若不是这种特殊场合，日常中的托茂人也大都是身着现代服饰的。现代性服饰，主要是工厂生产而成，款式多，面料丰富，体感轻便舒适，价钱大都比传统长袍等便宜，受到牧区各民族的喜爱。而且，如今牧民已很少骑马，冬季草场的房子和楼房，取暖较为方便，长袍尤其皮袍已失去很多功用。因此，如今牧区的牧民，无论藏人、蒙古人、托茂人，根据日常场合和仪式场合，会选择日常服饰和仪式服饰。如与在那达慕、各种节日、婚丧等节点蒙古人、藏人特意身着蒙古服饰或藏服一样，头顶白帽或盖头、身着蒙藏长袍，大多是托茂人在特定场合的礼仪服装。不过，即使平时很少穿，只在短暂时间展示的服饰，却成为现代化背景下托

---

① 赵卫东：《族群服饰与族群认同——对"白回"族群的人类学分析》，《民族艺术研究》2004年第5期。

茂人、蒙古人、藏族人宣示的族群符号。

服饰标准：托茂妇女盖头
与辫牌并举

图中的托茂妇女着装是：
纱巾＋西装

穿着传统蒙古袍的松子开

穿着"准白"的松子开

第十章

长虑却顾：牧区现代性与托茂人的未来

青海牧区的现代化进程于20世纪50年代开启，20世纪80年代迅速推进，这一历史潮流浩浩荡荡、不可逆转，弥漫在日常生活和社会结构中，青藏高原的牧民及托茂人无人能置身事外。正如全球化一样，当今世界，没有一个国家，没有一个社会，没有一个族群，能置身此浪潮之外。全球化、现代性与牧区遭遇，不仅带来机遇和希望，也带来问题和挑战。牧区的现代性呈现怎样的面向，国家的在场、社会的治理和牧民的认同如何交织互动，托茂人这一小群体未来如何，是要探寻和深思的问题。

一 身份尴尬：现代性、人口分类与族群认同

在确立社会成员身份上，文化到底扮演什么角色？从文化社会学角度看，文化将境遇、背景各不相同的个体和家庭结合到一个集合体中，在这个集合体中，人们形成了强烈的认同，获取基本的意义，并找到了情感的满足[①]。在文化之外，身份及其认同又与生存方式、历史进程和现代性密切相关。事实表明，托茂人传统身份认同所依赖的血缘、地域、生计方式等，在国家的现代化进程中趋于式微。与此同时，现代性也带来新的面向。

（一）生计、文化与"中原人"映照下的身份归属

韩生阴等20世纪50年代之前出生的托茂人，谈及传统社会的身份状况时，大都表示生活在托茂公旗，生活在草原，生活在哈勒景一带，感觉

---

① ［美］戴安娜·克兰：《文化社会学——浮现中的理论视野》，南京大学出版社2006年版，第18页。

与蒙古人没什么不同,生活自然而然,人际交往也自然而言。这种状况在传统社会具有普遍性,范可认为:"在人类历史上的大部分时间里,今日意义上的民族是不存在的。古代的族群未必是'自为'的,他们的存在是一种'自然'的状况"①。即使到 2000 年后,"托茂现象"引起学界关注,也引起社会关注后,时任海北藏族自治州人大常委会主任的王忠海在《我所知道的托茂人》中,谈及他小时候的情形,与托茂老人的回忆几乎一致:

> 我是海晏县中北旗(哈尔盖贝斯旗)人,1965 年我到省城西宁上学前,我所在的托勒乡永丰村,记得托茂人在居住、语言、服饰、饮食等生活习惯方面和蒙古族没有什么区别。当时因年龄小,也不知道他们信仰的是伊斯兰教。但是托茂人和蒙古族和睦相处,亲密友好,就像亲戚一样,春节期间也互相来往。有的我们一直称呼哥哥、姐姐。如马儿来,我一直叫他"儿来哥"。②

这种状态,在民族识别后的民族地区干部看来,乃是民族团结的体现,"蒙族过春节年时'托茂'回族群众全力以赴地同样准备过节,据说家家户户都有杀牛的宰羊的(,)同样过春节,(同样)请客送礼的。特别正月初一回族大家(众)给王爷(按)规矩送年礼、献哈达等规程。还给邻友们正月几天里亲热的(地)拜年。虽然(是)落后年代(,)蒙、回之间的团结气氛是可佳(嘉)的。在每年回民年节上王爷和本部落的蒙族群众给回族同样要贺年(,)热闹非凡。特别(是)回族家娶了蒙古妇女,夫妇团结家庭和好,但是女方不随回教的常有。比如女方想给死亡父母诵经答报时请来和尚喇嘛念经,男方不干涉还给支持。男方必要请阿訇念经时女方同样协助料理念经事宜,一个家庭里互不干涉信教真是难能可贵的。这样好的家庭就中国历史上很少见到。"③

显然,在自然状态下,托茂人等,没有身份的焦虑,并未习得现代"民族"的概念和意识。才仁加所言的"自一九四九年全国解放后一直到五八年该'托茂'回族仍旧(在)'托茂'贡旗内团结相处。但他们对

---

① 范可:《理解族别——比较的视野》,知识产权出版社 2019 年版,第 2 页。
② 王忠海:《我所知道的托茂人》,《海北文史资料》第 13 辑。
③ 才仁加:《原海晏县"托茂"伊教群众的历史重新更正资料》,1988 年 5 月 20 日。

自己的民族根本说不出个所以然来。"① 正是此意。加之,语言、服饰、饮食、居住形式上的别无二致,因此,在传统社会托茂人并未显现认同问题和窘境。当然,这种身份状态的自然、自在,如古籍《战国策》所言之"物以类聚,人以群分",并不否认青海蒙古和硕特南右翼后旗在传统时代内部的人群区分。这种内部区分,主要是以宗教信仰为界限——"托茂人过去和我们一块放牧,穿一样的服装、讲蒙古话,就是宗教信仰不一样。"②

作为托茂公部落王爷家族的知识人,王树中在《"托茂人"考略》一文中对部落内部构成和区分有严谨而规范的表述:"青海蒙古五部两盟二十九旗左翼盟和硕特部南右后旗,俗称'托茂公'旗,旗民分别由信仰藏传佛教和伊斯兰教的两部分人组成。"③ 这种传统区分,托茂人通俗地将之理解为旗下面的两个"尕部落"。在两个小部落中,还有各自的"头人"。王树中言:"在托茂公旗中后期时,除扎萨克旗长及协理外。其余官员为章京,分为左右章京,分别由佛教徒与伊斯兰教徒担任。至本世纪四十年代,旗民减至百户,只设两位章京,佛教徒章京帕藏、伊教徒章京托茂阿尕。"④ 韩占龙亦称:"在历史上托茂人是蒙古王爷的旗民,逢年过节要给蒙古王爷拜年贺喜,平时的乌拉差役和蒙古人一样负担。托茂公王爷手下一般要设置两名章京,一名由蒙古人担任,另一名则由托茂人担任,托茂阿嘎就曾做过相当于章京的角色。"⑤

在日常的生活中,托茂人与托茂公部落的蒙古人,在托茂公部落内是两个二级群体,托茂人把信仰藏传佛教教的部落属民称为"蒙古""蒙民",而这部分蒙古人也习惯于把群体内信仰伊斯兰教的牧民称为"托茂",但当他们与另外一个扎萨克旗或部落的蒙古人互动接触时,习惯于用一个大的族群称谓——托茂公家。不论蒙古人还是托茂人都自称属于"托茂公家",用以区别草原其他蒙古部落和群体的人。"托茂家"和"托茂公家",是托茂人自称和自我归属的两个由小及大的群体范畴,当自称是"托茂家"时,表示自己是托茂人;当自称是"托茂公家"时,表示

---

① 才仁加:《原海晏县"托茂"伊教群众的历史重新更正资料》,1988年5月20日。
② 王忠海:《我所知道的托茂人》,《海北文史资料》第13辑。
③ 王树中:《"托茂人"考略》(未发表草稿)。
④ 王树中:《"托茂人"考略》(未发表草稿)。
⑤ 韩占龙等:《为恢复被遗忘民族的申请》,1986年5月6日。

自己是和硕特蒙古托茂公部落的人。

"托茂公家"一称,一方面有与其他蒙古部落区分的意思,另一方面也有与其他蒙古部落认同的含义,情景不同效度不同。在蒙古部落这个范畴之外,托茂人、蒙古人生活中,还有藏人部落与之归属有异,但因为同处草原相邻相近,同样从事畜牧业生产,民国时期的文人和官员,常将之统称为蒙藏人民。对清末及民国时期的蒙藏人民而言,在他们的生活世界中还有相对应的他者,其中最重要的一个便是"中原人"。

在新中国成立前,"中原人"是青海海北等地的蒙古人、藏人等对从事农业生产的汉、回群众的称谓。从词源上来讲,"中原"既是一自然地理概念,同时又具有浓厚的人文地理意义,最早出现在《诗经》《左传》《国语》等先秦文献中,表示一种自然地貌,春秋时期具有了政治化的人文地理意义,至汉唐帝国更加确定了传统的"中原"概念,并影响后世①。总体而言,历史上"中原"的内涵和意义比较稳定:代表着发达的汉地农业经济,发达的青铜、铁器、瓷器和丝绸文明,发达的华夏政治和文化系统等②。

自春秋战国,畜牧业与农业两种生计方式区分出明显不同生计特征的人群后,汉代时便有从事农业生产的内地人,不断移民青海戍边、军垦等,直到清朝、民国,他们还在青藏高原自称、他称为"中原人"。这里的"中原人"的概念,主要涉及非畜牧业生计方式,以及农业区或从农业区移民而来的身份,具体指的是汉人和回民,他们在政治、经济、文化上有优越感。就托茂人来说,因为他们与邻近地区回民长期紧密的生活生产联系,所以在他们的群体词汇中,"中原人"便成为邻近农区回民的特指。民国著名记者范长江在《中国西北角》言:"青海回族与汉族自称为'中原人',意思是'文化民族'。而称藏人为'番子',蒙古为'鞑子'。对他们只是羁縻征服,使之归所谓'中原人'统治,而不是本民族平等的思想,来谋共同的解放。"③

---

① 段宏振:《中原的形成:以先秦考古学文化的演进为中心》,《考古学研究》2012年第1期;郭静云:《自然地理的"中原"与政治化的"中原"概念》,《中国文物报》2014年8月15日。

② 段宏振:《中原的形成:以先秦考古学文化的演进为中心》,《考古学研究》2012年第1期。

③ 范长江:《中国西北角》,新华出版社1980年版,第95页。

自称"中原人",与"非中原人"区分,主要体现为一种历史上汉、回人的文化优越感,是一种对"华族"和农业文化的自恋,而相对的"非中原人"则是草原"夷氏"的标签。虽然历史上有不少汉、回的确是从中原迁移过去的,但还有不少应是汉化或农业化的本地人。不过,这种人群区分,依然属于传统的身份区分,并非现代性意义上的人口分类。青海湖一带或祁连山地区,现代人口分类则是在20世纪50年代的民族识别之后。

(二)现代性、人口分类与认同尴尬

在托茂人的传统生活中,"中原人"与"非中原"的区分,有认异,也有认同。托茂人一种他称叫"托茂达子"(驼毛达子),在新中国成立以前,官方或者民间,尤其与托茂人保持宗教联系的回民群众一般这样称谓与他们同样信仰的特殊群体。"托茂达子"一词本身的思维逻辑就是:虽然托茂与我们从事农业的回民信仰相同,但还是有区别的,与狭义的回民(从事农业的回回)群体是不同的群体。"达子"一词,显而易见,是过去回、汉民对蒙古人带有文化歧视性的俗称。把托茂归属于"达子"这一群体,就把"回回"这个大的族群内的回民与托茂两个亚族群区分开来,即以汉文化与蒙古文化或农业文化与牧业文化作为边界区分开来。

托茂人还有一种他称叫"托茂回回",与托茂人保持宗教联系的回民这样称呼,就是一种认同,即将托茂视为"回"的一种。当然,过去与托茂人的邻近的蒙藏人这样称谓时,"托茂回回"一词的思维逻辑是:虽然托茂人与我们蒙古人穿同样的衣服、说同样的话,喝着牦牛奶吃着牛羊肉,同是托茂公王爷的属民,同在部落草场上逐水草而居,但还是有区别的,是两个不同的群体。将托茂人归属于"回回"这样一个大的群体,就把青海草原蒙古中的蒙古与托茂两个亚群体区分开来。情景不同效度不同,当蒙古人以"托茂蒙古""托茂公家"称谓时,又有明显的认同在其中。

青海蒙古之盟旗制度,从民国中后期已名存实亡,新中国成立后在政治制度上废除了这一"封建制度"。不过,因为之前的部落民大都相邻而居,有地缘业缘亲近性,加之惯性使然,对托茂公部落人的认同即"托茂公家"的认同,在老年人中还在延续,甚至有蒙古人建议以汉族之宗族做参考,将之前的"部落"或"旗",视为宗族,并将那些跟部落有渊

从左到右：韩占龙（托茂人）、卓玛（托茂公家蒙古人）、万里玛（蒙古人）

源的牧民，视为宗族的一分子。田野调查中我看到，"托茂公家"人彼此之间还有认同，蒙古人与托茂人常有一家人的亲切感。在托茂人的群体社会活动中，常有蒙古人的参与与支持。

2005年夏季，托茂人韩占龙先生和我坐班车从门源县前往祁连县，中巴车行驶至祁连县阿柔乡时，一个30岁左右的妇女搭车上来，看到韩占龙时亲切地问候。我好奇问韩占龙，这个妇女是不是他家的亲戚，韩先生则说，这个妇女名叫卓玛，是托茂公家的蒙古人。车小座少，韩占龙当即跟乘务人员要了一个小板凳给卓玛，卓玛拿上板凳坐就近坐了过来，嘘寒问暖后，旁边的非托茂公部落的蒙古人万里玛也加入聊天中，俨然一幅"熟人社会"景象。

而湟中上五庄等地从事农业生产的回民，因为生产的互补、日常的紧密联系，甚至部分人就是由从事牧业生产的托茂人转为农业生产者，所以对托茂人也是很认同的。除上五庄之外，邻近的湟源、大通、门源、西宁的回民，也持有认同感，如从西宁而来接受了"民族"概念的阿訇，在1954年至1958年，除了认同，还对托茂人的特色文化及异质性持包容欣赏态度。部落蒙古人、相邻回民对托茂人的认同，到了1981年海北政协工作人员才仁加调研时，已习得现代"民族"观念的蒙古族、回族人都努力将之拉入自己的民族中，强调托茂人族源上跟自我民族的关系："这一部分伊教民族人户不多而名望不小，过去旧时代里各处的蒙古族十之八九都说：'托茂'伊教是我们的蒙古族，不过信仰了伊教；可是上五庄、湟中、湟源、大通等处的回族人都说：海晏的'托茂家'是我们的回族，不过年代久了，他们的生活方式和各种习惯都被蒙族感化了。"①

在传统社会，托茂人的认同与被认同，从现象上看，是一种自在、自然情况，从族群分类上讲，其族群认同是灵活和有弹性的。族群边界不是硬性的，而是可变的，即具有场景的拆合性与伸缩性，也就是说族群认同具有多重性和随形势变化的特质，族群边界是可选择的，是视境遇而决定的。无论托茂人与蒙古人之"托茂公家"的族群认同，还是托茂人与中原人的"回回"的身份认同，都基于这样的族群认同公式：当 A 群体与 B 群体相遇时，他们以 A 和 B 相互区分，同时也会发现彼此之间存在着共性；当他们遇到这个共性方面与 A 和 B 都不同的 D 群体时，A 群体便和 B 群体组成 C 群体，以便和 D 群体相区别②。

有学者可能会有提出质疑，认为从族群视角分析之，过于强调了托茂人在传统社会里的身份认同之主观能动性。但是，这种能动性历史上的确是存在的，如湟中上五庄的谚语——"海里亥的鞑子，两头张望"就是力证。托茂人一头望着蒙古人，一头望着回回人，兼具两者文化和群体特征，对两者都有指望。事实上，托茂人的"两头张望"，有生存的便利，有认同的便利，也获得了两头的认同。

1901 年，梁启超首次使用现代意义上的"民族"概念，1911 年，中国推翻帝制，建立了现代民族国家，之后经日本侵华战争等一系列事件，"民族"及其观念在近代社会不断激荡弥漫。对于托茂人来说，最直观感受"民族"之现代性是在 20 世纪 50 年代初。中华人民共和国成立不久，在国家层面上，为现代民族国家建设和社会治理，1953 年共和国开展了全国第一次人口普查工作，1954 年开启了全国民族识别工作，使很多族群有了民族实体的地位。比如说，藏民（番子）——藏族，回民（回回）——回族，蒙民（达子）——蒙古族，汉民（汉人）——汉族，保安人——保安族，撒拉人——撒拉族。

蒙古族和回族，都是第一批识别出来的"民族"，托茂人并没有成为"民族"。1953 年之后，托茂人只能在蒙古族和回族之间进行身份界定。1953 年 5 月，青海省海晏县的哈勒景地区，政府按照相关政策成立了北

---

① 才仁加：《原海晏县"托茂"伊教群众的历史重新更正资料》，1988 年 5 月 20 日。
② 马戎：《试论族群意识》，《西北民族研究》2003 年第 3 期。

山蒙古族自治区，托茂人大汗七哥（1901年生）被选举为北山蒙古自治区副主席，托茂三哥（1904年生）被选举为北山蒙古自治区保畜主任。显然，托茂人在地方性人群分类知识体系中是被视为蒙古人的。此阶段，无论在人口普查，还是民族识别中，托茂人都归属为"蒙古族"，这种归类更多是基于本地的身份分类学知识。

托茂人松子开（左）与他的蒙古族朋友塔色（右）

1958年后，社会主义改造工作组、迁移工作组，以及之后的"四清"运动等工作人员大多是非本地、非牧区的人，他们或是接受现代民族分类者，或是不熟悉地方性知识分类，因为托茂人的宗教信仰情况，他们将之归为"回族"，而且按照"回族"标准，让托茂人普遍接受了汉姓汉名。在20世纪50年代到20世纪80年代期间，托茂人时而被视为蒙古族，时而被当作回族，他们被动的在蒙—回之间流转。

"民族并非是一种单纯的、不以人们意志为转移的客观存在，而是一种浸含着人们意愿的社会政治构建，一种政治商榷和对话的结果。"[1] 在田野的访谈中，我从托茂老人们那里得知，1949年甚至1958年以前的托茂人并不清楚"民族"是什么，为什么把人们叫"民族"。民族的概念是随着解放军和搬迁工作组等的到来才出现的，因此在工作组人员的"回回（传统）=回族（现代）"的逻辑安排下，被动的托茂人无从辨别和表述其中的区别。当时的情境就是非此即彼，要么因为生产生活的游牧性

---

[1] 潘蛟：《"族群"及其相关概念在西方的流变》，《广西民族学院学报》2003年第5期。

选择蒙古族属性,要么因为"回回"身份倒向回族的名义之下。

(三)"民族"的努力与族群再认同

1978年冬季,新疆托茂马富祥等5人来到青海湟中上五庄,在托茂坟园专为祖辈亡人上了坟、念了经,他们从湟中县上五庄托茂人丁生福处得知,青海的托茂人大多迁往托勒牧场,准备前往祁连访亲的他们因交通等缘故未能如愿。1980年夏,得到信息的祁连野牛沟开开子老人前往新疆巴音郭楞蒙族自治州博湖县查干罗尔乡,通过记忆与马富祥等确认了堂兄弟关系。之后,两地托茂人开始有了书信和探访互动。

1981年,祁连等地的托茂人向海北藏族自治州政协书面提出《拯救一下我们这个快要灭亡的小民族的要求》,海北州政协也曾委派政协干事才仁加进行了调查。才仁加言:"从八一年以来'托茂'伊教群众中引起了反映,他们希望本'托茂'族有一个民族称号。自四九年全国解放后(,在)共产党的民族政策贯彻下,祖国的民族就有五十六个。因此'托茂'伊教群众总想给他们确定成一个民族。所以别人说他们是青海的回民时(,)他们不承认;再如蒙族们说他们是蒙古族,(只是)信仰不同等时(,)他们更不高兴。"[1]

1984年,祁连县多隆乡托茂人韩占龙给新疆托茂人写信汇报了青海托茂人的情况,并告知他们正在努力申请成为民族。新疆托茂人在回信中说:"接到你们的来信,我们组织全体族人进行阅读,都表示万分的高兴,将千里之外的骨肉相逢沟通当成盛大喜事。"回信除谈到一些托茂群体的历史说法和新疆托茂人的现状外,亦言新疆托茂人也正在为成为"民族"而努力,并提供了很多有意思的信息。"自从国家落实民族政策,我们新疆也和内地一样,(有关部门曾)派人前来进行过考察,我们也组织举行过座谈和申诉,相信在党中央关怀下我们托门鲁克族的名字和其他民族一样名列,如果你们那里还存在哪些情况不明确,请及时来信告知,可以把你们那里所知的情况互通,以便积极主动地促使我们民族的重生。"[2]

青海托茂人自称"托茂"或"托茂家",新疆托茂人在博湖一带的居

---

[1] 才仁加:《原海晏县"托茂"伊教群众的历史重新更正资料》,1988年5月20日。
[2] 马存林代笔:《新疆托茂人给青海托茂人的来信》,1985年5月19日。

住地亦名"托茂湾",为何在给国家有关部门申请及此份信中自称"托门鲁克"呢？2009年4月,我就此事专门询问了博湖、焉耆的马存林、马忠孝等人,他们说,新疆托茂人在口语中仍自称"托茂"或"托茂家",但在20世纪80年代申请成为单独民族时,一些老人说,"托茂"的全称应该是"托门鲁克"。之后,与笔者座谈的几位新疆托茂人商讨一会儿得出结论,"托门鲁克"应该是"托茂"的复数形式。

1986年,青海托茂人向中央统战部等有关部门递去了《为恢复被遗忘的民族的申请》,要求成为"民族"——"新中国成立后,随着党的宗教政策落实,各族人民的生活一天比一天好,我们托茂人也得到了同等的待遇,但是我们的民族问题没有引起应有的关怀和重视,直到现在还没有承认我们托茂是一个民族。从民族形成的四个要素上看,我们托茂人既不是回族,也不是蒙古族,而是既有自己独特风俗习惯,很早也有过自己的语言,又居住在一个地区的托茂族。"[①] 中央统战部收到申请后,将申请转到了国家民族事务委员会,国家民族事务委员会又将此事委托于青海省民族事务委员会,青海民族事务委员会委派孙滔联合青海海北藏族自治州政协工作人员才仁加又做了一次调查。

孙滔等人的调研及其结论如何,因孙滔、才仁加在笔者调研前已然去世,我通过各种途径找寻相关调研报告亦未得知。不过,从孙滔公开发表的论文《青海回族源流考》及才仁加的调研成果《原海晏县"托茂"伊教群众的历史重新更正资料》看,两人倾向于将托茂人归为"回族"。另外,从国家民族识别政策的实践历史来看,1979年基诺族被确认为单一的少数民族后,国家的相关行动已然结束,不再进行识别工作。或时过境迁或其他原因,托茂人追寻成为一个"民族"的努力未能如愿。

随着时间的流逝和牧区现代性的推进,托茂人的一些精英有感于族群特质的逐渐消失,力图将托茂人的户口身份"回族"改为"蒙古族",以此与回族人区分开来。1988年4月,祁连县部分托茂人向多隆乡党委、乡人民政府递上了《关于更改民族的申请》,在申请书中他们极力强调托茂人与蒙古人的渊源,从语言、血统、民俗以及历史等方面讲述了托茂人的蒙古文化特质,恳请改回族属性为蒙古族。

[①] 胡赛等:《为恢复被遗忘的民族的申请》,1986年5月6日。

我们原居住在海晏县的托茂人俗称"托茂达子",我们的祖先是很早以前从新疆来的信仰伊斯兰教的托茂人。来到青海以后与当地蒙古族妇女通婚、繁衍生息,所以我们的多数母亲是蒙古族,我们有蒙古族血统,托茂人在风俗习惯上与蒙古族相同,通用蒙古语。①

为了托茂人不被其他少数民族同化及不被历史遗忘和抛弃,我们以诚恳的心情,请求人民政府、党中央在还没有确定托茂人是一个单独的托茂族前,请允许我们部分愿意恢复和随母亲民族的人,给予改正为蒙古族,让我们托茂达子也享受一点同各少数民族一样一律平等待遇的权利。②

为了与回族区别而选择蒙古族认同,是托茂精英申请单独民族不成的情况下,求其次的一种族群策略和努力。2005年7月,这次更改民族属性的主要发起人之一韩占龙对我说:"再没啥办法,我们当了蒙古族,是信仰伊斯兰的蒙古族,是有那么一点特色的,当了回族,大家都信伊斯兰教,我们就啥都不是。"很明显,他们选择蒙古族作民族属性,并不是以"蒙古"置换"托茂"的族群认同,而是以蒙古族作为自己的一种族群边界,使他们在与回族同质性极高的情况下保持某种程度的特质。

并不是所有的托茂人都响应更改民族属性的提议,2008年2月,韩占龙坦诚说:"当时,我给托茂人做思想工作时,我的一位老姑姑表示强烈反对,虽然我一再强调民族与宗教是两回事,蒙古族也可以信仰伊斯兰教。但我姑姑仍然不理解,并反问我说,回回当得好好的为啥硬要改民族呢?认为我不想信教了,在胡闹哩。"后来,托茂人精英及部分人更改民族属性的努力,也不了了之。

与部分青海托茂精英申请成为蒙古族的努力的不同,新疆托茂人选择了与"蒙古族"区别的策略。这跟历史经历有关。新疆托茂人在光绪二十二年从青海逃亡新疆后,"脱蒙"不成,又被当地和硕特蒙古王爷"收归"。"新疆蒙族和硕特王子知道了这些受招安的人当中有一部分人会说蒙语,还在青海的蒙族王子手下当过百姓,就把我们要了过来,给他当百

---

① 韩占龙、丁生清等:《关于更改民族成分的申请》,1988年4月17日。
② 韩占龙、丁生清等:《关于更改民族成分的申请》,1988年4月17日。

姓。"① 加上1954年巴音郭楞蒙古自治州成立后，在蒙古自治州的托茂人为保持族群性，反倒从细微处强调与蒙古族的不同。"不过，我们并不是蒙族人。我们说的蒙语与这里蒙族人的蒙语在语音上也有区别，还有一些单词不一样。"② 2009年4月，笔者在新疆博湖县、焉耆县调研时，感觉到当地托茂人大都持如此态度，一些人依然强调"托茂"词源于"脱蒙"。

总体上来说，2000年左右托茂年轻人大都习以回族人自居，择偶取向、日常生活跟回族日益接近。这些现象，如同当下蒙藏民众将穿现代服饰被视为汉化一样，被具有托茂情节的老人和精英称为回化了。实际上在青海海北藏族自治州，回族并不是主体民族，在祁连央隆乡、野牛沟乡、默勒镇等乡镇，作为户口登记为回族的托茂人要比非托茂人的回族人口还多。回化只能作为一种表象，回化的背后实质是现代化。

1949年中华人民共和国的建立可视为现代民族国家的真正确立，现代民族国家就是把"人"从地方性传统的规约中解放出来，直接面对国家支配下的大传统、全民性的规范、意识形态的影响和制约。传统的游牧部落制、盟旗制纷纷被县、乡（公社）、村委会（生产大队）等制度取代。无论前期的社会主义改造，还是20世纪80年代后的经济建设为中心，都是与国家现代化保持一致的。经济上的标准化和一致性，通过行政动员对标准化的强调，不可避免地导致其他方面的一致性现象。

二 现代性、牧民的不适及社会问题

（一）牧民的现代不适

地方性文化在全球化、现代性过程中并不总是保持着一种持久的适应性，它总是或多或少地表现出不同程度的"不适"。在当下牧区现代化大背景下，牧区民众的经济生产在与经济全球化共舞的同时，在文化心理上

---

① 《马德容、马富元、马富海的谈话》，《新疆宗教研究资料》第十一辑，新疆社会科学院宗教研究所，1985年，第41页。
② 《马德容、马富元、马富海的谈话》，《新疆宗教研究资料》第十一辑，新疆社会科学院宗教研究所，1985年，第41页。

经历着文化的重构、心理的失落、人格的冲突、生存的追求和价值的突变等。社会的转型也即文化的转型，必然导致牧区牧民有一个适应的过程。一个群体或个体在社会巨变背景下并不可能永远表现的合拍和适应，滞后或不适亦是常态。

文化不适，在牧区社会经济发展中的确存在。费孝通认为，"社会问题起于文化失调。所谓文化失调，就是说任何文化都有它特殊的结构模式，新的文化特质引入之后，不能配合于原有的模式中，于是发生了失调现象。文化本是人类的生活方法，所以文化失调就在社会中各个人的生活上引起相似的裂痕，反映于各个人心理上的就是相似的烦闷与不安，这种内心的不安逼着大家要求解脱，于是就有所谓社会问题。"① 吕俊彪则认为，文化的"不适"，往往会导致行为的"不适"，其结果使人的经济行为偏离经济发展的一般原则②。戴庆中则说："如果说导致贫困的原因主要是自然生存环境的恶化和生存方式对生存环境不适的话，进一步比较这二者，生存方式的不适该是更为根本的原因。"③

悖论：蓝天之下、绿草之上，卡车及其走出的路

20 世纪 80 年代有研究人员和官员指责说，牧区畜牧业发展过于追求牲畜头数并以存栏牲畜头数论财富的传统思想观念加剧了草畜矛盾，直接影响了经济利润。到了 90 年代，有学者却指出，由于改革开放打开了通向世界市场和国际贸易的大门，随着畜产品价格的迅速上涨，牧民的收入

---

① 费孝通：《论文化与文化自觉》，群言出版社 2007 年版，第 1 页。
② 吕俊彪：《民族经济发展中的文化调适问题》，《广西民族学院学报》2003 年第 2 期。
③ 戴庆中：《文化视野中的贫困与发展》，贵州人民出版社 2001 年版，第 6 页。

也随之提高，有些牧民为了增加收入，就努力增加牲畜的数量，最大限度地利用牧场，这种短期行为给草原的生态环境造成了一系列问题，过牧使得草场不同程度地退化甚至沙漠化。也即，随着与外界经济联系的加强，为了追求短期经济效益，不得不强化对资源的利用，从而导致人为生态问题的加剧[①]。

2007年下半年，全国牛羊肉价格翻了一番，往常七八元/市斤的牛羊肉卖到了十五六元/市斤，过去一只二三百元的羊，卖到了五六百块。2007年秋季牲畜出栏时，牧区牧民大多获得了较好的收入。2008年2月，笔者在青海祁连县调查，就此问题访谈了三十几位牧民，出乎意料的是，很多牧民并不认为牛羊肉涨价是全然利好的，他们大都用二分法看待之——"有好，有坏"，好处是牧民的收入增加了，不好处是整个物价都涨了，与他们的衣食等日常支出相抵消了。甚至还有一些老年牧民表示牛羊肉涨价对牧民来说是一件坏事，认为牛羊肉涨价导致牧民因为价高而出售牲畜太多，来年繁殖的牲畜则不够，使家庭畜牧业不可持续。

长时段的观察可以看到，在市场经济大潮下，现在的牧民不是不卖羊，恰好相反，很多人为了追逐视频里的、城市里的生活方式，而盲目消费。潘建为、张立中曾对牧民与农民的消费行为做过比较研究，他们的结论是：牧民在处理积累与消费的关系上，更着重即期消费；牛、马、羊等活牲畜是畜牧业重要的生产资料，也是牧民主要的生活资料，牧民也把牲畜作为最主要的财富形式，并且没有货币储备的习惯，遇到偶然高额支出，就出售牲畜[②]。在调查中，笔者也看到，一些牧民在市场经济中表现出种种文化不适的经济行为，譬如20世纪90年代以来在牧区的互相攀比的风气下，一些牧民将牛羊卖掉去换摩托车、卡车，甚至小轿车、越野车，结果就成为了无畜户。

（二）牧区的社会问题

种种不适，引发牧区社会问题的发生。祁连县默勒镇多隆村，可作为个案社区，理解改革开放以来祁连牧场的社会问题，内容为2009年1月

[①] 马戎：《体制变革、人口流动与文化融合——一个草原牧业社区的历史变迁》，《社区研究与社会发展》，天津人民出版社1996年版，第537页。

[②] 潘建为、张立中：《牧民与农民、城镇居民消费行为比较》，《中国农村经济》2005年第3期。

笔者调研所得。

多隆村原本为祁连县多隆乡，2003年祁连县乡镇合并时，成为默勒镇的一个行政村。是村1984年牲畜草场承包时，总人口为888人，截至2008年12月，有人口1152人，其中托茂人121人，其他人口多为蒙古族、藏族等。1984—2008年，多隆村死亡人数是168人，出生人口是432人，没有分到草场、牲畜者432人。1984年出生的人口中，有108人结婚，其中28人从父辈处分到部分草场、牲畜，有38人已离婚。在1984年出生后的这些人中，有21人成为了无畜户，给其他牧户打工放牧（做雇工），月工资600—900元不等；有14人成为了流浪汉，既没有在牧区作雇工，也没有外出打工。不少人迷恋上赌博等活动，牧区的社会治安问题日益凸显。

2005年在祁连县城打工的几位下岗失业工人或无畜户

20世纪80年代以来，牧区社会开始分层和分化。2008年寒假，10岁的韩琦在西宁一医院手术住院近一个月，其父买素木陪伴之，笔者很好奇为什么韩母为何没有陪伴。买素木笑着说，韩琦的妈妈是在小韩琦住院以后才回到祁连县野牛沟的，之前她一直陪儿子和女儿在县城上学读书，只有寒暑假才会回到草场从事畜牧业生产。平时买素木家的畜牧业生产主要是由买素木和一个雇工共同进行。而2005年夏秋季，在野牛沟买素木家田野工作时，笔者没见到也没有听说他家要雇工。

雇佣他人为自己放牧，古已有之，并不新鲜，但在20世纪90年代的青海牧区日渐增多，表征牧区社会文化发生广泛变化。雇工，最初大多本是从农区雇佣一些剩余劳动力以弥补牧区劳动力的缺乏，后面出现一些牧民成为其他牧民或来牧区投资生产者的雇工之情况。其中一种情况是，PASTRES项目看到的："在安多青海湖牧区，旅游业和畜产品市场的发展吸引了诸多投资者的入驻，其中包括很多租用地方牧人的草场来放牧的非本地生意人。许多时候，这些生意人由于缺乏放牧的专业知识和技能，需要购买地方牧人的劳动力来确保牲畜的健康和发展。而地方的很多牧人，作为放牧的专家，从牧主人成为了这些商人称职的牧工。"[1] 另一种情况，相比前一种情况发生较早且不太乐观，即贫困户和无畜户的出现，使一些牧民加入到雇工行列。

无畜户的出现，是牧区经济发展面临的一个问题，也是牧区贫富分化的一个表现。1984年年初，祁连县实施牲畜承包到户，1986年11月，祁连县人民政府调查组称，自从牧业实行了大包干责任制后，由于经营管理不善等原因，有的户牲畜减损较大，甚至出现了一些"烂包户"，如多隆乡海浪二社的拉日杰一家三口，1984年承包马1匹、牛30头、羊89只，承包后将牲畜全部倒卖、屠宰，整天大吃大喝，现在无依无靠，生活无着落，就只好到乡煤矿干活。海浪四社的欧知布一人，原承包马3匹、牛10头、羊31只，现已全部卖光，跑到甘肃省夏河县入赘[2]。

牧区的贫富分化程度，并不如农村和城市剧烈。就像笔者在祁连县的调查时牧民反映的那样，就互为邻近的农牧民而言，当下牧民的整体经济情况好于农民，但很少有农区里富甲一方的人家。牧区虽然有丰富的矿产资源，但当地牧民并未真正受益。在转化资源优势时，很多牧区不是以市场为导向，而是反过来以自然资源为导向，误把资源优势当成产业优势，误把产业优势当成产品优势，误把产品优势当成商品优势，误把商品优势当成市场优势。牧区自然资源的过度开发产生了不可低估的负面作用，不仅没有带来牧民的总体小康，而且加快了草场资源的退化、沙化[3]。就祁

---

[1] PASTRES：《从牧主到牧工：牧区劳动力的转型和不确定性》，PASTRES中文（微信公众号），2021-06-23。

[2] 祁连县人民政府调查组：《关于在全县推行季节性畜牧业生产经验的调查》，《祁连县志》，甘肃人民出版社1993年版，第580页。

[3] 马洪波：《三江源地区生态退化的新制度经济学解释》，《西藏研究》2007年第3期。

连县而言，在县政府招商引资和小煤矿政治政策下，2004 年西部矿业公司正式收购兼并了祁连县多隆煤厂，西部矿业公司未留用原煤场人马，多隆煤场 321 名工人家属全部失业。而这些工人大多既没有牲畜，也没有草场，成了牧区农村的贫困者。

另外，青年一代之弃牧，成为一种趋势。"像在农区一样，当地的年轻人不一定对在家乡发展感兴趣。牧人家庭的年轻成员可能更愿意为他们的未来寻找替代生计，但不代表他们与游牧失去了所有联系。在一些地区，这种人口向外迁移的速度很高，因此很难找到有技能的放牧工。由于劳动力是游牧生产体系的主要投入，这就造成了某些牧区群体世代更新的问题。"[1] 内蒙古牧区亦是如此，阿拉腾言："定居畜牧较游牧所付出的劳动多，牧民就自然会感觉到辛苦。其结果，就会导致不适应这种生活方式的牧民渐渐离去。"[2]

曾离开牧区到城市上过学的牧民子女之弃牧心思更为浓厚，他们期望着享有城市的一切物质条件和舒适，但并非所有都能如愿。在调查中我看到牧民在孩子教育投入方面的观念张力，一方面是牧民支持孩子上学的积极性不断高涨，愿在子女的教育上下很大成本，租房、购房到城镇让孩子接受优质教育资源；另一方面抱怨说，孩子在学校里学不到牧区的生产生活知识，反倒学会了城里的消费方式——喝酒、打麻将，一有钱就往城里跑。一些牧民认为把孩子送到城镇、城市学校去，孩子学坏了，害了孩子，也害了父母——新"读书无用论"在牧区弥漫开来。

2000 年以来，牧区的赌博已蔚然成风，很多牧民告诉笔者说，赌博已成为牧区的一大害。刚开始一些牧民只是抱着休闲娱乐的心态玩玩，后来大多沉迷于此无法自拔，有牧民输的血本不归还搭上了所有牛羊。2019 年，此风引起地方部门专门整治，"自 2015 年以来，以多日杰尖措、东知布、尕者、羊什杰、曲尕、昂青、拉木曲乎为首的犯罪团伙，长期盘踞在祁连县央隆乡开设赌场、聚众赌博，极大地败坏了当地的社会风气，使参赌者家庭破碎。""2019 年 7 月 1 日，犯罪嫌疑人多日杰尖措（又名尖木参）、尕者二人涉嫌开设赌场罪被祁连县人民检察院批准逮捕，犯罪嫌疑人东知布（又名吾格才让）、拉木曲乎（又名拉科）、曲尕、羊什杰、昂

---

[1] PASTRES：《从牧主到牧工：牧区劳动力的转型和不确定性》，PASTRES 中文（微信公众号），2021 年 6 月 23 日。

[2] 阿拉腾：《文化变迁：一个嘎查的故事》，民族出版社 2006 年版，第 25 页。

青五人涉嫌赌博罪被祁连县人民检察院批准逮捕。"①

三 草原、经济获益与生态问题

(一) 代价与成就相伴

20世纪80年代迅速推进的现代化，使牧区社会经济获得巨大发展的同时，也带来了生态环境的冲击。20世纪90年代，学术界便敏锐地注意到牧区生态问题。长期致力于中国牧区研究的澳大利学者朗沃斯等认为，"正如中国其他地区一样，1978年后广大牧民都亲身经历了公共政策方面的诸多领域的改革。与此同时，中国牧民获得了一套全新的生物的、机械的和信息的技术。政策变革所带来的鼓励与刺激与现有的新技术相互作用，获得了一些巨大的近期收益。但与此相矛盾的是这种政策—技术的互作用所产生的收益对牧区的长期持续性发展构成了主要威胁。简言之，1978年以来所取得的成就是以草原为代价的，那就是，为了在近期内提高生活水平，致使主要的现有自然资源已经遭到破坏。"②

对于青海牧区1978年以来的生态问题，学术界有以下几个方面概括。第一，家庭承包之后，草场，特别是冬春草场基本失去了明显的休养间隔期。在以户为单位划定的草场上，放牧半径不断缩小，加上牲畜吃踩频繁，造成草地超载和过度放牧，进而沙化不可避免③。第二，草场划分到户后，随着牧户家庭人口的增加，草场又面临着重新划分的新问题。如果草场不能再分配，必然会导致过牧现象的发生；如果不允许过牧，就会走向贫困甚至危及生存④。第三，牧户定居后，在定居点和饮水区附近人畜活动频繁，雪灾时在轻灾区牲畜过度集中，加上牧户抢牧、乱牧及暴牧，

---

① 《开设赌场、聚众赌博……青海警方公开征集这7名犯罪嫌疑人违法犯罪线索》，澎湃新闻，https://www.thepaper.cn/newsDetail_forward_3916649。

② [澳] 约翰·W. 朗沃斯、格里格·J. 威廉森：《中国牧区发展的人口制约因素》，《中国农村研究》1994年第8期。

③ 戈明：《对高原草地畜牧业危机的思考》，《攀登》1998年第5期。

④ 景晖、穆赤·云登嘉措：《青南牧区走联合经营之路的思考》，《青海民族学院学报》2004年第4期。

导致定居点和水源区周围往往成为草场退化、沙化最严重的地区[①]。第四,草场承包到户以后,由于不同牧户家庭状况和经营能力的差异,必然导致草场使用权在不改变承包经营合同主体前提下的流转,而这种流转无疑会激发租用者的短期行为,从而进一步强化对草原的破坏,使牧场退化、沙化。第五,家庭承包经营责任制客观上促进了"家家马牛羊,户户小而全"经营模式的形成,由于弱化了对牲畜头数控制和对草原利用状态的监督,致使牧户经营的未纳入政府统计视野的"黑畜"大量增加,加剧了草地生态的恶化[②]。

2005年夏秋季,我初到青海海北草原,坐在班车上看到公路两旁草摊上盛开的各种颜色的鲜花,不由感慨草原之美,然而同行的牧民老人却说,那些美丽的花儿其实大都是杂毒草。红花是狼毒,蓝、黄的花大多是荠豆,这些杂毒草繁衍茂盛的草滩往往少有优良牧草繁衍的空间。深入田野后,听牧民们场感慨牧草的退化:过去用舌头揽草吃的牛,现在也不得不用嘴皮啃草了。在之后田野调查中,我们也亲历了每年四五月便频频光临草原的常客——沙尘暴,沙尘初起,尘土飞扬,狂风骤紧,尘土遮天蔽日。秋冬季节更是过而不及,沙尘一起有时就是一天。

淘金者光顾过的草地(2005)

阿拉腾在解释牧区生态问题时认为:"由于游牧的定居化以及因此而

[①] 严作良、周华坤等:《江河源区草地退化状况及成因》,《中国草地》2003年第1期。
[②] 温生辉:《危机与出路——青藏高原天然草地实施休牧育草战略研究》,青海人民出版社2004年版,第71页。

形成的对于自然资源的进一步获取，家畜头数及畜群结构就发生了很大变化。于是，牧民通过这样一个媒介来获取自然资源的能力也就较从前有了更大的提高。这样一来，考察特定地区家畜的增加情况，发现其所增者仅仅是小型家畜，而非大型家畜的头数。因而，虽然家畜的总头数增加了，但是家畜的生物总量却没有什么增加。这似乎是定居畜牧业难以避免的一条变化规律。'收获努力'得到增加以后，接下来就有环境等许多问题的产生。与这种增加牲畜头数而非牲畜生物总量增加的同时，生态环境就自然会变得更加恶化，畜牧经济的持续发展就受到了极大的阻碍。"[1]

从牲畜的产出来看，牲畜数量越多，产出的羊毛、繁殖的数量就越多，就越可以增加收入来源。从人力投入和生产产出这两个环境来看，牧民的理性行为就是努力增加自己的牲畜数量。而实际放养的牲畜数量超过当地草场的载畜量就会形成"过牧"现象，牧草的生长难以恢复。牲畜在吃不到足够草叶时就会掘食牧草的根，从而损伤牧草的根系并造成永久性的破坏。加上人口数量的增多，需要供养人口所需的牲畜规模也就相应增大，进而对草场带来的压力就会越大。如此往复因果便形成了"人越来越多，畜也越养越多，草却越啃越少"的恶性发展。

王婧关于内蒙古巴图旗的研究显示，牧区面临着共同问题。在王婧看来，草畜承包制度实行以后，紧接而来的是牧区市场化进程加速，牧区已然形成了较为完备的市场。此中，与技术变革的结合，使得牧民生计走向另一个极端，生计活动逐渐市场化，成为追求利润的"小牧"。在此过程中，传统牧业生产组织也逐渐原子化，牧民必须独立面对现代市场经济体系，承担越来越多的风险，不得不进入不断生产、不断消费的循环陷阱，加速了草场的消耗，牧民在获利的同时，承担着草原退化、沙化带来的环境风险[2]。

草场退化与鼠害互为关联，鼠害等其他草原自然灾害，既是草场退化的原因，也是草场退化的结果。行走在祁连草原，我们会不时看到被高原田鼠掘洞挖土弄得斑驳的草地，那些低矮稀疏的草场，正适合鼠兔的生存习性，成了它们理想的生存家园。鼠害，在草原历史上并不鲜见，但20世纪八九十年代，人们受到利益驱动，大肆猎杀狐狸、捕捉猎鹰等，导致

---

[1] 阿拉腾：《文化变迁：一个嘎查的故事》，北京/民族出版社2006年版，第24页。
[2] 王婧：《国家、市场与牧民生计转变：草原生态问题的阐释》，《天府新论》2012年第5期。

鼠兔天敌锐减，失去了自然的制衡因素。在青海海北牧区，鼠兔大概有六七种，其中以高原田鼠和高原鼠兔破坏力最强。鼠类不仅齿食大量牧草，与牲畜争食，据测定，16只成年鼠一日食草量至少相当于一只藏羊日食草量[①]；而且它们到处掘洞挖土，切断草根，严重破坏了草场土壤结构和原有植被根茎，破坏了草原植被，使草原土质沙化、砾石外露，形成秃斑裸地。随着水土流失加剧，大面积草场演化为寸草不生的"黑土滩"。

（二）气候变化、资源开采与草原破坏

全球变暖是青海牧区草场退化、土地荒漠化的一个重要因素。全球变暖本身就是一个全球范围内的生态问题，暂且不论其发生的原因，其结果作用于青海海北牧区时，就导致高原冰川退缩、湿地湖泊萎缩。在田野工作中，很多牧民向我反映说，近十几年来草原气候变化特别反常，常常会出现该热的时候不热、该冷的时候不冷的情况，他们都感到无法把握其中的规律了。习惯生活中不确定的他们，对于近年极端天气频现，也深感不安。

就祁连县野牛沟来说，这里曾有数目不少的野牦牛繁衍生息，20世纪五六十年代，为了应对饥荒，这里的野牦牛在有组织、成规模的捕杀后几乎绝迹，现今牧民已难见到野牦牛。而在2003年左右，由于祁连山牧区气温的升高，一牧民在八一冰川消融的河水中捞到一野牦牛冻尸，据说牦牛肉质还保存鲜好。

祁连山冰川众多，有2000多条，八一冰川是其中重要的一个，是一个发育于平缓山顶的冰帽型冰川，根据1958年中国科学院高山冰雪利用队的考察，八一冰川是黑河干流河源区最大的冰川，长度2.2千米，面积2.81平方千米，冰川末端海拔4520米，最高点海拔为4828米[②]。2005年7月，笔者专门去瞻仰，在冰川脚下，仰望之，其高大宽广，让人深深震撼。像爬山一样，爬上冰川，可看到夏季太阳晒到上面视之消融而形成的"湖"，同行的托茂人用青海话称之为"海子"，那真是一个奇特的地貌和盛景。

当时，我和几位托茂人到达冰川的山脚时，正是中午时分，一群挖矿

[①] 赤旦多杰：《青海牧区经济发展战略研究》，青海人民出版社1997年版，第97页。

[②] 中国科学院高山冰雪利用队：《祁连山现代冰川考察报告》，科学出版社1958年版，第173—177页。

公司的工人，在这人烟稀少的地方见到来人时，兴奋且亲近，他们排成一队蹲在那里端着饭碗，有一个工人带着四川口音热情地向我们询问，是不是要去冰川，当得到肯定回复后，他便热情地提出，要给我们带路一起爬山。跟我同行的托茂人回复说路熟不需带路，那位工人略显失落。那人稀罕人的场景，笔者至今深刻印象。等到2017年8月13日，祁连县的旅游业已然非常兴盛，从野牛沟乡到八一冰川修建上了柏油路，从山底到冰川也有石子土路可走，故自驾车、旅游大巴来来往往，冰川脚下游人如织。12年后再次站在冰川脚下，我肉眼可见，冰川消融明显，高度和厚度比2005年低了不少，巍峨感亦不如之前①。

由于连年的高温干旱，导致冰川面积减少，雪线上升，野牛沟乡黑河源头的东西两岔出现断流状况。采金淘金等破坏活动，更使原本就十分脆弱的生态遭灾。八一冰川附近的洪水坝、清水沟一带有金矿，清末陶保廉便记载说："一百里黑河脑（脑者，水源也，其西北九十里红土沟，有金矿）。"② 民国时期。内地淘金者到来开始采金活动，新中国成立以后一度停采，到了20世纪80年代初恢复挖采。据《青海日报》报道，80年代后期采金达到顶峰，每年有数万人从省内外纷至沓来，掀起一年胜似一年的采金狂潮，致使方圆十几千米到处是一堆堆的石头和一个个的大坑。发源于祁连山东段的黑河东岔有个美丽的名字叫八宝河，同样是因为采金，其支流天蓬河和卧牛河及转风窑等地被挖得不成样子，秀丽的八宝河清澈的流水不再，越来越小，越来越浑浊……③。

祁连是资源富集大县，已探明的矿产资源四十余种。20世纪80年代后，引来不少矿业公司开采，野牛沟管护站站长马国良记忆说："上世纪90年代，外面人管里面叫'小香港'。山沟沟里到处都是矿场。卡车一车一车往外拉石头"④。2005年，我初到祁连时，在县城街头还鲜见开采者，矿物公司及其人员主要在大山里。2008年再去时，坐在班车上跟同座和旁边的人聊天，知是从外省到祁连探亲者，他们的亲人朋友在祁连采矿。2010年之后，开矿采矿更是兴盛，对生态环境造成较大破坏。在离八一冰川不远，天峻县的木里矿区，海拔高达4200米，周围诸多山峰终年积

---

① 庆幸的是，当日中央环保督察组也来到八一冰川，当即宣布关闭了景点。
② （清）陶保廉：《辛卯侍行记》，刘满点校，甘肃人民出版社2002年版，第278页。
③ 宝林：《生态灾难逼近黑河源头》，《青海日报》2001年5月28日。
④ 李麂：《祁连山国家公园 进退之间的传统牧区》，《澎湃新闻》2019年9月9日。

雪，这里是黄河上游支流大通河的发源地。2010年左右，因为探明35亿吨煤炭储量，迅速成为青海省煤炭基地，由于大面积露天采煤，当地绿色的高山草甸变成了大片黑色和灰白色的深坑。2014年8月澎湃新闻报道后，青海省委、省政府下令对木里矿区的煤矿全面停产整顿，然而直到2020年，某矿业公司仍在打着修复生态的名义盗采煤矿。受到新闻曝光后，引起全国舆论哗然，方才终止。

野牛沟的牧民，对草山开矿经历了听之任之到自觉自省的过程，最初他们以为，开矿者以公司的名义开采，代表着国家的意志，对他们没有直接影响，便不好抵制。"一开始都觉得（开矿）是好事，矿场一般都在深山，也没侵占我的草场。外地人多了，我们还能多卖点特产，赚点钱。但后来发现坏了。"[①] 然而，当清新的空气有了味道，清洁的溪水变成了黄色，翠绿的牧草变成了黑色，他们开始重新审视那种"代表"草原现代化方向的开山挖矿、截流发电，给草原带来的破坏。

四　牧区的发展与托茂人的未来

（一）现代性与边缘的终结？

追求经济发展、美好生活，是牧区民众及其世界所有社群都面临的时代议题，经济富裕和社会发展也是牧区人民孜孜以求的内在诉求。然而，如何理解经济，如何理解发展。伊曼纽尔·沃勒斯坦对发展的理性反思，使我们在研究中始终保持一种警醒——1. 发展是发展什么？2. 是谁或者是谁实际得到发展？3. 谋求发展的背后是什么需求？4. 这样的发展如何才能实现？[②]

2017年9月，中共中央办公厅国务院办公厅印发了《祁连山国家公园体制试点方案》，意味着祁连山国家公园获批正式成立，囊括青海、甘肃两省20多个县市，野牛沟和祁连县划入其中，野牛沟多数牧民的夏季草场成为生态保护区，秋季草场划为国家湿地公园，两个草场已实行禁牧政策。

[①] 李麃：《祁连山国家公园　进退之间的传统牧区》，《澎湃新闻》2019年9月9日。
[②] ［美］伊曼纽尔·沃勒斯坦：《发展是指路明灯还是幻象》，见许宝强、汪晖《发展的幻像》，中央编译出版社2000年版，第2页。

冬季草场成为牧民和牲畜主要活动场所,牧民已无须大规模转场轮牧,牛羊等在夏秋季就将冬季草场的草吃完了。为了能够在有限的草场维持牲畜规模或增加经济收入,牧民们通过购买饲料来完成牛羊冬春季的饮食所需。

牧民口中所谓的"饲料",主要是从附近农区购买的各种植物秸秆及秸秆制成品。近几年来,全球性的玉米高价格,河西走廊的张掖等地因此大规模种植这种容易成长的经济作物,农民不仅从中获得玉米粒的收入,还可以获得秸秆的收入。由于饲料缺口大,有些饲料厂家,在玉米快要成熟之前,将玉米连秆一体收购,从而制作成更有营养的秸秆饲料。这些秸秆被简单发酵、压制切割成方块,不但便于运输,还便于储存,深受牧民的青睐。秸秆饲料在野牛沟等牧区的规模引进,托茂牧民们便产生了"育肥羊"的产业。所谓的"育肥",就是早晚给专门用来出售的羊只喂一顿饲料,白天放到冬季草场,不再是纯粹的放养,带有饲养的趋势。虽然这跟非牧区之"育肥"有很大的区别,但是之前一年一胎的绵羊,如今可以两年生产三胎。有牧民朋友解释说,这种饲料还是草而非工业饲料,相比非牧区依然是绿色的,同时又不得不承认"今草已非夕草",他们已不像之前底气很足地声称,牧区的牛羊是吃着冬虫夏草、喝着矿泉水长大的。

"无论现代性是什么,无论它是存在还是缺席,是成功还是失败,是解放还是负担,它都无所不在。"[①] 通过托茂人的田野民族志我们看到,在全球化的背景下,随着社会经济的发展和现代性的弥漫,托茂人在语言、姓名、服饰、习俗、教育、居住日益标准化、主流化、去边缘化。在此过程中,托茂人希冀通过各种适应策略和现代性应对,追求经济发展与美好生活,努力保住自己的族群特色。曾有感于托茂人申请单独民族或更改民族身份努力的失败,以及文化事项的某种式微进而社会大潮的浩浩荡荡,笔者认为托茂人的未来更多会成为一种历史文化记忆,并以"边缘的终结"做出预判[②]。

之后的发展状况,否定了这种预判。托茂人申请成为"民族"的问题,是一个社会和政治问题,从历史发展和现代政治看,托茂人成为"民族"已不现实。20世纪50年代,为了现代民族国家建设开展的"民

---

① [美]克利福德·格尔茨:《追寻事实:两个国家、四个十年、一位人类学家》,北京大学出版社2011年版,第152页。

② 杨德亮:《边缘的发生与终结——关于青海托茂人的调查与思考》,《中国民族学》2009年第1期。

族识别"工作,有 400 多个上报的"民族",最终确认了 56 个民族,其中基诺族是最后一个被确认的民族,它被正式确认的时间是 1979 年。自 1979 年后国家停止了相关工作。

(二) 经济的发展与文化自觉

2009 年之前,有托茂人向我询问他们成为单独民族的可能性,当他们得到可能性很小甚至不可能的回答时,有一丝失望,随之更多是坦然。现代性,在带来认同窘境的同时,也带来新的机遇。2008 年之后,随着青海牧区草原旅游业的迅猛发展,祁连、海晏等地获得了较大的经济发展。在雪山、冰川、草原等自然景观之外,草原的牧业文化和畜牧人群的生活,亦成为游客感兴趣的主要内容,托茂人日益成为地方重要的文化景观和旅游资源,并成为文人、记者的采风对象。至 2014 年时,鉴于经费充足,祁连县政协文史委员会决定拍摄《祁连之子》《走近托茂人》《沧桑岁月札萨克》三部纪录片,作为视频文史资料。

2014 年 8 月 23 日,《走进托茂人》纪录片在野牛沟夏季草场开拍,就在前一天,海晏甘子河、祁连默勒、祁连央隆,还有西宁等地的托茂人,拖家带口开着卡车、拉着帐篷和饮食来到拍摄地驻扎下来。为了拍摄顺利进行,托茂人组织起来,在开拍半年之前,他们召开了几次会议讨论,与人合作撰写了纪录片剧本材料,商讨了拍摄活动的分工等。23 日天色刚一发白,两顶从海晏蒙古族聚居的地方专门租来的蒙古包开始搭建。参加拍摄活动的托茂人,前来祝贺的托茂公旗的蒙古人等,以及参加拍摄辅助项目赛马会的海北各地牧民,不断向拍摄地汇聚。

早晨九点左右时,拉上拍摄横幅,身着蒙藏服饰的托茂人忙碌起来,拍摄活动开始,按着导演的要求,根据拍摄流程一项一项进行。在拍摄场地之外,赛马、摔跤、拔河等草原体育活动也火热开展。拥有了智能手机的托茂人,在新媒体时代,很快适应了镜头前的表演,他们不但接受摄影机的拍摄,而且也不断拿着手机自我摆拍。这是野牛沟历史上的一次盛会,也是 1958 年以来托茂人的一次盛会,很多托茂人不敢想象有朝一日他们成为聚焦的对象。在托茂人即将成为"历史"的时刻,祁连官方和托茂精英共谋,完成了这一独特文化的文本记忆。

随着智能手机的普及,以及微信等社交媒介的广泛应用,托茂人专门组建了微信群,成为分散各地托茂人通知红白喜事、相互来往、资讯交流的平台。通过微信和微信群，分散各地的托茂人联系便捷起来，之前未能被统计到的人口，因此进入托茂人的数据库。有托茂人患病遭难，微信群里便会出现募捐支援信息。但微信及微信群也会带来麻烦，譬如，因为沟通不够和误解，日常鸡毛蒜皮的琐碎事在微信群里也会引起争吵等。

在度假牧场宣传广告文案中，马贵龙及其夫人的照片

在托茂人成为地方旅游文化特色，受到地方政府重视的同时，托茂人对自己的文化也日益自觉。如青海龙海工贸有限公司经理、托茂人马贵龙，从 2017 年开始，他以托茂文化为特色，谋求文旅产业发展。2019 年，马贵龙注册成立青海祁连托茂部落文化旅游开发有限公司，推出天境圣湖——托茂部落文化度假牧场等项目。旨在打造"以托茂文化为核心，湖泊为主打景点，兼露营、餐饮、娱乐、休闲、观光为一体的草原风情文化旅游度假基地。"

马贵龙声称，他所打造的天境圣湖乡村旅游属于国家鼓励发展的生态旅游项目，主打"两个一天"，即"托茂人的一天"和"融入自然的一天"。旅游项目以托茂文化为魂，高原风光与湖泊为核心资源，水库、山体、草地等自然风光为主，整合当地资源优势，是旅游和文化相结合的景区。他念着文案说，这个项目"使当地游牧民文化得到现代化的演绎，景区的文化底蕴得以增强，村落人文环境品质得到提升。同时各类民俗文化类旅游活动的展开，有助于'天境圣湖'本土民族、民俗文化的保存、传承和弘扬。"

2017 年年初，《走进托茂人》纪录片剪辑制作完成后，很快被网友放到网络上，搜狐、网易等大的网站纷纷转发，众多大大小小的微信公众号也编辑发布。如海北的小公众号"库库诺尔蒙古族"2017 年 8 月 8 日发布后，不久获得了 10 万+的阅读量。可以说，此纪录片视频引起巨大关注，以直观立体的形式将托茂人推向了世人面前。此部纪录片之社会反响，远超《祁连之子》《沧桑岁月札萨克》，这让地方政府很意外，并重新审视托茂人的历史文化意义。

以此为契机，托茂人审时度势，决定申报成立"托茂人文化历史研究协会"。2017 年 10 月 22 日，祁连、海晏、西宁市等地 40 余名托茂人相聚祁连县八宝镇，集体协商后决定成立"托茂人历史文化研究协会筹备领导小组"，选举退休干部韩占林为组长，向祁连县文体广电局等部门上报了《关于成立"托茂人历史文化研究会"的申请》。2018 年 7 月 15 日，在西宁召开了筹备小组第一次工作会议。审议协会领导班子人选、名誉会长、顾问等事项。之后的几日，筹备小组派人分别到湟中上五庄、海晏甘河子乡、祁连八宝镇、祁连央隆乡等地进行巡回选举，最终选举出协会会长、副会长等人员。

（三）托茂人文化研究协会的成立

在托茂人不断努力下，2018 年 9 月 13 日，祁连县文体广电局核准下发了《关于同意成立托茂人文化研究会的批复》；2018 年 12 月 19 日，祁连县民政和扶贫开发局核发了《关于同意成立托茂人文化研究协会的批复》。托茂人及地方政府将协会的成立视为一件历史大事，2019 年 4 月 27 日，托茂人文化研究会成立大会在祁连县县城召开，祁连县、海晏县的县领导出席会议并做致辞，海北藏族自治州州委机关报《祁连山报》称协会的成立，"标志着祁连县在文化祁连建设中增添了又一个具有高原民族特色与丰富内涵的地方文化新品牌，打造了又一张文化新名片。"[①]

在笔者以为托茂人走向历史的终结之时，托茂人文化研究协会获得青海祁连县文体和民政部门批准，对于托茂这一人口较少的特殊群体的文化历史保护有着重要意义。托茂人文化研究协会，在努力自我书写托茂历史文化之外，事实上并未限于"研究"工作，在协会成立筹备期及其成立之后，这一民间组织积极参与慈善公益事业，更像一个社会公益组织，他们不但看望慰问老弱病残的托茂人，而且超越小群体界限，积极救助患病受困的蒙古族等兄弟民族。2019 年 1 月当青海玉树州发生雪灾后，协会

---

① 聂文虎：《祁连县托茂人文化研究协会成立》，《祁连山报》2020 年 5 月 13 日。

还积极号召托茂人捐资支援玉树的藏族同胞等,在自助和助人中,他们为青藏高原的民族团结贡献着自己的力量。

举办草原赛马会,是托茂文化研究协会成立之后的一项重要工作,海北地区的藏族、蒙古族、裕固族、回族等都可参加,自2019年7月17日至2021年8月16日,已举办三次,并与草原风情节结合,受到瞩目。祁连县宣传部所有的微信公众号如是报道此项活动:"绿草如茵的草原,独具特色的牦牛帐篷,神秘的'托茂人'、舌尖上的美食、丰富多彩的民俗文化、传统的民族体育竞赛成为夏日央隆草原一道道靓丽的风景。为进一步研究托茂人文化,彰显央隆人文特色,激发央隆发展活力,促进央隆文化旅游产业发展,加快'美丽央隆、幸福央隆'建设步伐,近日,祁连县央隆乡第八届草原文化风情节暨托茂人文化研究协会首届赛马会隆重开幕。""神秘的'托茂人'由于长期生活在莽原腹地,依靠内部通婚繁衍生息,罕与外界来往,所以充满了神秘色彩,一直以来都是央隆文化旅游的一张'活名片'"①。

参与非物质文化遗产申报和民俗纪录片的拍摄,是托茂文化研究协会的另外一项重要工作。在协会成立之时,它的一项工作规划就是"拍摄托茂人婚俗纪录片",为了落实这项工作,他们邀请摄影爱好者西宁人周义仁自2019年始,分别拍摄了《托茂人的婚礼》《今日托茂人》《托茂人的手艺》三部纪录片,目前还未公映。受文化部门启发,托茂人文化研究协会积极申报非物质文化遗产,几经论证,他们选择以"托茂人生活习俗"为内容进行申报,通过了祁连县和海北藏族自治州的两层把关审核,推选参加青海省申报非物质文化遗产②。

收入的增加、社会的发展及现代性的弥漫,带来的一个面向是托茂文化的消解,另一面向是部分托茂人的文化自觉。就连一些托茂精英都以为,随着曾有历史记忆的老一辈人的逝世,相关历史记忆的也会趋于消失,不在一起生活的年轻人及其后代,不再会为一个非政治实体进行认同,托茂人的意识会越来越弱。然而,21世纪以后,越来越多的托茂人开始热心族群事宜。马生彪就是一个典型案例,1964年他出生于托勒牧

---

① 《祁连县央隆乡第八届草原文化风情节暨托茂人文化研究协会首届赛马会隆重开幕》,走进祁连(公众号),2019年7月19日。

② 《关于海北州第三批州级非物质文化遗产代表性项目推荐名录的公示》,海北新媒(公众号),2019年9月18日。

场,1982 年于海北州托勒牧场职工子弟学校初中毕业,是当时少有的托茂文化人。经过三年的上山下乡锻炼后,他成为海北州毛纺厂的一名工人,之后在企业工作几十年,心无旁骛,韩占龙等热心托茂事务者多次邀请他,他无暇也无心顾及。2015 年退休后,他开始关心托茂人事宜,并积极投身托茂人文化研究协会的筹备成立工作。在协会获批成立后,他担任协会副秘书长职务,因为有在企业做文秘的经历,所以在协会的文字工作、会议纪要等方面着力甚多。

在托茂文化协会成立前后的诸多活动中,一些托茂公旗蒙古人后裔、其他部落的蒙古人后裔及当地藏族人、汉族人和回族人,参与进来给予友情支持、指导。托茂人文化研究协会成立后,灵活发挥托茂人自身多元文化特色,邀请多民族参加协会的活动,并有意识组织多民族有共同记忆的社会活动。如,2020 年 11 月 27 日至 28 日,协会组织祁连的托茂人、蒙古人、藏族人、汉族人等,到故土海晏的哈勒景草原参观"原子城纪念馆""民族团结纪念馆",他们以"同心同德　同根同源""共筑民族团结　共建幸福海北"为活动主旨,通过这些活动,增进了彼此感情,凝聚了彼此认同,也受到了地方政府的首肯。

(四) 小群体的大世界

通过对托茂人的族源、历史、生计、生产、消费、婚姻、家庭、语言、姓氏、饮食、服饰及身份认同的梳理、分析、叙事与研究,本书较全面呈现了托茂人的状况,及其涉入全球化及面对现代性的种种表现。野牛沟和托茂人,边陲地区的小群体,已然卷入全球化的世界,或主动或被动,并在这一历史大势下,他们与现代性相遇。在牧区现代化进程中,托茂人在精神和物质上,或失落,或获益,或成功,或失败,他们的生活、生计、生产、文化等呈现出众多不同面向。现代性是什么,格尔茨说:"现代性是一个过程,是一种将稳定而自给自足的传统生活方式,改造成具有高度适应能力、持续变化、充满风险的生活方式。"[①] 在遭遇现代性之前,草原畜牧业或游牧,被研究者认为是一个具有高度适应能力、持续变化、充满风险的生活方式。有学者或科研项目专门在讨论,生活在当下

---

① [美] 克利福德·格尔茨:《追寻事实:两个国家、四个十年、一位人类学家》,北京大学出版社 2011 年版,第 152 页。

现代性社会的人们，如何从传统游牧社会学习应对不确定性。即使如此，笔者看到，现代性依然给牧区和牧民带来冲击和消解，当然也带来多样和希望。

在前现代社会，托茂人是一个特殊群体，在现代社会，托茂人仍是一个特殊群体。作为青藏高原的边缘小群体，托茂人历史上具有蒙、番、回等多重身份，如今兼具蒙古族、回族、藏族、汉族等诸多民族文化和社会因素。托茂人自身的民族融合性和文化多样性，诠释了青藏高原的族群历史演变及各民族交往交流交融历史。李自发1933年就言："溯自三代至现在，青海境内汉、蒙、回、藏诸族，同居杂糅，历数千年，种族血统已混淆不清，今欲求纯粹血统之汉人或回人，事实上已不可能。"[①] 费孝通先生曾就未识别人群表示："民族识别上的遗留问题，大多是些'分而未化、融而未合'的疑难问题。"[②] 从前现代到现代，在漫漫历史进程中，托茂人不仅是一个"分而未化、融而未合"的群体，也是一个多元文化融合、多个民族交融的族群。通过托茂人这一具有多重边缘特征小群体的考察，以小洞大，可以窥探边缘、现代性与全球化的关系以及牧区的现代化和牧民的未来，同时为观察中华民族和合共生的历史提供了一个绝佳的草原案例。

从蒙藏服饰店铺出来的托茂老人

[①] 李自发：《青海之蒙藏问题及其补救方针》，《新青海》1933年第12期。
[②] 费孝通：《费孝通民族研究文集》，民族出版社1988年版，第186页。

后 记

2005年1月，开始关注，2005年6月，走进祁连草原，深入野牛沟等地，开始田野工作，我与托茂人学术结缘，迄今已有17年有余，托茂人已然成为我学术志业中重要的际遇。2006年6月，我完成了托茂人研究的硕士学位论文。以此为基础，2007年6月，申报的国家社会科学基金青年项目获批立项。2009年12月完成此研究项目后，我忙于考博事宜，无暇顾及后续之事。直到博士毕业之后，拿出项目结题成果打算出版事宜时，我重新阅读文本后不甚满意，便开始了几乎重写的旅程。

分身行政事务，加之不断进入田野补充材料，这一修葺工作一干又是几年。在此过程中，我又发表了几篇托茂论文，在学术会议和讲座中做了相关研究的报告，并获得人才工程项目等。是故，我的亲朋及学术圈的友人都知道我在研究托茂，并将我视作托茂研究的专业学者，然而我为自己长时间没有完成书稿，时常感觉对不住托茂朋友，辜负了他们的期望。如今，终于可以交付出版社，感觉如释重负。这一过程拖拖沓沓，比较漫长，时效感不够，但好处是长时间的观察，可以更好理解社会文化变迁中的牧区和托茂人。从事托茂人的研究，不但对我的学术生涯助益颇多，还使我的人生获益匪浅，在此事业中，我获得了多元文化的观念和多元思维的养料。感谢托茂人，感谢所有的关爱、相助和支持。

感谢韩占龙、再乃拜、海莉麦、杨青寿、哈则热、易卜拉、马海林、买素木、韩秀珍、韩秀琴、开开子、达吾德、韩德阜、韩德毓、韩斌、韩占林、伊海牙、马生彪、马世忠、马贵龙、马存林、马宏良、冶生福、丁生清、马如青、喇玉军、马桂梅等托茂朋友，以及扎西顿珠、万里玛、塔色、祁扎西、卓玛、道吉、马忠国、满力、满恒先等蒙古族、藏族、回族、汉族朋友，在田野工作和资料收集中接纳接受我，美食款待我，给我热情帮助和长期支持。特别感谢韩占龙、马生彪等先生，为我提供了很多有价值的材料，并作为田野之后的微信报道人，实时告知托茂人的动态，使我的网络线上田野不间断。

感谢我的硕导郝苏民教授、博导王建新教授，给予的学术指导，感谢马自祥教授、僧格教授、丁明俊教授、丁万录教授、杨占武研究员、曹磊博士、斯琴博士、卯丹副研究员，马在渊先生等，给予的建议和支持，感谢好友田宗凌、王建斌、沙彦奋、吴旭红、海云志、何瑞等，在不同时段跟我走进托茂社会，帮我收集资料。感谢内子马晓琴博士，支持和督促我完成书稿。感谢众多师友默默支持和关心，我都铭记在心。正因为你们的支持、相助和鼓励，愚钝的我方才完成这一托茂人的首部专著。

"昨夜扁舟雨一蓑，满江风浪夜如何？

今朝试卷孤篷看，依旧青山绿树多。"